EIS AQUI OS BOSSA-NOVA

EIS AQUI OS BOSSA-NOVA

Zuza Homem de Mello

wmf **martinsfontes**

Copyright © 2008, Livraria Martins Fontes Editora,
São Paulo, para a presente edição.

1ª edição *2008*
2ª tiragem *2022*

Acompanhamento editorial
Helena Guimarães Bittencourt
Preparação dos originais
Ercília Lobo
Revisões
*Leticia Castello Branco
Renato da Rocha Carlos*
Produção gráfica
Geraldo Alves
Paginação
Moacir Katsumi Matsusaki
Capa
Rex Design

Dados Internacionais de Catalogação na Publicação (CIP)
(Câmara Brasileira do Livro, SP, Brasil)

Mello, Zuza Homem de, 1933-2020.
   Eis aqui os bossa-nova / Zuza Homem de Mello. – São Paulo : Editora WMF Martins Fontes, 2008.

Bibliografia.
ISBN 978-85-7827-050-6

1. Bossa Nova (Música) – Brasil – História e crítica 2. Música popular – Brasil I. Título.

08-06770   CDD-781.630981

Índices para catálogo sistemático:
1. Brasil : Bossa Nova : Música popular :
História e crítica   781.630981

Todos os direitos desta edição reservados à
Editora WMF Martins Fontes Ltda.
*Rua Prof. Laerte Ramos de Carvalho, 133 01325.030 São Paulo SP Brasil
Tel. (11) 3293.8150 e-mail: info@wmfmartinsfontes.com.br
http://www.wmfmartinsfontes.com.br*

Ao nosso menino de ouro,
Bartolomeo Gelpi

ÍNDICE

Prefácio 9
Prefácio da edição original 11

1. A chegada 15

2. Influência no jazz 59

3. A batida do João 77

4. As cifras 87

5. Outras notas vão entrar 97

6. Pra fazer feliz a quem se ama 101

7. Ela é carioca 129

8. Isto é bossa nova 135

9. Modernizando se perdeu 145

10. Outras bossas 155

11. Personagens 183

Obras consultadas 233

Apêndice 235

Agradecimentos 237

PREFÁCIO

A maior parte dos depoimentos obtidos para o livro que idealizei quando atuava na TV Record se concentrava propositadamente na Bossa Nova. Ainda não se tinha uma idéia cristalizada sobre o que seria o tropicalismo e seus desdobramentos. Em compensação, as principais figuras da Bossa Nova, ao serem convidadas para contar de viva-voz o que acontecera naqueles dez anos, já tinham a maturidade necessária para emitir reflexões valiosas. Estávamos em 1968. Assim eles próprios puderam narrar episódios de que tinham participado de algum modo, além de analisar, com a profundidade que a distância do tempo favorece, esse período tão intensivo da música brasileira. Podiam contar a história de que eram protagonistas, a história da Bossa Nova.

A inspiração do livro foi *Hear me Talkin' to Ya*, um conjunto de depoimentos reunidos e editados por Nat Hentoff e Nat Shapiro, cujo conteúdo era sintetizado no subtítulo, *a história do Jazz contada por quem fez*. Para que se tenha uma idéia, nele há descrições sobre a música de New Orleans na palavra de pelo menos três figuras históricas, Jelly Roll Morton, Louis Armstrong e Bunk Johnson. Parecia-me que o leitor teria uma versão expressiva do exuberante período da música brasileira entre 1958 e 1968 em uma obra nos mesmos moldes. O que fosse confirmado por alguns poderia ser contestado por outros, e ao leitor caberia tirar a conclusão.

Um bom tempo transcorreu para que eu finalizasse a tarefa de montar os depoimentos segundo o critério idealizado. Quase dez anos mais tarde, quando foi lançada a primeira e única edição do livro, que se esgotou em relativamente pouco tempo, o tropicalismo já tinha acontecido e a Era dos Festivais tinha acabado, mas nenhum entrevistado refutou o que havia dito em seu depoimento. Acredito mesmo que não tenham se arrependido do que veio a público em setembro de 1976.

Durante os anos seguintes esse pequeno livro foi objeto de consulta de autores e estudiosos, o que me deu a confirmação da validade de seu conteúdo. Fosse ou não sobre a Bossa Nova, o fato é que, vindas de quem vinham, as declarações tornavam-se cada vez mais recorrentes à medida que o tempo passava. Em 1999, o livro *Bim bom* de Walter Garcia sobre João Gilberto, como exemplo, contém catorze citações.

Valeria a pena reformular o livro original, encontrado com sorte só em sebos? Valeria acrescentar intervenções que não estavam nos planos nem eram possíveis naquela época? Os cinqüenta anos da Bossa Nova foram determinantes para que eu me debruçasse sobre os originais, ajustando o foco no tema celebrado.

Praticamente mantidos inalterados, os depoimentos sobre a Bossa Nova contidos na edição original foram remanejados em nova divisão e intercalados com análises e informações necessárias para melhor detalhar fatos ou preencher lacunas, de sorte que proporcionassem uma linearidade à narrativa. Por razões idênticas, foram acrescentados alguns depoimentos complementares obtidos recentemente.

Em conseqüência dessa reformulação, o título, que aliás nunca me satisfez inteiramente, merecia uma troca. Até o José Eduardo, meu nome de batismo, deveria dar lugar ao familiar apelido Zuza.

Quero entregar ao leitor um livro novo e mais completo, uma contribuição no ano do 50º. aniversário da Bossa Nova e, sobretudo, dar aos jovens uma imagem de quanto ela significa. A Bossa Nova é o momento mais marcante na memória da geração cuja formação musical se deu através de suas canções, privilégio que devemos aos que agora têm a palavra.

Zuza Homem de Mello
10 de julho de 2008

PREFÁCIO DA EDIÇÃO ORIGINAL
MÚSICA POPULAR BRASILEIRA CANTADA E CONTADA POR: TOM, BADEN, CAETANO, BOSCOLI, CARLOS LYRA, CHICO BUARQUE, CLAUDETE SOARES, DORI, EDU, ELIS, GIL, EUMIR DEODATO, NARA, JOHNNY ALF, MARCOS VALLE, BETHÂNIA, MILTON BANANA, MILTON NASCIMENTO, MENESCAL, SÉRGIO RICARDO, VINICIUS, CAPINAM, VANDRÉ, SIMONAL.

Este trabalho focaliza um período de mais ou menos dez anos fundamentais na Música Popular Brasileira, de 1958 a 1968. Em nenhum outro período equivalente compôs-se, cantou-se, tocou-se, gravou-se e ouviu-se tanta música inédita. Houve intensa produção por parte dos criadores e intensa participação por parte do público. No exterior, não foi um artista brasileiro que fez sucesso, foi o nosso ritmo. Pela primeira vez.

Justifica-se haver maior destaque para a Bossa Nova. Também, pela primeira vez, surgiu no Brasil uma nova concepção em todos os setores que compõem a música popular: ritmo, melodia, harmonia e letra. Foi um movimento orgânico com forma própria, e não apenas uma fase. Surgiu espontaneamente, não foi inventado. Quando a expressão Bossa Nova se converteu numa galinha de ovos de ouro o movimento esvaziou-se. Mas a Música Popular Brasileira é agora atuante em todo o mundo. E dependendo de nós mesmos poderá ser muitíssimo mais. Tem condições. É um tesouro incalculável. Cultural e econômico.

A forma do trabalho foi possível graças ao gravador. Todo o conteúdo deste livro está registrado em fita, tendo sido rigorosamente respeitadas as expressões de cada um e conservada a linguagem coloquial. Com exceção do primeiro capítulo em que cada entrevistado conta isoladamente um pouco sobre sua carreira, o processo do trabalho é o seguinte: depois de transportar integralmente para o papel cada entrevista gravada, a mesma foi retalhada, separada – mas nunca alterada – e finalmente reagrupada por assuntos. O objetivo era uma narrativa linear da qual todos participassem.

Quase todos os depoimentos foram realizados num espaço de 24 meses, o primeiro em 26 de junho de 1967 e o penúltimo em 21 de junho de 1969; só o de Carlos Lyra foi muito mais tarde, em maio de 1971. Desejaria ouvir outros cuja contribuição à nossa música popular desse período é igualmente fundamental: Alaíde Costa, João Donato, Luiz Eça, Oscar Castro Neves, Aloísio de Oliveira, Jorge Ben, Francis Hime. Por razões várias isso não foi possível.

Certamente a ausência do depoimento de João Gilberto será a mais sentida. Em dezembro de 1967 estive na casa de João Gilberto, Heloísa e Bebel em New Jersey, com o gravador. Cheguei ao anoitecer, conversamos, cantamos, comemos e ouvimos João a noite toda. Saí de manhã cedo, dia claro. João havia respondido a quase tudo que eu perguntara, mas não quisera gravar, o que me impossibilitaria realizar o trabalho tal como fora concebido. As respostas de João, porém, verifiquei depois, estão praticamente todas nas palavras dos demais entrevistados. Desconheço tanta informação sobre ele reunida de uma vez. E o que foi conseguido nesses depoimentos cobre todas as áreas que eu planejara.

Não me estendi propositadamente aos chamados precursores da moderna música popular brasileira – Lúcio Alves, Dick Farney, Os Cariocas, Billy Blanco, Dolores Duran e tantos outros – ou aos líderes da música jovem – Erasmo Carlos, Roberto Carlos e alguns outros –, tampouco aos mais recentes valores – César Mariano, Egberto Gismonti, Danilo Caymmi, Ivan Lins e outros. Tinha de me limitar. Escolhi eu mesmo os limites.

O critério principal na escolha dos entrevistados foi sua participação como músico nos episódios marcantes desse período. Como músico no amplo sentido, isto é, como compositor, cantor, instrumentista ou arranjador.

Houve uma objetiva preocupação em evitar enfoques de assuntos que viessem a se tornar ultrapassados. A espontaneidade em cada depoimento – ninguém tinha antecipadamente uma idéia exata do teor das perguntas – deu margem a uma natural imprecisão em datas, locais, nomes, etc. Para esclarecer o leitor nesse sentido, o último capítulo traz uma relação cronológica tão completa quanto possível de acontecimentos vividos ou presenciados pelos entrevistados.

Quase sempre tive de aguardar a ocasião propícia para os depoimentos. Algumas vezes esperei mais de um ano em troca de um bom momento. Caso de Baden. E foi ótimo assim. Caetano Veloso, por exemplo, falou dias antes da primeira apresentação da "Alegria, alegria" no festival. O Caetano que se conheceu depois já tinha se definido nessa época: "Se eu conseguir fazer alguma coisa que corresponda como acontecimento a esses pensamentos que tenho, bacana. É o que estou tentando."

Conversando recentemente com vários desses meus amigos, verifico que suas idéias básicas aqui expostas não sofreram mudanças radicais. Alguns até repetem agora palavras que nem se recordam terem gravado em seus depoimentos.

O meu muito obrigado a todos cuja animadora colaboração, ou cessão de material ilustrativo, ou esclarecimentos, foi inestimável: Roberto Menescal, Ronaldo Boscoli, Walter Silva, Chico Buarque de Hollanda, Irineu Garcia, Orlando Stephano, Ruy Afonso, Guilherme Araújo, Heloísa Buarque de Hollanda, João Evangelista Leão, Oswaldo Schmiedel, Luiz Vieira de Carvalho Mesquita, Iracildes Barroso, Gianfrancesco Guarnieri, Aloísio de Oliveira, César Vilela, Moyses Fuks, Maria Elisa Soares, Rubinho Barsotti, Antônio Carlos Vidigal, Luiz Eça, José Scatena, Abrão Utchitel, Paulo Cotrim, José Benedicto Leonardo e Chico de Assis, além do *Jornal do Brasil*, da revista *Manchete*, das gravadoras Philips e Odeon, da Cinemateca do Museu de Arte Moderna do Rio de Janeiro, da Sociedade Brasileira de Autores Teatrais (Sbat), da Editora Abril e da Biblioteca Nacional.

Um agradecimento muito especial aos que nos cederam a grande maioria do precioso material fotográfico que ilustra este livro, o jornal *O Estado de S. Paulo* e o fotógrafo Chico Pereira.

E aos entrevistados que mostraram, todos, profundo interesse e compreensão para atender à seriedade do trabalho. São, em última análise, eles os autores.

Todos nós acreditamos numa compensação, dar uma ajuda aos novos músicos brasileiros.

E, agora, eles que contem como cantaram.

José Eduardo Homem de Mello
1976

capítulo 1

A CHEGADA

Havia paz no Rio de Janeiro dos anos 50.

Os cariocas de origem e os por adoção tinham lá seus mandamentos que cumpriam com virtuosa lealdade na movimentada e espirituosa vida noturna da zona sul.

Entre bares, boates e inferninhos, sem contar restaurantes, Copacabana tinha pelo menos 39 funcionando pela madrugada adentro. No mínimo um pianinho de fundo era ouvido em cada um. Eram os ambientes prediletos para namorar ou arriscar uma conquista amorosa tão rápida e rasteira que nem dava para brotar um "casetes".

Sob o véu da fumaça legalizada, bebendo um uisquinho casualmente falsificado, os casaizinhos eram os figurantes no cenário do samba-canção de Caymmi, a pintura imbatível de um sábado em Copacabana nos anos 50: "Depois um bar à meia-luz / Copacabana... um bom jantar, depois dançar / Copacabana..."

Os coadjuvantes dessa cena eram pianistas aparentemente sem muito futuro, cantores em busca da fama no disco ou rádio e anônimos freqüentadores solitários para quem boemia era religião.

Habitués de carteirinha, os personagens principais do elenco eram cantores consagrados, compositores de nome e mormente jornalistas, a sagaz fauna da imprensa brasileira nos anos 50. Autores de brilhantes crônicas semanais na *Manchete*, de reportagens n'*O Cruzeiro*, revelavam também os *potins* num autêntico diário quase íntimo da movimentada vida noturna do Rio. Com justiça à sua criatividade e inteligência, eram o centro das atrações, embora nada impedisse que pudessem estar na mesa ao lado de um freqüentador comum. Cada linha que escreviam despertava inveja dos que, morando em Copacabana, podiam usufruir em qualquer noite da semana, fosse sábado ou não, da fabulosa vida noturna da zona sul. Copacabana não era só um bom lugar para se amar; era o ideal para se ouvir música.

O Maxim's, onde o pianista era Chepsel Lerner com o curioso apelido de Chuca Chuca, era o predileto desses *habitués*. Por horas a fio, ao redor da mesa atulhada de garrafas, copos e cinzeiros, os cronistas Paulo Mendes Campos, Rubem Braga, Fernando Lobo, Fernando Sabino, Sérgio Porto, Antônio Maria, os críticos José Sanz, Lúcio Rangel e Sílvio Túlio Cardoso misturavam-se com outros mais famosos, os que sabiam usar o microfone melhor que a máquina de escrever. Ary Barroso, Dorival Caymmi, Sílvio Caldas, Elizeth Cardoso poderiam estar na mesma mesa. Azes do bate-papo.

No bar Posto Cinco revezavam-se no piano dois amigos de infância, ambos antenados em novas harmonias: Antônio Carlos Jobim e Newton Mendonça. Eram também parceiros em letra e em música. Quando Tom saiu, foi substituído por um pianista do interior de São Paulo que se parecia com o galã de Hollywood Cornel Wilde e usava o pseudônimo de Sérgio Ricardo. Jovens como esses três sonhavam com uma música brasileira moderna que já pipocava aqui e ali nos acordes dos violonistas Valzinho e Garoto [Aníbal Augusto Sardinha], nas vozes de Dick Farney e Lúcio Alves, nos arranjos vocais de Ismael Neto, nas músicas de José Maria de Abreu, Tito Madi, Luiz Bonfá, Billy Blanco, Dolores Duran e uma dúzia de outras cabeças avançadas no *métier* de compor, tocar e cantar.

A sugestiva coleção de nomes de bares ia de A a Z: Alcazar, Au Bon Gourmet, Baccarat, Black Horse, Caixotinho, Dominó, Farolito, Kilt Club, Le Carrousel, Manhattan, Marrocos, Mocambo, Porão 73, Texas, Tudo Azul, Zum Zum. Outros tinham títulos mais óbvios: Juca's Bar, Scotch Bar, Bottle's Bar, Little Club, Top Club.

E havia ainda as boates de alto coturno: Vogue, Drink's, Sacha's, a espetacular Casablanca, na Urca; e duas além da zona sul: Beguin, no Hotel Glória, e Night and Day, no Hotel Serrador. Mais sofisticadas e com shows de alta produção, eram freqüentadas por turistas e políticos da Capital Federal nos anos 50, a cidade do Rio de Janeiro.

No descanso entre as quatro ou cinco entradas, alguns músicos se mandavam, numa vula, para levantar uma gaita por fora. Trocavam a folga pela defesa do aluguel, dobrando nos inferninhos de Copacabana, pequenas boates onde os freqüentadores ajeitavam um programa com as garotas disponíveis.

O apuro de grana entre os músicos dos bares contribuía de certo modo para uma criatividade musical, alimentada pelo prazer de descobrir um novo acorde, num disco de jazz talvez. Esses músicos tinham uma indisfarçável simpatia pelos improvisos do jazz, descreviam suas descobertas sobre harmonia em generosa doação de um para com o outro.

O ambiente de paz em Copacabana, de pactuar passivamente com a música do rádio, escondia uma inquietação que se percebia nas conversas, nos bate-papos entre os que sonhavam. Positivamente, os que tinham sede de vanguarda, com seus radares ligados, estavam antenados numa nova música brasileira que pressentiam estar chegando. Quando? De que maneira?

Vinicius de Moraes

Nessa ocasião – diria que foi em 1953 – eu freqüentava o Clube da Chave, que era para ser um clube fechado onde cada um levava sua garrafa de uísque e ficava no posto 6 em Copacabana.

Naquelas noitadas todos nós ficávamos fazendo música, tocando violão: Ary Barroso, Antônio Maria, Elizeth, Aracy também ia muito, e eu notava aquele rapaz que tocava piano de vez em quando, era Antônio Carlos Jobim. Não era o pianista da casa. Ia com os amigos dele, o pianista João Donato, o próprio João Gilberto que era *crooner* de um conjunto vocal. Tom tinha largado a arquitetura, estava casado – Tereza esperando o primeiro filhinho deles, Paulinho – e se defendia tocando piano nos inferninhos de Copacabana. Tocou em quase todos. E no fim da noite eles ficavam tocando no Clube da Chave. Travei relações com ele e nós íamos para o Botequim dos Pescadores, no fim da avenida Copacabana, ficávamos lá tomando aquela cerveja matutina e batendo papo. Eles queriam saber muitas coisas, da vida e de tudo, achando que eu era capaz de responder e que soubesse mais que sabia. Foi assim que começou minha relação com Tom.

Nesse tempo ele já tinha feito com Newton Mendonça alguns sambas como "Foi a noite" e "Outra vez", dele só.

Eu já achava algo diferente naquele som. Aquilo talvez esteja mesmo nas raízes da Bossa Nova, como a música de Johnny Alf, as coisas que o Dick Farney cantava, a interpretação de Lúcio Alves. Já havia esses prenúncios do que iria acontecer depois.

Johnny Alf

No Clube da Chave mantive contato quase que apenas com o público. Tive apenas um proveito no sentido de desembaraço diante de pessoas de nome. Minha maior aproximação artística nessa época foi com Luiz Bonfá. Mas conheci melhor Billy Blanco e

Tom, que já tinham feito a *Sinfonia do Rio de Janeiro*. Eu já conhecia todo esse pessoal do Mandarim, do Plaza e do Tudo Azul, onde não trabalhei mas ia sempre, pois o Tom tocava lá.

Vinicius de Moraes

Em fins de 1953 houve uma despedida para mim no Clube da Chave, pois eu ia para Paris como diplomata. Houve um beberico lá e aí eu perdi contato completamente com Tom.

O *club Minton's Playhouse* era um bar musical no bairro *do Harlem*, em *Nova York*, freqüentado por músicos pouco conhecidos que tinham liberdade de dar canjas no final da noite. Eram músicos insatisfeitos com o que predominava *no jazz* de sua época, que pretendiam dar vazão à linguagem de vanguarda de que gostavam. Entre eles estavam *Dizzy Gillespie, Charlie Parker, Charlie Christian, Howard Mc Ghee, Kenny Clarke* e outros. Os músicos adoravam as inovações do pianista da casa, *Thelonious Monk*, com seu trio; aquela sim era a música de seu tempo. O que acontecia nesse bar foi presenciado por uma platéia reduzida de jovens, a quem a música que ouviam em rádio não satisfazia. Como os músicos, eles também ansiavam pelo novo. Exagerando, pode-se dizer que o *Minton's* não era um bar bem-sucedido comercialmente, mas aquele som era o do período de gestação do que seria o mais revolucionário momento na história *do jazz*: *o bebop*.

Substituindo adequadamente as palavras em itálico, teremos uma fotografia em preto-e-branco do que aconteceria no Brasil dez anos mais tarde. Vejamos:

O *bar do Hotel Plaza* era um bar musical no bairro *de Copacabana*, no *Rio de Janeiro*, freqüentado por músicos pouco conhecidos que tinham liberdade de dar canjas no final da noite. Eram músicos insatisfeitos com o que predominava *na música popular brasileira* de sua época, que pretendiam dar vazão à linguagem de vanguarda de que gostavam. Entre eles estavam *Antônio Carlos Jobim, João Gilberto, Carlinhos Lyra, Roberto Menescal, Milton Banana* e outros. Os músicos adoravam as inovações do pianista da casa, *Johnny Alf*, com seu trio; aquela sim era a música de seu tempo. O que acontecia nesse bar foi presenciado por uma platéia reduzida de jovens, a quem a música que ouviam em rádio não satisfazia. Como os músicos, eles também ansiavam pelo novo. Exagerando, pode-se dizer que o *bar do Plaza* não era um bar bem-sucedido comercialmente, mas aquele som era o do período de gestação do que seria o mais revolucionário momento na história da *música brasileira*: a *Bossa Nova*.

Johnny Alf

Os profissionais se reuniam no Plaza por volta de 1954 e 1955: João Gilberto, Milton Banana, Dolores Duran. Eu conhecia Dolores e João da Cantina em 1952, quando João só assistia; às vezes cantava alguma coisa mas não tocava ainda, não tinha emprego. Depois é que entrou como *crooner* dos Garotos da Lua, que era o conjunto não comercial da época. João gravou com eles alguma coisa.

No Plaza, eu tocava com Paulo Nei (guitarra) e Barbosa (baixo), um trio. E o pessoal todo que apareceu depois – Menescal, Luiz Eça, Carlinhos [Lyra], Sylvinha Telles, Maurício Einhorn, Durval [Ferreira] – ia lá me ver. Eles tinham aquele gosto por esse tipo de música, iam ouvir e davam canjinhas. Todos eram amadores. Então havia aquele bate-papo e ali o negócio começou a crescer. Eu já tinha "Rapaz de bem", "É só olhar", já tinha essas coisas todas em 1954.

No Plaza eu tocava músicas americanas, minhas músicas e as brasileiras que tivessem esse estilo, "Nem eu", "Uma loura". Nesse tempo, todo mundo estava naquela de George Shearing: acho que todos sabiam de cor a gravação de "Conception". Havia também um pouco de Charlie Parker, Lee Konitz, [Lennie] Tristano, [Dave] Brubeck, Billy Bauer e Stan Kenton, que era o ídolo dos ídolos. Lembro que Donato gostava muito do Kenton. Donato tocava acordeão e depois trombone. Gravou um 78 na Sinter, *Invitation*. O pessoal do Plaza procurava copiar as gravações americanas, os improvisos, tudo. Estavam calcados mesmo naquela harmonia. Não que eles quisessem copiar, mas ela respondia ao que eles sentiam dentro, compreende? Depois, aos poucos, eles foram criando por si mesmos. Muita gente diz que foi copiado. Não era copiado, as pessoas já vinham com uma tendência harmônica e melódica, e na música brasileira não havia essa tendência. Só foi começada quando Dick Farney veio dos Estados Unidos e nós nos ligávamos nas gravações americanas, porque eles faziam música do mesmo modo que nós tínhamos vontade de fazer.

Milton Banana

Meu primeiro contato com o ritmo da Bossa Nova foi por meio de Johnny Alf. O Johnny tinha uma batida diferente porque ele nunca foi cara de fazer ritmo. Ele dava alguns acordes dentro do ritmo e de repente parava. O cantor tinha de entrar na dele. Foi na boate Plaza no Rio de Janeiro, em frente ao Drink, onde eu tocava.

Johnny Alf

No jazz o pianista, quando faz o acompanhamento, nunca toca os acordes marcando os tempos; o pianista de jazz fica cercando o solista naquele prisma harmônico da música, apenas nas passagens necessárias. A música é que o orienta, e ele, por sua vez, ajuda harmonicamente o solista. Não há uma marcação certa, regular, mas uma espontaneidade rítmica do pianista em função da harmonia. A batida da Bossa Nova tem justamente um pouco disso, porque no caso de um cantor que se apresenta só com violão ele se utiliza do instrumento como um cerco para sua voz, como o pianista e o solista de jazz. E assim a marcação em contratempo resulta num balanço diferente. Esse balanço não havia na música tradicional, que era muito mais pesada. O sincopado da Bossa Nova deu uma espécie de identidade ao movimento.

Eu pude explicar facilmente para você porque esse cerco era uma coisa que eu fazia, eu tinha justamente mania de harmonizar e me acompanhar não marcando, compreende? O João ia muito à Cantina[1] e ficava horas e horas do meu lado, me vendo tocar, e se entusiasmava com o meu modo de acompanhar, isso eu lembro bem. Cantando, ele já tinha uma divisão bem afastada da habitual e eu me sentia muito bem acompanhando ele, principalmente harmonicamente; o que eu fizesse, não tinha problema. Dessa intimidade pode ter se dado alguma idéia. Há muitas músicas inéditas minhas que ele sabe.

Milton Banana

Todas as noites tinha aquele negócio das canjas no Plaza. Eu ia lá nas minhas meias horas de descanso do Drink. Era só atravessar a rua. Lá não tinha negócio comercial. Os músicos tocavam o que quisessem, à vontade, a batida da bateria era diferente da batida para dançar. Aquilo vinha da gente, a gente fazia um som sem muito barulho, tudo "piano". O Johnny sempre gostou que a gente tocasse bem pianinho, bem baixinho. Todo mundo tocava desse jeito. Não se comentava que aquilo fosse uma batida diferente. Era considerada normal. Depois, quando tínhamos de voltar ao Drink, íamos bronqueados, tínhamos de quebrar o ritmo, que era para encher a pista e o cara faturar. Não tinha nada que ver com o ritmo do Plaza, onde havia noites que não tinha ninguém e nós nos sentíamos muito mais em casa. Chegou a ponto de o dono sentir que o negócio da música era tão bacana, que ele fechava a casa às 4 horas da madrugada e deixava a gente tocando.

....

1. Refere-se à Cantina do César, situada na Tijuca, então de propriedade do animador da Rádio Nacional César de Alencar.

Carlos Lyra

Nesse bar tinha um trio musical com Johnny Alf no piano, Paulinho Nei no violão elétrico e Ed Lincoln no contrabaixo. E com esses caras se reunia Luizinho Eça, que dava canja e era muito guri; em torno deles se reuniam Antônio Carlos Jobim para ouvir, Lúcio Alves, Dick Farney e depois, com o tempo, eu, João Donato, que fazia vocais na esquina depois que acabava a apresentação do bar às 4 horas, e um cara que sentava sempre na sombra ou no escuro onde não tivesse luz, com terninho que a manga vinha até aqui, um terninho azul dele e camisa branca, pálido e branco; era o João Gilberto. Sentava sempre onde não tinha luz para escutar, e quando acabava tudo e os ouvintes saíam do bar, e ficava só a patota, é que ele pegava o violão e começava a tocar "Rosa morena", já com aquele ritmo e com as mãos daquela maneira. Foi ali que muita gente se conheceu. Sylvinha Telles, que nesse tempo era namorada do João Gilberto, e a primeira geração do que seria chamado futuramente de Bossa Nova, já estava ali sentada, aprendendo, ouvindo e se comunicando com aqueles caras. Sobretudo ouvindo e aprendendo. A gente começou a se concentrar num pequeno núcleo de pessoas que faziam um intercâmbio musical, e o grande guru até essa época era Johnny Alf, que era pianista.

Johnny Alf

Depois que eu saí do Plaza, vindo para a Baiúca, ficaram no meu lugar Luiz Eça, o Lincoln e a Claudete [Soares] e, se não me engano, com o mesmo guitarrista Paulo Nei.

Milton Banana

Depois que o Johnny Alf foi para São Paulo, o conjunto do Plaza, chefiado pelo Ed Lincoln no contrabaixo, tinha o Donato no acordeão, Luiz Eça no piano, Paulo Nei na guitarra, Claudete cantora e eu. Depois o Paulo Nei saiu.

Claudete Soares

Quando eu estava cantando na Tupi – cantando só baião, que era mais comercial e porque ninguém me deixava cantar outro gênero – fiquei conhecendo o contrabaixista Luiz Marinho. Ele me levou ao bar do Hotel Plaza, onde conheci Ed Lincoln, chefe do conjunto. Fiz um teste – lembro que cantei três músicas: "É só olhar", do Johnny Alf, "Mariazinha", do Garoto, e "Da cor do pecado", que o João Gilberto já cantava com a harmonia moderna – e fui aprovada como *crooner*. Naquela noite mesmo comecei a cantar no conjunto com Luiz Eça no piano, Ed Lincoln no contrabaixo, Milton Banana na bateria, acho que Baden no violão e Donato, no acordeão e nas horas vagas no trombone, que o [Edson] Maciel ensinava. Ainda não havia cantora fixa, pois não tinham encontrado alguém que pudesse seguir o ritmo do conjunto, que era muito moderno. Os cantores todos como Sylvinha Telles e João davam canjas, mas eles queriam uma cantora fixa. A Silvinha dava canjas porque não era *crooner* profissional. João era *crooner* do conjunto Garotos da Lua e dava canjas, pois lá podia mostrar o que gostava de fazer. Como *crooner* do Garotos da Lua, limitava-se ao repertório do conjunto.

Assinei o contrato e fiquei mais de um ano cantando com eles. Não ia muita gente assistir, quase que só músicos. O maior freqüentador era o Cyll Farney, irmão do Dick. Fora deles, ninguém aceitava a música do conjunto. Nós não tínhamos músicas modernas em nosso repertório porque estava no começo. Então a gente pegava aqueles sambinhas e passava para esse ritmo com outra harmonia – "Da cor do pecado", "Mariazinha", "Duas contas", duas músicas do Garoto – como João Gilberto fez em "Pra machucar meu coração".

A boate estava entregue às moscas. Ficamos um ano penando, e o dono era nosso fã incondicional. Nessa época o que nós fazíamos não tinha nome. A palavra Bossa Nova veio depois com a gravação de João Gilberto cantando sozinho. Mas nós já fazíamos aquela batida, o Milton Banana foi o primeiro homem a fazer a batida junto com o João. Era como os americanos fazem agora pá... pá... pá... A gente fazia sambas-canções do Johnny Alf, do Tom Jobim – que era freqüentador assíduo e que fazia quase todos os temas. Entre nós, o Milton e o Donato eram os que considerávamos os idealizadores da batida, o João se empolgava com o que o Milton fazia na bateria.

Eu sentia que era um movimento novo. Conversávamos entre nós – eu ouvia muito mais que falava –, eles achando que ninguém entendia. Ninguém aceitava, ninguém agüentava ouvir aquilo, o pessoal queria boleros, rocks, sei lá. Mas o dono adorava, sabia que isso ia ser um gênero importante de música e agüentou o máximo, porque não ia ninguém, só músicos que se reuniam e com quem fazíamos vocais. Mas foi um fracasso de público.

João Donato

Tá meio embolada essa informação. É verdade que tinha o Ed Lincoln, o Luiz Eça, acho que não tinha bateria nesse conjunto não, era baixo, piano e guitarra, o Milton Banana tocava bateria com o Djalma Ferreira no Drink. Quando toquei no Plaza eu toquei no conjunto do Barriquinha, trompetista, e era lá dentro na boate. Aqui fora tinha uma espécie de um bar onde tocavam o Eça, o Baden Powell e o Ed. Eu me lembro mais do Baden Powell no violão, Claudete Soares cantando. Eu ia lá dar canja, eu e o João Gilberto íamos mais para dar uma canja. Eu era funcionário do Plaza, da orquestra do Barriquinha lá dentro na boate. Havia dois lugares de música: lá dentro o pessoal dançava e bebia e aqui fora era o bar, como uma *happy hour*.

Tocávamos música americana, *standards* americanos e alguma coisa brasileira do estilo que iria se tornar parte da Bossa Nova, coisas novas do Johnny Alf, do Antônio Carlos Jobim. João Gilberto estava tentando gravar um disco ainda, eu dava canja lá, mas a gente tocava um repertório meio misturado, samba-canção. "Minha saudade" era uma das poucas ou primeiras músicas que começaram a aparecer nessa época.

Eu nem cheguei a tocar trombone, eu comecei mas parei antes de me aprofundar muito, vi que a estrada era muito longa. Tocava acordeão e o João Gilberto no violãozinho dele, mas a gente dava canja, nós não éramos músicos que trabalhávamos lá não.

Milton Banana

Donato tocava na boate, e uma noite chegou um cara de bicicleta e trouxe um telegrama do Nanai para ele ir para os Estados Unidos. Assim que recebeu o telegrama, ele disse para o Djalma:

– Parei agora. Não estou mais nessa do Drink.

O Djalma:

– Você está louco? Como é que vai me deixar às 2 e meia da manhã de uma segunda-feira?

Ele foi-se embora, foi para sua casa na Tijuca, no dia seguinte pegou a passagem e três dias depois viajou para Los Angeles. E nunca mais se viu o João Donato. Eu sabia dele pelas cartas que o Maciel trombonista recebia.

João Donato

Aceitei na hora. Eu não tinha lugar para tocar, não dava, os caras não queriam me contratar para tocar. João Gilberto também. Foi o Nanai, que fez parte dos Namorados, aquele conjunto vocal que nós tivemos. Ele foi com a Elizeth Cardoso até o México. Do México se ligou com o pessoal da Carmen Miranda e foi parar nos Estados

Unidos. Lá conheceu o Zé Carioca [José Patrocínio de Oliveira], o Nestor [Amaral], aquela turma toda por onde já tinham passado Laurindo [de Almeida], Aloísio [de Oliveira], e aí ele telefonou: "Você que gosta de música americana não quer fazer uma temporada de seis semanas?" Lembro bem, seis semanas em Lake Tahoe, Nevada, onde tem cassino. Claro que eu quero, eu estava aqui coçando a barriga, não tinha emprego, o bar do Plaza era ocupado pelo Lincoln e Luiz Eça, eu ia lá para dar uma canja, o trabalho já era dele, topei na hora. Na hora de voltar encrencou porque não tinha passagem, tinha a passagem de ida que foi comprada pelo Nanai a prestação na Varig. Completei minhas seis semanas.

– Agora vamos embora.

– É, mas agora temos de resolver o problema da passagem que eu comprei para você a prestações.

E aí eu fui ficando; quando eu vi, tinha me casado até. Depois de casado fui ficando, mesmo não querendo. Tinha de resolver o problema de pagar a passagem de ida para comprar a de volta.

Baden Powell

Conheci Johnny Alf tocando muito bem piano, tinha umas músicas bem avançadas, com estilo já moderno e querendo modificar as coisas, e ninguém fazia isso. Quem fazia era Johnny Alf nos bares, escondido.

João Gilberto também. Eu lembro ainda que ele tocava no bar do Hotel Plaza. A gente pedia muito pra ele cantar, o apelido dele era Joãozinho. Aí ele tocava aquele violão bonito, cantando aquelas músicas, "Bim bom"... tem anos essa coisa. E nós gostávamos pra burro, era uma coisa completamente diferente e eu ficava vidrado naquilo. Sentia que era samba e tinha aquele acompanhamento, bonito, mas civilizado, não sei como vou explicar, mais lapidado. E eu ficava olhando: "Puxa, que bacana que ele faz." E eu tocava violão à beça, mas aquilo era completamente diferente como acompanhamento. Ele também cantava bonito, cantava aquelas coisas antigas e tinha uma coisa diferente que a gente gostava. Não era nada que se dissesse que ia ser um sucesso. A gente fazia aquela roda em volta, nem se comentava em gravar nem nada. O Tom era assim também, ele aparecia lá no Plaza, estava acabando de estudar harmonia e a gente tratava ele de Tom maestro. Ele tinha feito aquela primeira música "Foi a noite", com Newton Mendonça, que pra mim já era diferente à beça. Johnny Alf, eu acho que não teve muita sorte, mas é um compositor genial, vem antes dessa turma toda, vem antes de João Gilberto, Tom e tudo.

Johnny Alf foi um verdadeiro desbravador na modernidade da música brasileira, o ídolo dos Bossa-Nova, mais que um precursor. Foi o inspirador que deu aos jovens que freqüentavam o bar do Plaza a certeza de que o sonho imaginado poderia ser encontrado, pois sua estética musical – compondo, tocando e cantando – caía como uma luva para suas ansiedades. A leveza de seu *touché*, a forma desatada da marcação rítmica ao se acompanhar no piano, a originalidade dos encadeamentos harmônicos, a mudança na disposição de notas dos acordes, as melodias com intervalos pouco usados, até a maneira de cantar juntinho do microfone sem arrebatamento mas com a preocupação do mais nítido entendimento possível podem ser agora vistos como uma ante-sala da Bossa Nova. O mais modesto de todos os vanguardistas na música brasileira, Johnny Alf é também fiel a seus princípios artísticos. Johnny jamais concedeu em sua carreira e, pode-se dizer com segurança, é a principal figura em tudo que precedeu a eclosão da Bossa Nova. Johnny Alf é fundamental.

Sérgio Ricardo

O Johnny Alf era na época considerado o melhor compositor de vanguarda no meio e jamais aparecia em rádio porque era o mais moderno em termos de composição, fazia músicas dentro daquela harmonia desenvolvida pelos americanos, composições fantásticas naquela época.

Carlos Lyra

O meio de divulgação desse tipo de música era muito precário. Talvez ela não tenha aparecido antes por uma série de razões, uma delas é essa, o meio era precário. O piano era um instrumento que necessitava de muito estudo e, sendo o Johnny Alf pianista, aquilo era praticamente inacessível para nós, com todas aquelas cifras e o jazzismo dele.

Johnny Alf

O tipo de melodia que faço tem em princípio influência do instrumento, piano, e também uma tendência em fazer modulações. Sempre tive inclinação para modulações e isso porque tinha a mania de tocar as músicas em todos os tons, por isso conheço o piano bem. Acho que uma modulação dá uma espécie de vida nova a uma música. Como letrista, eu gostava muito da língua inglesa expressando idéias profundas de maneira leve e suave. Eu gostava tanto da linguagem das músicas americanas que fazia versões para o português, mas usando o mesmo sentido. Tenho a impressão de que o resultado das expressões que eu conseguia nessas traduções influiu bastante para o meu estilo.

O estudo de piano e de música clássica me abriu mais a intuição que eu tinha de música moderna. Houve uma grande aproximação com Newton Mendonça nesse ponto, pois ele também tinha estudo de música clássica e tínhamos idéias comuns. Ele foi o primeiro músico com quem tive afinidade musical e composições no mesmo estilo. Eu tinha "Aconteceu", "O que é amar", "Escuta", "Podem falar", "Estamos sós", e ele, músicas nos moldes mais avançados da época, inclusive uma inédita que ele me deu. Eu tinha a partitura, mas nesse negócio de muda pra cá, muda pra lá, perdi a música.

Ronaldo Boscoli

Newton Mendonça é um dos grandes injustiçados de música brasileira. Não sei por que razões. Ele e Tom faziam as duas coisas, letra e música. Mendonça era pianista de uma boate muito mambembe, o Carrousel, em Copacabana. Ele serviu o Exército comigo e éramos muito ligados. Talvez ele tenha exagerado nas suas confissões, mas naquelas noites de pileque ele me dizia: "Não sei por que eu sou tão escondido assim." Eu fazia ver a ele que não era isso não. Meu nome também aparecia mais que o de Carlinhos Lyra no início, por força de minha profissão de jornalista. Era uma circunstância. As circunstâncias é que fizeram que Mendonça ficasse mais escondido, como também aconteceu com Vadico [Osvaldo Gogliano] e Noel Rosa.

Newton Mendonça (1927–1960) é descrito como um pianista inovador, um sujeito arredio, que aparentava estar mais interessado em tocar seu piano pelos bares de Copacabana por que passou. Em 1952 atuou sucessivamente no French Can-Can (revezando com Tom Jobim, seu amigo desde os 15 anos), no Tasca (que seria o Drink quando adquirido por Djalma Ferreira) e Posto Cinco (novamente com Tom). Após atuar no Clube 36, Mocambo e Mandarim, retornou em 1955 ao Posto Cinco, quando já se destacava também como compositor e parceiro de Tom Jobim em "Foi a noite", gravada por Sylvinha Telles. Depois de passar por outros bares no Beco das Garrafas, Mendonça fixou-se de 1956 a 1960 no inferninho Le Carrousel, freqüentado por músicos e cantores que iam especialmente para ouvi-lo ou cantar com seu piano. Enganavam-se os que pensavam ser ele um pianista qualquer de inferninho. Mendonça era politizado, apreciava cinema e literatura, além de fazer as letras de suas composições. A parceria dele com Tom Jobim se dava tanto na letra como na música, sendo incertas as seções de cada um. Levava a música mais a sério que qualquer outra atividade, mais até que lutar pelos seus direitos autorais. Contudo, era imprudente com a saúde. Após dois infartos, infringiu os conselhos médicos, voltando a trabalhar normalmente, mantendo os mesmos hábitos. Por ter falecido com apenas 33 anos sua obra completa não atingiu o que se prenunciava, embora tenha mostrado um incomum sentido de modernidade nas menos de cinqüenta composições de sua autoria. Basta mencionar cinco das dezessete composições com Tom para que seja incluído entre as figuras mais importantes da Bossa Nova: "Desafinado", "Samba de uma nota só", "Meditação", "Discussão" e "Caminhos cruzados", cada qual repleta de inovações não só melódicas e harmônicas, mas também poéticas.

Sérgio Ricardo

Newton achava que a música não poderia ficar naquela situação em que estava, me ensinava acordes novos, uma variedade de efeitos harmônicos dentro de uma simples melodia. Suas composições com o Tom já deixavam transparecer um novo rumo na música popular.

O Tom sem dúvida nenhuma era o de maior bom gosto. As suas músicas começaram a aparecer e eram cantadas em todas as boates pelos melhores cantores e músicos. Eu fui pro lugar dele no Posto Cinco. No dia seguinte o Tom não resistiu e veio falar comigo. Eu tinha uma técnica bastante evoluída de estudo clássico no piano e um *touché* muito bonito. Tocava aquelas coisas do Carmen Cavallaro[2].

– Eu acho muito bacana isso, mas cadê a harmonia que você podia fazer?

Aí sentou ao piano e mostrou a mesma melodia – eu lembro bem, era o "Feitiço da Vila" – com uma harmonia que ele fazia. Com muita paciência ele me mostrou como se encadeavam aqueles acordes de nonas e décimas primeiras. Fui vendo um mundo novo dentro da música.

Vinicius de Moraes

Minha retomada de contato com Tom deu-se de maneira curiosa, quando nós começamos a organizar a produção da peça *Orfeu da Conceição* em 1956.

....

2. Pianista americano, conhecido pelo talento e versatilidade.

Eu tinha escrito a peça *Orfeu da Conceição* havia muitos anos em Niterói, na casa de meu então concunhado, o arquiteto Carlos Leão, no Saco de São Francisco, por volta de 1940. Numa madrugada, lendo numa mitologia francesa o mito do Orfeu – que eu gostava muito por ser a união do poeta com o músico –, comecei a ouvir num morro ao lado, o morro do Galvão, uma batucada. Curiosamente as duas idéias se fundiram e eu fiquei com a impressão de que as duas coisas tinham de ver uma com a outra. Comecei a pensar na vida dos negros de morro e a helenizar a sua vida. De repente surgiu a idéia de fazer um Orfeu do morro, um sambista que, por ser dotado de grande beleza interior, era cobiçado pelas mulheres, despertando grande inveja nos outros homens de morro, que também cobiçavam sua mulher.

Nessa mesma noite escrevi todo o primeiro ato da peça. Engasguei no segundo ato porque me recusava a fazer o inferno tradicional, onde Orfeu ia buscar Eurídice. Somente em Los Angeles, em 1946, me ocorreu a solução, fazer do Carnaval carioca um inferno onde ele busca Eurídice em todas as mulheres. Quando regressei ao Brasil em fins de 1950 perdi o terceiro ato. Em 1953 meu amigo, o poeta João Cabral de Mello Neto, me animou a reescrever o terceiro ato e mandar a peça para o concurso das comemorações do IV Centenário de São Paulo. Fiquei animado e lembro que acabei de bater à máquina o final da peça no trem que me levou a São Paulo, nas vésperas do encerramento. A peça mereceu um dos três primeiros prêmios, mas, como não havia um teatro grego aqui e como a peça era muito complexa na montagem, pus na gaveta e parti para meu posto em Paris.

Em Paris o produtor de filmes Sacha Gordini pediu-me para fazer uma sinopse da peça para um filme a ser rodado. Enfurnei-me no castelo do Chateaubriand na Normandia durante um tempo e escrevi o primeiro roteiro de filmagem, que depois foi modificado. Em fins de 1955 viemos para o Brasil para ver se encontrávamos capital para realizar o filme, coisa que não se conseguiu, aliás. O filme é francês por uma questão de capital.

Com a publicidade toda dada no Brasil à idéia do filme, apareceu um capitalista que me propôs a montagem da peça no Rio. Aproveitei que estava em licença-prêmio e reuni um grupo do qual constavam Oscar Niemeyer (que fez o cenário), o diretor Leo Jusi, Haroldo Costa, que fez o papel de Orfeu, Léa Garcia, que fazia a Mira. A peça subiu à cena se não me engano dia 25 de setembro de 1956, com grande amor e entusiasmo de todo mundo.

Na contracapa do LP Odeon *Orfeu da Conceição*, Vinicius descreveu como teve a idéia da peça baseada "no mito grego de Orfeu, o divino músico da Trácia cuja lira tinha o poder de tocar o coração do bicho-homem com a sua arte".

Depois de convidar Leo Jusi para a direção, Oscar Niemeyer e Carlos Scliar para os cenários, e sua mulher Lila para os figurinos, necessitava de um compositor que "pudesse criar para o Orfeu negro uma música que tivesse a elevação do mito, uma música que unisse a Grécia clássica ao morro carioca, uma música que reunisse o erudito e o popular – uma música 'poética' que, mesmo servindo ao texto, tivesse uma qualidade órfica".

Vinicius de Moraes

Eu precisava de um músico para fazer as canções que já estavam mais ou menos delineadas no contexto da peça. Eu não queria usar os chamados "monstros sagrados", os músicos eruditos. Nada disso. Fiz o primeiro contato com o Vadico, muito meu amigo e que era um músico muito bom, com grande conhecimento erudito e que tinha sido aluno de Castelnuevo Tedesco, em Los Angeles. Mas ele, não sei por que, se atemorizou com a responsabilidade até um ponto em que desanimei.

Um dia, no bar Villarino, onde tínhamos uma mesa grande de escritores e artistas, conversando com Lúcio Rangel, disse que precisava de um compositor jovem que tivesse idéias mais avançadas. Ele me disse:

– Por que você não tenta esse rapaz, Antônio Carlos Jobim, que me parece ter um talento muito grande?

Lembrei-me de Tom, do nosso tempo no Clube da Chave. E ocasionalmente ele estava lá. Estava no bar. Então eu o chamei e propus a coisa a ele. Lembro que ele perguntou:

– E tem dinheirinho nisso?

Ele vivia duro naquela vida de tocar em inferninho.

– Claro que tem. Tem dinheiro para você aí.

Dei-lhe a peça para ler, ele gostou e uns quinze dias depois me telefonou para ir à casa dele. Já tinha feito várias anotações no texto e me mostrou alguns temas. Tudo que eu queria ele tinha feito. Aí começamos a trabalhar juntos. Foi feito o primeiro samba da peça, "Se todos fossem iguais a você", quase paralelamente, ele no piano e eu escrevendo a letra. Depois fizemos os outros sambas, "Um nome de mulher", "Mulher sempre mulher", "Lamento no morro" e um samba que era só meu, "Eu e o meu amor". Na *ouverture* o Tom usou alguns temas da peça. Do tema que servia de fundo para um monólogo de Orfeu, extraí uma composição que se chama "Modinha", que a Elizeth Cardoso gravou no nosso primeiro LP.

O musical *Orfeu da Conceição* estreou com sucesso no Teatro Municipal do Rio de Janeiro em 25 de setembro de 1956, com Haroldo Costa no papel de Orfeu e Dirce Paiva no papel de Eurídice. Posteriormente foi gravado pela Odeon um LP de 10 polegadas, cuja capa era do pintor Raimundo Nogueira, com o cantor Roberto Paiva, o violonista Luiz Bonfá e a orquestra de 35 músicos regida por Antônio Carlos Jobim nas seguintes músicas: "Ouverture", "Monólogo de Orfeu" (com Vinicius de Moraes), "Um nome de mulher", "Se todos fossem iguais a você", "Mulher, sempre mulher", "Eu e o meu amor" e "Lamento no morro".

Vinicius de Moraes

Daí ficamos muito amigos e começamos a compor juntos. Fizemos nesse mesmo ano [1956] o que seria historicamente o primeiro samba da Bossa Nova, "Chega de saudade".

Ele tinha ido para o sítio dele em Poço Fundo, perto de Petrópolis, e tinha composto o tema no violão. Pareceu-me uma novidade como estrutura de samba. Foi uma das letras que me deu uma das maiores surras da minha vida, porque eu queria botá-la bem dentro da música, fazer um casamento quase perfeito com aquelas rimas internas todas.

Em fins de 1956 parti para meu posto em Paris novamente, onde fiquei mais de um ano. A peça *Orfeu* tinha sido um sucesso grande, uma semana no Municipal e quase um mês no Teatro República.

Uma vez o Tom me escreveu dizendo que "Se todos fossem iguais a você" tinha estourado na praça e era uma correria tremenda das cantoras todas para gravar. Almir Ribeiro, que morreu em Punta del Este, fez um show na boate Cave em São Paulo só com as músicas do *Orfeu* e teve grande sucesso. Depois apareceu uma cantora chamada Morgana [Isolda Corrêa Dias] que também fez um sucesso enorme com a "Serenata do adeus". Depois que Maysa gravou "Se todos fossem iguais a você" a música estourou. Enquanto tudo isso ocorreu, eu estava em Paris. "Chega de saudade" e uma série de outras composições estavam guardadas.

Em fins de 1957 eu voltei e recomeçamos a compor. Aí saiu uma infinidade de músicas: "Estrada branca", "Eu não existo sem você", "Eu sei que vou te amar", "Amor em paz", que fizemos no trem para São Paulo, para lançamento num programa do Agostinho dos Santos no canal 5.

Seriam as canções para o LP *Canção do amor demais*, da gravadora Festa de Irineu Garcia.
No mundo das artes, há figuras que, mesmo não sendo artistas, assumem um papel de tal importância que passam para a história através de sua valiosa contribuição para a vida cultural. São em geral intelectuais de visão e de sensibilidade apurada. Não sendo mecenas, já que não subsidiam a arte, constroem a ponte entre a obra e o mundo. Suas realizações são revestidas de pioneirismo e ideologia, cujo inestimável valor é compreendido quanto mais passa o tempo. Se o artista dá vida a uma obra de arte, são eles que tornam possível sua permanência.
Esse é o perfil de Irineu Garcia, o idealizador do selo de discos Festa, um emblema da cultura brasileira dos anos 50 e 60. Irineu fazia parte da exuberante safra de intelectuais brasileiros que se reunia na uisqueria Casa Villarino, do centro do Rio de Janeiro, o ponto de encontro dos bate-papos depois do expediente. Seus parceiros de mesa eram Vinicius de Moraes, Lúcio Rangel, Fernando Lobo, Antônio Maria, Rubem Braga, Antônio Bandeira, [Tomás] Santa Rosa, Dolores Duran, Di Cavalcanti, Sérgio Porto, enfim a turma de amigos boêmios e do primeiro time da arte e da cultura brasileiras. Conforme Fernando Lobo, "as doses do Villarino eram famosas pela prodigalidade. Seis delas desencadeavam a megalomania de qualquer cidadão".
Irineu Garcia levou a cabo precisamente uma megalomania fonográfica no Brasil. Criou a Festa para resgatar o que não atraía as grandes gravadoras: poemas de João Cabral, Vinicius, Drummond, Manuel Bandeira, Cecília Meirelles e Pablo Neruda recitados pelos próprios autores. Para reproduzir poesias de Lorca, registrar a voz de João Villaret, para colocar no mercado peças de Mignone, Radamés Gnatalli, Claudio Santoro e Camargo Guarnieri, para gravar *O pequeno príncipe*, com Paulo Autran, e *Modinhas fora de moda*, com Lenita Bruno.
Gentil, cerimonioso, profundo, perspicaz e conseqüente no que dizia e no que fazia, Irineu descreveu em setembro de 1981, quando morava havia mais de dez anos em Portugal, como nasceu a Festa e como foi gravado seu mais célebre disco *Canção do amor demais*:

> O produtor independente é exatamente um Quixote. É um homem de vanguarda, ele pode atirar-se numa produção e realizar realmente uma obra de arte.

O engajamento de um produtor independente a uma gravadora terá fatalmente de se submeter aos projetos, aos custos e sem nenhum risco de aventura ou com o menor risco de aventura possível. Isso limita a capacidade do produtor, evidentemente. Aloísio de Oliveira abandonou a Odeon por isso, ele conseguiu o primeiro contrato com João Gilberto, já que eu não pude fazer o primeiro contrato que estava nas minhas mãos, mas daí para a frente a Odeon, que fez o investimento com João Gilberto, não teve o menor apetite para pegar Carlinhos Lyra ou o Sérgio Ricardo. Todos eles cantavam na minha casa e estavam doidos para ver se conseguiam um contrato, um lançamento, isso não era possível. O Aloísio de Oliveira contratou o João Gilberto por influência direta de Tom Jobim, que insistia para que Aloísio conseguisse fechar com a direção da Odeon. Eu não tinha dinheiro para aquilo, estava desembestado pro lado de Villa-Lobos, de música do barroco mineiro, um investimento brutal. Sabia que o João Gilberto era um caso excepcional, mas eu não podia ser o Ziegfeld[3] que ele exigia.

O disco *Canção do amor demais* remonta à Casa Villarino, no Rio de Janeiro. Não tínhamos idéia do quanto esse disco representava em termos renovadores.

Vou ser sinóptico. Eu recebia freqüentemente da Europa, sobretudo de Paris, muitos discos documentais de poetas e de peças de teatro. Quando recebi um de André Gide dando uma aula de piano, me empolguei com aquilo, mostrei a Manuel Bandeira e disse:

– Vamos gravar um disco?

Manuel Bandeira disse:

– Vamos!

Convidei o Drummond e daí nasceu a Festa. Foi uma sucessão de poetas.

Vinicius de Moraes era nosso diplomata em Paris. Tinha terminado uma sonhada peça de teatro, uma tragédia musical carioca, o *Orfeu da Conceição*. Quando ele veio montar essa peça acalentava duas coisas, a peça no teatro e a transposição para o cinema. O homem que ele tinha em mira era um cidadão chamado Sacha Gordini, que foi o produtor. O Vinicius chegou ao Brasil, conseguiu a montagem da peça e houve o *aproche* feito pelo cronista musical Lúcio Rangel junto a Tom Jobim na Casa Villarino. E naquela discreta boemia carioca seu Vinicius de Moraes – tinha uma licença-prêmio que estava usufruindo – tornou-se um grande amigo do Tom e começaram a fazer música juntos, já que a trilha musical do *Orfeu* fora um sucesso. E eu, conhecendo isso, Aloísio de Oliveira também conhecia, pois freqüentávamos os mesmos ambientes. Um belo dia Vinicius e Tom falaram comigo:

– Quer gravar um disco?

O Aloísio não podia porque não estava no espírito da Odeon gravar aquele disco. E eu digo:

– E o custo operacional, quanto é que nós vamos investir nisso?

....

3. Florenz Ziegfeld, um dos maiores produtores do *showbusiness* norte-americano.

O Tom disse:

— Não será uma coisa cara.

Tom Jobim, porém, ficou completamente livre para gravar o disco, fazer as orquestrações, escolher naipes musicais, e nós marcamos na Odeon o início da gravação. Não me parecia que houvesse a idéia de que seria um divisor da música brasileira. O Vinicius tinha consciência de que se estava gravando o melhor disco de música popular brasileira. O Tom não ousava dizer isso. Contudo o capricho era total. Lembro perfeitamente quando fomos escolher a intérprete. Inicialmente nós falamos em Dolores Duran. Mas a Dolores não mostrou interesse, ficou meio assim, acho que ela queria ser a parceira do Tom. Então abandonamos o projeto da Dolores e na mesma noite caminhamos até o bar Trinta e Seis, encontramos a Elizeth, formalizamos o convite, o Vicente Vitale a liberou e caminhamos para a gravação do LP.

Efetivamente a acolhida, sobretudo das elites de conhecimento musical no Rio de Janeiro, causou espanto ao Tom. Foi realmente surpreendente.

O João Gilberto era muito mimado pelo Tom. Tom gostava imenso do João e queria arranjar qualquer coisa para ele. O João Gilberto entrou no "Chega de saudade" e no "Outra vez", e o Tom dando destaque para apresentar o João Gilberto. Tereza, mulher do Tom, tinha um profundo carinho por ele, como se fosse um afilhado. O João Gilberto era uma pessoa muito difícil, surrealista, foi empurrado pelo Tom. Era profundamente tímido, depois foi desabrochando no monstro sagrado que temos hoje.

Vinicius de Moraes

Reunimos um bom número dessas canções no nosso primeiro LP, *Canção do amor demais*, gravado na marca Festa em 1958, onde pela primeira vez apareceu a batida da Bossa Nova no samba "Chega de saudade".

Com o Tom trabalhava muito à tarde, lembro que eu ia muito à casa dele na rua Nascimento Silva 107 e nós fizemos muita música durante a tarde. Era um recolhimento perfeito, aquela ruazinha de Ipanema sossegada, Terezinha de vez em quando trazia lá um cafezinho pra gente, depois no fim da tarde aquele uisquinho, aquela cervejinha, e aí nós seguíamos, íamos em frente.

Naquela ocasião Elizeth era talvez o que havia de mais pra frente como cantora. Ela foi escolhida como intérprete e nós a ensaiamos profundamente, ela passou e repassou as músicas conosco com um sentido muito grande de obediência ao que queríamos. O Tom fez os arranjos e escolheu os instrumentistas que eram os cobras todos da ocasião. Um trompista maravilhoso, um garoto vienense chamado Herbert – que até João Gilberto chamava Hebinho –, Copinha na flauta, Juquinha [João Baptista

Stockler Pimentel] na bateria, os dois Maciéis [Edson e Edmundo] nos trombones, Irani [Pinto] e João Gilberto no violão. João – também escolhido pelo Tom – ficou empolgadíssimo nos dias de gravação, sobretudo na da música "Chega de saudade", em que ele não estava perfeitamente convencido da interpretação de Elizeth, querendo que ela desse o ritmo de certa maneira, pra frente. Até ficaram um pouco de ponta com as observações que ele fez a ela. Mas a gravação foi no ambiente da maior empolgação porque era uma música nova que entusiasmava todo mundo. A batida do João estava ainda no seu estágio mais elementar, depois desenvolvido pelo próprio João.

Tom Jobim

Eu tinha uma série de sambas-canções de parceria com Mendonça, mas a chegada do João abriu novas perspectivas, o ritmo que o João trouxe. A parte instrumental – harmônica e melódica –, essa já estava mais ou menos estabelecida. O aparecimento de João, que veio da Bahia e foi ser *crooner* do grupo vocal Garotos da Lua, trouxe uma contribuição rítmica muito importante porque a gente pode fazer uma melodia muito bonita com uma harmonização também muito bonita, mas o ritmo é um fator vital.

No LP da Elizeth Cardoso aparece pela primeira vez a batida de Bossa Nova no violão tocado por João. Eu instrumentei o LP e toquei piano. Esse disco constituiu um marco, é o ponto de fissão, de quebra com o passado. É claro que eu não renego o passado, mas aí já começa a aparecer uma outra maneira de encarar as coisas. Você lembra que a música brasileira – fora da música de morro, da batucada, do Carnaval e de manifestações autenticamente populares de rua – era o samba-canção, sambolero, uma coisa ultravestida, tinha muitos violinos, uma orquestra enorme. E a música brasileira, a nosso ver – de João Gilberto, de Vinicius e dentro do meu ponto de vista também –, sofria de excesso de acompanhamento. O cantor pedia que os arranjos fossem bem ricos e nós começamos a chegar à conclusão que justamente aquilo atrapalhava e impedia a mensagem, impedia o cantor de dar o recado, o essencial. A gravadora Festa sempre trabalhou com material dito não-comercial. Irineu Garcia sempre foi um homem ligado ao Ministério de Educação e Cultura, que gravou Drummond, Bandeira, Neruda e muitos mais. Fazia discos como *O pequeno príncipe* (que eu musiquei), gravava Villa-Lobos, Mignone. Em suma, a Festa era uma companhia pequena de discos, que trabalhava com uma produção mais artística. E, naturalmente, aquilo me tentou, ter dentro do trabalho diário a chance de fazer algo mais ambicioso. Então surgiu a idéia de fazer esse álbum de canções com Elizeth

Cardoso. Embora algumas sejam puramente canções ("Eu sei que vou te amar", "Modinha", "Eu não existo sem você"), já aparece o "Chega de saudade" e "Outra vez", com o ritmo de Bossa Nova.

Quando escrevi os arranjos já tinha na cabeça o João como violonista. Isso é indispensável. Aqui no Brasil não se pode escrever para uma orquestra indiscriminadamente, você escreve para indivíduos, você tem de conhecer a maneira de o sujeito tocar.

A ascensão do disco não foi muito rápida, mas foi firme e está aí até hoje, o que é uma coisa rara em música popular, que é tão efêmera; o sucesso popular vem, desaparece e depois ninguém lembra. Um ano depois, já era um disco muito comentado, muito pontificado.

Canção do amor demais é um marco divisório na história da música popular brasileira. O disco foi gravado em janeiro de 1958 e lançado em abril com os músicos mencionados e mais Vidal [Pedro Vidal Ramos] (contrabaixo), Juquinha (bateria), sete violinos, duas violas, dois *cellos* e o violonista e compositor baiano Walter Santos, amigo de infância de João Gilberto, no coro de "Chega de saudade".

O extenso texto de sua contracapa, no verso da foto de Elizeth Cardoso que ocupava toda a capa, foi escrito em letra cursiva por Vinicius de Moraes. Entre merecidos elogios a Tom Jobim e a Elizeth, Vinicius sinalizava o que ambos pressentiam:

> Nem com este LP queremos provar nada, senão mostrar uma etapa de nosso caminho de amigos e parceiros no divertidíssimo labor de fazer sambas e canções, que são brasileiros mas sem nacionalismos exaltados, e dar alimento aos que gostam de cantar, que é coisa que ajuda a viver [...] suas [de Tom] melodias e harmonias, cada vez mais libertas da tendência um quanto mórbida e abstrata que tiveram um dia. O que mostra a inteligência de sua sensibilidade, atenta aos dilemas do seu tempo...

De fato, uma contribuição que esse disco deixou entre os jovens de então foi provocar o estímulo que a maioria das músicas da época não causava. Suas canções tinham um alento que se contrapunha ao clima de amores frustrados, beirando o desespero de um candidato ao suicídio, contido nas letras de sambas-canção dominantes no repertório mais elevado da música brasileira. "Canção do amor demais" assemelhava-se ao contentamento de ver um arco-íris no céu.

Tom Jobim

O filme *Orfeu negro* teve músicas diferentes da peça, porque quando o produtor Sacha Gordini e o diretor Marcel Camus chegaram ao Brasil não queriam música editada para terem controle do dinheiro. O dinheiro teria de ser pago a editores brasileiros. Por isso eles quiseram que as músicas fossem inéditas. Nós tivemos de fazer uma outra coisa.

Na trilha do filme *Orfée noir* (no Brasil, *Orfeu do Carnaval*), cujas filmagens iniciaram em 1957, havia três novas canções de Tom e Vinicius ("A felicidade", "O nosso amor" e "Frevo") e duas de Luiz Bonfá ("Manhã de Carnaval" e "Samba de Orfeu", ambas com letra de Antônio Maria) nas interpretações de Agostinho dos Santos e Elizeth Cardoso dublando respectivamente Breno Mello (Orfeu) e Marpessa Dawn (Eurídice).

Vinicius de Moraes

João já era então companheiro diário, com quem eu tinha feito duas músicas de parceria, uma valsinha e uma outra. Estávamos os três, Tom, João e eu, juntos todo o tempo e era música o dia inteiro.

Tom Jobim

A princípio ninguém queria gravar o João Gilberto, todo mundo achava que era muito bonito mas não era comercial, aquele velho problema. Finalmente o João obteve permissão da Odeon para fazer um 78, "Chega de saudade" e "Bim bom".

Baden Powell

Quando ele gravou eu fiquei todo contente pois pensava que João Gilberto não iria gravar nunca. De repente, não sei, ele foi e gravou.

Milton Banana

Nenhum músico fazia fé no disco. Ninguém na Odeon acreditava nele, achavam muito complicado. Foi o Antônio Carlos Jobim que convenceu a diretoria toda da Odeon a gravar.

Incitado por Tom Jobim, o diretor da gravadora Odeon, Aloísio de Oliveira, ficou tão impressionado com a batida de João Gilberto nas duas faixas do LP *Canção do amor demais* que se empenhou em gravar um disco com o próprio João Gilberto no qual não apenas tocasse violão mas também cantasse. Uma vez aprovada a idéia, João teve condições de realizar duas ações que não conseguira na gravação com Elizeth.

Primeira: cantar como ele tinha sugerido em vão à cantora. João tentara convencer Elizeth que dividisse frases da melodia à sua maneira. Como se atrevera ele, um violonista, a mudar o modo de cantar da grande Elizeth? Quando chegou sua vez de gravar "Chega de saudade", João dividiu-a como achava que devia ser. E ainda: fugiu completamente do estilo interpretativo do cantor que mais admirava, Orlando Silva, para cantar com o mínimo de *vibrato*, abolindo os arroubos em voga, enfim, como um cantor que estivesse cantando para si mesmo e não para os outros. Era o mesmo estilo dos músicos do *cool jazz*, como Chet Baker, que cantava como quando tocava.

A outra ação de João Gilberto foi seguramente a mais marcante. João interferiu decisivamente no modo de o baterista tocar samba.

Roberto Menescal

Ele obrigou os bateristas a mudarem. Eu vi a primeira gravação do João em que o baterista era o Juquinha. João prendeu ele totalmente, tirou a bateria toda e só deixou o contratempo e as vassourinhas. Então ele só podia fazer aquilo. O outro baterista, o Guarani [Fernandes Nogueira], ficava com a caixeta dando as batidinhas que o João queria. Juquinha foi o primeiro baterista a gravar lendo a letra da música, João obrigou-o a isso, dizendo que a bateria tinha de andar conforme a letra, conforme o compositor queria.

Hélcio Milito

Eu era muito amigo do João. Eu tocava no Drink e nos intervalos íamos conversar na praia, o Rio era maravilhoso, não havia assalto. Sugeri o Juquinha para a gravação do João porque ele tocava muito bem com escovinhas, um negócio leve como o João queria. Guarani era o outro baterista, mas, como tinha uma perna mecânica, tinha problema em usar o pedal. O João fez ele tocar em três tamboretes que o Aloísio tinha trazido dos Estados Unidos. O João é que indicou como deviam ser as batidas para o Guarani tocar, tec-tec-tec. O Guarani tocou como o João ensinou. Depois o

Guarani foi morar em Curitiba e ficou lá até morrer. Talvez eu fosse o baterista nessa gravação, mas não participei porque não estava no Rio. Estava viajando com a orquestra do Ary Barroso. Mas depois João iria me convidar, toquei com ele no Village Vanguard em Nova York.

Bebeto Castilho

Foi idéia do João Gilberto, o Juquinha tinha de tocar com as duas mãos para encher como ele queria, ele queria aquela escovada cheia e não aquela escovada separada. Aí teria de usar as duas mãos, então não dava para fazer com aro. Aí o Guarani fez o toc-ti-toc-ti-toc com a caixeta. O João gostava muito dessa batida e sugeriu: "faz um som com a caixeta". O João sempre foi assim, ele sugeria as coisas; com aquele bom gosto fantástico dava sempre certo.

Mesmo sem grande evidência, ouve-se perfeitamente o som da caixeta, o que havia a mais em relação às escovinhas na bateria, idênticas às da gravação com Elizeth. Com essa iniciativa, aliada ao modo de tocar violão, também o mesmo do disco de Elizeth, João criou uma nova forma de ritmar o samba. E mais ainda, com o modo de cantar, dividindo diferente e adotando uma postura *cool*, João elevou a gravação de "Chega de saudade", realizada em 10 de julho de 1958, a um destino histórico. Duração: um minuto e cinqüenta e nove segundos. Sem repetição da primeira nem da segunda parte, terminando em *fade out*.

O som que se ouve nesse disco, lançado pouco tempo depois pela Odeon, ainda um 78 rotações conhecido como bolachão, é o som que daria uma guinada nos rumos da música popular. Era uma outra bossa na canção brasileira. Nela havia uma forma poética moderna, a de Vinicius de Moraes, uma forma de composição moderna, a de Tom Jobim, uma harmonia com acordes alterados, por Tom Jobim e João Gilberto, uma forma nova de interpretação de voz e violão, de João Gilberto, e uma nova batida no modo de ritmar o samba, também de João Gilberto, que seria no exterior a marca registrada dessa bossa. Esse admirável conjunto de elementos novos, pela primeira vez reunidos e editados sob a forma de um registro sonoro, representa a mais significativa e radical revolução ocorrida na história da canção brasileira. É uma data. Gênero da música, impresso no selo do disco: samba-canção.

Tom Jobim

O representante da Odeon de São Paulo quebrou o disco dizendo: "Isso é o que o Rio nos manda!" Depois que o disco estourou na praça, o representante da Odeon de São Paulo me pediu desculpas. De fato, naquela época a linguagem do João era nova, mas o disco foi para as paradas de sucesso de São Paulo e do Rio[4].

Poucos meses depois, em novembro, João Gilberto volta ao estúdio da Odeon para gravar o segundo disco, *Desafinado*, que causou ainda maior estupefação sobretudo em virtude da letra e da melodia.

Se *Chega de saudade* com João Gilberto provocou uma reação espantosa ao ser lançado em agosto, a primeira audição de *Desafinado* nunca mais foi esquecida por músicos e por futuros músicos pelo Brasil afora. Foi um momento inesquecível, mudou o rumo da vida de vários deles.

Caetano Veloso

Eu morava em Santo Amaro da Purificação e estudava no 4º ano do ginásio, era 1959. Adorava minha cidade, mas tinha muita vontade de sair de lá. Tudo que era diferente e me parecesse novo me fascinava. Nesse tempo a minha musa chamava-se Maysa. A minha e de meu grupo, que eram Bethânia e alguns colegas. Eu ouvia um programa chamado *Convite para ouvir Maysa*, na Rádio Mayrink Veiga, e um dia a ouvi cantar um samba chamado "Chega de saudade". Achei a coisa mais bonita que tinha ouvido na minha vida. Diferente de tudo. Sinceramente eu quase morro. Exatamente na mesma semana, um colega meu veio me dizer que tinha aparecido um cantor que cantava desafinado, inteiramente fora do tom, era um negócio diferente porque a orquestra ia para um lado e ele para outro. Mas ele estava muito influenciado porque a música chamava-se "Desafinado". Os acordes dissonantes, o tipo de orquestração do Tom, a maneira do João cantar deram a ele, que não era uma pessoa muito musical, a idéia de que o João era desafinado. Eu fiquei muito interessado em conhecer. Umas

....

4. Segundo Ruy Castro, em seu livro *Chega de saudade*, o fato ocorreu assim: na reunião liderada por Oswaldo Gurzoni para apresentar o disco à equipe de vendas da gravadora, apenas Adail Lessa se entusiasmou. Ambos convidaram o gerente de vendas das Lojas Assumpção, Álvaro Ramos, para induzi-lo a promover o disco na principal cadeia de lojas paulistanas. Nem bem ouviu "Chega de saudade", Álvaro tirou o disco do prato, quebrou-o na quina da mesa e teria dito: "Então, é essa merda que o Rio nos manda?" Lessa e Gurzoni trouxeram João Gilberto do Rio para um almoço com Álvaro Ramos, que, ao ouvi-lo pessoalmente, ficou convencido e promoveu o disco, que foi recordista de vendas no ano.

duas semanas depois, me mostraram o disco do João cantando "Desafinado". Aí eu vibrei, vi que era genial e fiquei encantado. Desse dia em diante, passei a me preocupar mais com música que com o resto das coisas. Foi isso que me deu vontade de me profissionalizar, combinado com o encontro com Gilberto Gil, que também tinha sofrido o mesmo impacto com o aparecimento do disco de João Gilberto.

Não sei por que as pessoas acham que a Bossa Nova tenha sido um fenômeno que ficou em Ipanema. Mas em 1959 um barzinho em Santo Amaro da Purificação, o bar do Seu Bubu, um pretão analfabeto, tinha o disco de João Gilberto que tocava o dia inteiro. A gente filava aula e ia para a porta do bar escutar o disco. Desde esse tempo até agora eu ouço quase que diariamente João Gilberto. Jamais envelheceu para mim esse disco chamado *Chega de saudade*, em que ele já cantava velhos sambas do Ary, do Caymmi. A Bossa Nova do início para mim foi isso.

Elis Regina

Um dia estava varrendo a casa quando, para minha surpresa, começou a tocar um disco de um senhor com uma voz desse tamaninho, cantando "Chega de saudade".

Daí a pouco estava aos prantos. Saí correndo pela cidade para comprar o disco e pensei: já apareceu alguma música no Brasil que a gente possa cantar.

Chico Buarque

Fui hipnotizado pelo movimento Bossa Nova. Travei contato desde a primeira gravação do João Gilberto, embora já conhecesse o disco "Canção do amor demais", da Elizeth, pelo fato de o Vinicius ser muito amigo de minha família. Minha irmã, que depois foi casada com o João, me chamou um pouquinho a atenção. Eu fiquei fanatizado. Lembro que depois do compacto *Chega de saudade* veio o compacto *Desafinado*, e esse ainda causou mais controvérsia, porque não tinha o nome do Vinicius, que sempre impunha um certo respeito; "Desafinado" é de Tom e Newton Mendonça e foi um outro pulo. Eu saí correndo da loja e ouvi "Desafinado" dez vezes seguidas, quer dizer, o negócio me entusiasmou mesmo. Acho que todo mundo que faz música atualmente foi muito influenciado por esse movimento e acreditou nele desde o começo. Naquela idade, 13 ou 14 anos, a mesma de Edu e de Gil, a gente é muito sensível às coisas novas.

Roberto Menescal

João Gilberto definiu essa batida, muito simples em princípio. Ele apenas sincopou, fazendo a síncope cair sempre nos mesmos lugares. Ele regulamentou dizendo "É aqui, aqui e aqui. Daqui em diante todo mundo faz o que quiser, mas sabendo que a base é uma só".

Tive dificuldade de pegar a batida só na primeira semana. Grudei no João uns dez dias, jantei, almocei e tomei café com ele até pegar a batida. Carlinhos fez a mesma coisa. Para nós, foi um pouco difícil porque era uma coisa inteiramente nova, mas sabíamos que íamos assimilar logo. Eu peguei de um jeito, Carlinhos já pegou um pouquinho diferente, mas tudo na base do João. E você vê que cada um que pegava, contribuía com alguma coisinha por não conseguir pegar a batida do João.

Ronaldo Boscoli

Nossa música agora é absolutamente definida. Antes ela não era.

O ritmo de João Gilberto era tão acentuado que mesmo sem tocar bateria ensinou como deveria ser. Eu mesmo vi ele ensinar várias vezes ao Milton Banana, que era seu baterista preferido. Dizia como usar a escova, o pé, a mão esquerda... exatamente como o seu violão. Naturalmente, mais tarde, os bateristas como Edson Machado foram se encontrando e deram um samba nosso que não é mais aquele samba tímido da época de João Gilberto.

Tom Jobim

João obteve permissão para gravar um LP. Então fizemos o LP *Chega de saudade*. Fiz os arranjos, grande parte das músicas – também havia outras de Lyra, de Dorival – e escrevi a contracapa, "João Gilberto é um baiano Bossa Nova e tal e coisa". Há uma grande celeuma em torno das origens da palavra Bossa Nova. Aí começou aquele negócio de chamar aquilo de Bossa Nova, que era um nome mais ou menos curto.

No tempo do 78, quando se fazia música, a gente botava embaixo do título da música: toada, samba-canção, samba, choro, bolero, foxtrote, valsa. No disco do João não escrevemos nada embaixo. Nós não pusemos Bossa Nova, absolutamente não. Mas, como não havia meio de se referir ao negócio, o pessoal começou a chamar aquilo de Bossa Nova, como um novo tipo de ritmo. Como quem diz choro ou iê-iê-iê. Pra dar nome aos bois, pra saber de que se estava falando.

Caso fosse relançado em formato de CD no ano do 50º aniversário da Bossa Nova, o LP *Chega de saudade* seria frustrante num aspecto: enquanto os CDs têm uma duração média de 50 minutos, podendo atingir até 73, o primeiro *long-playing* de João Gilberto dura 22 minutos e 35 segundos, reafirmando um dado essencial da Bossa Nova, a economia. No entanto, quando o disco chegou às lojas no primeiro trimestre de 1959, não houve quem protestasse achando-o muito curto. O que valia era o conteúdo no vinil protegido pela capa recoberta de plástico transparente, a embalagem diferenciada dos discos Odeon.

Na capa – a foto de uma imagem frontal de João Gilberto com o queixo apoiado na mão direita vestindo um pulôver de jogador de tênis emprestado por Ronaldo Boscoli –, estava o tomo I da trilogia que pode ser taxada de Bíblia da Bossa Nova.

No verso, o histórico texto assinado por Antônio Carlos Jobim descreve sua forma de participação no trabalho, grafando pela primeira vez num disco brasileiro o termo Bossa Nova, ainda aspeado.

> João Gilberto é um baino (*sic*) "Bossa Nova" de vinte e sete anos.
> Em pouquíssimo tempo influenciou toda uma geração de arranjadores, guitarristas, músicos e cantores. Nossa maior preocupação neste *long-playing* foi que Joãozinho não fosse atrapalhado por arranjos que tirassem sua liberdade, sua natural agilidade, sua maneira pessoal e intransferível de ser, em suma, sua espontaneidade. Nos arranjos contidos neste *long-playing* Joãozinho participou ativamente; seus palpites, suas idéias, estão todas aí. Quando João Gilberto se acompanha, o violão é ele. Quando a orquestra o acompanha, a orquestra também é ele, João Gilberto não subestima a sensibilidade do povo. Ele acredita que há sempre lugar para uma coisa nova, diferente e pura que – embora à primeira vista não pareça – pode se tornar, como dizem na linguagem especializada: altamente comercial. Porque o povo compreende o Amor, as notas, a simplicidade e a sinceridade. Eu acredito em João Gilberto, porque ele é simples, sincero e extraordinariamente musical.
> P.S. – Caymmi também acha.
>
> Antônio Carlos Jobim

Com produção de Aloísio de Oliveira, foram aproveitadas as quatro gravações realizadas em 1958, para os 78 rotações já lançados, e acrescentadas as oito faixas restantes, registradas entre 23 de janeiro e 4 de fevereiro de 1959.

Tom era o compositor de três músicas – "Chega de saudade", "Desafinado" e a inédita "Brigas nunca mais", com Vinicius – e João, de duas, o baiãozinho "Bim bom" e o bolero "Hô-bá-lá-lá". O novo compositor, incorporado aos da Bossa Nova, era Carlinhos Lyra, com três sambas: "Maria ninguém", "Lobo bobo" e "Saudade fez um samba", estas duas em parceria com Ronaldo Boscoli. A segunda revelava outro componente da Bossa Nova: o senso de humor.

Nesse disco, como nos dois posteriores na Odeon, sente-se nitidamente a depuração do supérfluo apoiada pela economia que é valorizada nas orquestrações e fica patente na duração. Ouvido a qualquer tempo, é inevitável a lembrança da sua primeira audição, inesquecível para alguns, pois teve o poder de mudar quase tudo que se julgava inabalável na música brasileira. Com sua capacidade de concentração, como quem espreme a essência de cada canção, João Gilberto dá às suas interpretações sem rodeios uma fluidez do caráter rítmico e melódico brasileiro como não se imaginava existir. Consegue uma contextura de universalidade que a partir daquele momento conquistaria os mais sensíveis ouvidos musicais no país e no exterior, consagrando a Bossa Nova como o som do Brasil.

Carlos Lyra

Nesse disco, que tinha músicas de Ary Barroso, Dorival Caymmi tratadas pelo João Gilberto, as linhas melódicas e a poesia – as letras do Vinicius e Ronaldo, sobretudo – caracterizaram o negócio.

O LP *Chega de saudade* apresentava outra novidade surpreendente. João aplicou sua Bossa Nova a quatro músicas já consagradas, de compositores anteriores, como Dorival Caymmi e Ary Barroso. João remontou as harmonias, avultou as síncopes, dividiu as frases à sua maneira e deu às letras uma clareza cristalina, mostrando que sambas anteriores à Bossa Nova como "Rosa Morena" e "Morena boca de ouro" podiam ser tão Bossa Nova quanto "Desafinado", sem perder seu caráter.

Bebeto Castilho

A flauta da Bossa Nova é o Copinha, Nicolino Cópia; foi quem me ensinou aquela flauta gostosa bonita de ouvir, ele é que percebia a coisa.

Carlos Lyra

Os arranjos do Tom também foram definitivos. O violão do João já dava praticamente tudo. Isso deve ter sido um grande interesse para a fábrica, que resolvia o problema com um mínimo de gasto. O Tom acaba explorando tudo que é possível nos arranjos e que não tinha no *Canção do amor demais*. Nesse tinha harpas, etc., e no do João é uma economia total de instrumentação e que ficou definitiva como arranjos de Bossa Nova.

Gilberto Gil

Em 1959 eu estava na Bahia e um dia, ouvindo rádio, ouvi um disco do João Gilberto, fiquei assustado quando ouvi aquilo, me parece que a música era "Morena boca de ouro", ouvi aquilo cantado de uma maneira estranha, com um acompanhamento estranho e fiquei realmente chocado. Lembro que era um dia em que eu voltava da aula, eram 2 horas da tarde, tinha acabado de almoçar e tinha ligado a Rádio Bahia. Não sabia de nada que estava acontecendo no Rio e de repente ouvi aquela coisa. Fiquei sabendo que era o João Gilberto, porque telefonei para a rádio perguntando o que era aquilo, quem estava cantando aquele troço, disseram que era o João, eu fui à loja de discos procurar, ainda não tinha chegado, mas quando chegou eu comprei, foi aquela paixão absoluta, momentânea e total pela coisa, foi uma paixão que me tomou durante todos aqueles anos subseqüentes em que eu comecei a tomar contato com tudo que dizia respeito à Bossa Nova sem nenhum sentido de separação, eu gostava de tudo.

Dori Caymmi

João Gilberto cantou o "Rosa morena" que eu estava acostumado a ouvir com um estilo bem tradicional, de um jeito completamente diferente. Fiquei impressionado, parado, estático. Sinto a música muito mais consistente com o que ele fez.

Carlos Lyra

Agora vem o caso do João Gilberto, que é um negócio muito discutido. Eu acho que ele foi elemento de ligação entre as formas artísticas que se juntaram. O Tom escreve na contracapa do LP: João Gilberto em pouco tempo influenciou toda uma geração – isso é muito importante – de músicos, arranjadores, instrumentistas, ritmistas, violonistas, etc. Tá certo. Você tem a impressão que o João Gilberto é o pai da Bossa Nova. Isso é uma grande mistificação. Assim como dizer: o Tom é o pai da Bossa Nova, Vinicius é o sacristão, tudo isso é mistificação. Da minha parte pelo menos, em meu depoimento, eu quero negar mistificação, porque nega o verdadeiro valor das pessoas. A influência do João Gilberto no ritmo como ele canta, como ele interpreta ritmicamente as coisas, é muito importante. Mas a influência dele é mínima possível na composição. Ele não tem a menor influência nas letras e não tem a menor influência na linha melódica. Eu acho que a influência dos compositores no João Gilberto é muito maior que do João Gilberto nos compositores. A não ser os compositores medíocres, que, depois de ouvir João Gilberto, começaram a compor músicas baseadas em como ele cantava. Mas os de categoria nunca fizeram isso.

Então dizem que o João Gilberto influenciou toda a Bossa Nova. É como o Tom disse: ele influenciou músicos, instrumentistas, violonistas. Eu toco como o João, mas eu não componho como o João.

Edu Lobo

O João representou para a Bossa Nova, e representa até hoje para a música brasileira, uma nova perspectiva na maneira de cantar. João e violão é uma nova forma de expressão para a música brasileira e do mundo inteiro, é um instrumento novo, um som novo que nunca alguém fez igual até hoje. O João influenciou toda uma série de arranjadores, cantores, compositores, a todos nós, até hoje. Influência no bom sentido. Essa maneira de cantar sem se preocupar com o malabarismo vocal, que era tão comum nos grandes cantores da época, era exatamente o oposto do grande volume de voz, braços abertos, grito, emoção direta com a platéia, etc. João rompia com toda essa estrutura de show, de ópera, e fez um troço muito mais elaborado. Uma canção que João cantasse era estudada não sei quanto tempo por ele, não era chegar e dar um agudo qualquer. Era um negócio que tinha um sentido, e era tão incrível que, no momento em que ele gravava uma canção, nem o próprio autor conseguia gravar melhor. Esse som novo que o João criou com a voz e violão foi a coisa mais importante do movimento inicial da Bossa Nova.

Sérgio Ricardo

O João era na verdade o homem da síntese desse movimento. Nós vivíamos batendo papo e ele dizia como achava que as músicas deviam ser feitas:

– Esse negócio do tcha-ca, tcha-ca, tcha-ca do violão quando se toca samba é que é ruim. O negócio pode ter outro balanço.

E passava horas conversando sobre esse assunto pra que a gente fosse pra casa pensar. Íamos experimentando as coisas, fazendo uma espécie de laboratório. Na verdade eu nunca fiz exatamente o que ele achava, porque não sentia a música como ele. Mas o Carlinhos Lyra, o Tom Jobim, o Vinicius de Moraes, o Menescal, o Boscoli faziam um tipo de música que era exatamente como ele dizia: com um balanço do samba, com aquela divisão na melodia, a harmonia simples mas ao mesmo tempo moderna, a letra sem os maus gostos e aquela coisa piegas que as letras brasileiras tinham no momento.

Ele era um sujeito que, apesar de nunca ter feito letra, lia e amava o poeta Carlos Drummond de Andrade, sabia de cor versos de Drummond, quer dizer, tinha o bom gosto e o apuro necessários para o intelectual da música popular. Embora o Newton também conversasse sobre letra, por mais incrível que pareça, quem falava mais era o João Gilberto. Ele dizia:

– A letra não pode falar em morte, em sangue, em punhal.

Talvez ele não fizesse letra por temor, mas vai ver que tinha muita capacidade para isso. Ele queria centralizar-se como intérprete, que era realmente onde tinha a maior força. Por isso o João motivou de certa forma uma síntese, que naquele instante revolucionou, sem dúvida nenhuma, a história da música popular. Cada um foi fazendo sua música e, quando foi se ver, todo mundo estava fazendo uma coisa com a mesma linguagem, um elo comum a todos. Esse elo era a própria Bossa Nova.

Tom Jobim

E João apareceu como aquele cantor essencial, quer dizer, o homem sucinto, que diz aquela nota no momento preciso, com o balanço, com a cor que tem de ser. E isso, naturalmente, abriu para mim um outro ponto de vista que iria me levar ao "Samba de uma nota só" e outras manifestações da Bossa Nova.

Vinicius de Moraes

Em 1959 o movimento realmente estourou, porque a música começou a ser divulgada, o primeiro LP de João Gilberto saiu, havia a palavra Bossa Nova, o Ronaldo Boscoli começou a tomar conta pelo lado estudantil – aliás, deve-se muito aos estudantes sem nenhuma dúvida – e houve aquela propagação toda.

Ronaldo Boscoli

Como repórter, eu era uma espécie de ponta-de-lança em poder lançar esse movimento que já pululava. Já havia muito movimento em Copacabana nessa época. Nara, que era moça rica do bairro, tinha um apartamento grande e podia reunir o pessoal todo: Menescal, Tom, Vinicius, Carlinhos Lyra, Chico Feitosa, Normando [Santos] e muitos outros. Tínhamos um grupo musical e lá fazíamos música condizente com a nossa situação social, entende? Não havia essa preocupação social, apenas queríamos fazer músicas aproveitando o ritmo que João Gilberto tinha lançado.

Carlos Lyra

Eu era colegial e fazia aquilo por *hobby* porque adorava – nós começamos a nos reunir periodicamente. Através do Menescal, que era meu colega, conheci Boscoli e o Chico Feitosa, que moravam juntos.

Havia reuniões do Clube Leblon: eu, Menescal, Nara, Ronaldo, o Chico Fim de Noite, Oscar Castro Neves, todo mundo ia pro Clube Leblon porque todo sábado tinha reuniões de violão. Chamavam "A noite do violão". Nós entrávamos de graça no clube, éramos muito respeitados, cada um tocava um troço. Nós cantávamos músicas da Dolores Duran, as coisas do Johnny Alf, do Garoto.

Nessa época o Tom era profissional, arranjador e pianista que tocava em pequenos bares; totalmente desconhecido. Tom só chegou a ser conhecido em 1958-1959 pela junção com Vinicius.

Ronaldo Boscoli

Tínhamos muitas composições que julgávamos inéditas, entretanto, como Menescal e Lyra eram professores de violão, eles ensinavam suas músicas aos seus alunos. E por isso, de repente, Copacabana inteira sabia das nossas músicas sem que elas tivessem sido gravadas, a difusão era feita pelos próprios alunos.

Eu era mais velho que eles todos e era jornalista. Comecei a forçar a barra na *Manchete* tentando convencer o Justino Martins que precisávamos fazer alguma coisa por aquele movimento de música nova. Ele me dizia: "Que bobagem, música moderna. Quando o negócio se concretizar mais, eu permito que você faça uma reportagem." Mas eu sempre dava um jeitinho de encaixar uma notinha, até que um grupo de rapazes israelitas, pesquisadores de música brasileira, me procurou na redação e um dos rapazes me disse: "Minha irmã canta uma porção de músicas suas, do Menescal, do Carlos Lyra e eu gostaria que você reunisse uma turma e fosse à minha associação." Não era o Centro Israelita Brasileiro nem o Centro Hebraico.

Eles nos pediram para levar alguém de nome e nós conseguimos que a Sylvinha Telles – que sabia nossas músicas todas e já era profissional – fosse. Então eu que era uma espécie de pastor com mais ascendência sobre eles, porque publicava as coisas nos jornais, fui comandando o pessoal: Nara Leão, Menescal, Carlinhos Lyra, Chico Feitosa, Normando, João Mário [Castro Neves] e outros que não me ocorrem. Quando descemos do carro, diante do Centro Acadêmico – um lugar pequenininho onde cabiam no máximo umas sessenta pessoas mas tinham umas 120 aglomeradas, eu pensei: "Puxa, o movimento está colando."

Vi escrito na porta em letras toscas: "Hoje, dia tal (não me ocorre), Sylvinha Telles e um Grupo Bossa Nova"[5]. Foi a primeira vez que eu vi a palavra Bossa Nova escrita e não dei valor, como também ninguém deu na época. Entramos, começamos a cantar e como eles não nos conheciam, diziam assim: "Ô, Bossa Nova, canta isso." E nós mostrávamos as músicas. Se você perguntar quem é que escreveu as palavras Bossa Nova, ninguém sabe quem foi. No duro. O sujeito escreveu sem saber o que estava escrevendo. Talvez ele fosse fã do Noel Rosa ou mesmo do Sérgio Porto, que falava Bossa Nova através do Noel. Mas ninguém sabe precisar quem inventou essa palavra. Daí pra frente lancei essa palavra, que não era de minha autoria, no jornal, achando que iria colar. Se eu a tivesse registrado, estaria milionário, não precisaria fazer mais nada. A expressão Bossa Nova pegou porque não foi inventada por nós. Foi dita a nosso respeito. Ninguém cria seu próprio nome ou apelido.

Carlos Lyra

Talvez a mais profissionalizada fosse a Sylvinha Telles. Eu me lembro exatamente do cartaz como é que era: "Carlos Lyra, Sylvia Telles e os seus Bossa Nova". Ninguém prestou atenção naquilo.

Foi a primeira vez que eu vi essa palavra; foi uma bolação de alguém, talvez do Diretor Social do Clube. Esse camarada inventou provavelmente para dar um nome publicitário ao show. Naturalmente o cara devia ser um grande ouvinte de Noel Rosa e

....

5. Ainda persiste a dúvida sobre a data precisa desse show. Moyses Fuks, diretor social do Grupo Universitário Hebraico do Brasil, que o promoveu na rua Fernando Osório, afirma que a expressão Bossa Nova foi escrita no quadro numa tentativa de dar um título que motivasse os associados para o tipo de espetáculo que seria apresentado: números de música brasileira e de jazz intercalados. Foi escrito "Hoje Sylvinha Telles e um Grupo Bossa Nova".

quando viu aquela coisa com todo mundo sem voz, com violão, etc., ele foi bem recebido pelos estudantes, porque era de graça – ninguém vivia disso, eram todos sustentados pelos seus pais –, e eles ficavam muito satisfeitos porque tocávamos um negócio diferente que respondia às necessidades culturais deles, da classe média, especialmente do núcleo israelita, que está sempre buscando uma reafirmação do sionismo através da cultura.

Nara Leão

Não tínhamos um sentido de fazer um movimento propriamente dito. Os jornais é que começaram a falar. Fomos fazer um show um dia e a pessoa, sem saber como nos chamar, escreveu no quadro-negro: "Hoje vem um Grupo Bossa Nova."

Quer dizer, pessoas desconhecidas que fazem uma coisa diferente.

Carlos Lyra

As músicas tocadas nesse show já eram compostas por nós; as músicas de Johnny Alf, as minhas – nessa época "Menina, o que é que seu pai vai dizer", que o Johnny Alf também já tocava no Plaza.

Nesse show eu era tão inibido que cantei de costas para o público, de vergonha. Assim meio de lado, como quem está vendo o conjunto, mas acabei de costas para o público. Tinha microfone e o conjunto era com nós no violão, João Mário tocando bateria, não lembro quem era o contrabaixo. Não era o Iko [Castro Neves], porque nesse tempo a gente ainda não conhecia o pessoal do Oscar [Castro Neves]. Fomos conhecê-los logo depois disso por meio do Ronaldo Boscoli. Ronaldo começou a fazer umas músicas com Mário Castro Neves, que era desse conjunto, que se chamava Modern Jazz Combo: Mário no piano, Iko no baixo, Oscar no violão e Zeca Castro Neves na bateria.

Roberto Menescal

No Rio acho que conseguimos reunir todo mundo; quando a gente sabia de alguém que tocava bem violão, a gente pegava. Eu até mudei de colégio, saí do Mello e Souza porque soube que o Carlinhos Lyra estudava no Mallet Soares.

Conseguimos juntar esse grupo nosso, e acho que não havia mais ninguém que lutasse por isso não. Havia o João Gilberto – que conhecemos depois. Nós fazíamos muito negócio de *jam session*, até que surgiu a idéia de uma *jam session* de samba. Reunimos uma turminha de músicos amadores e, como pretexto para interessar às faculdades, convidamos a Norma Bengell, que na época tinha saído meio nua na *Manchete*. Por isso na faculdade católica eles não permitiram, mas na faculdade de arquitetura eles toparam.

Em 22 de setembro de 1959 foi realizado o *Festival do samba moderno*, no Teatro de Arena da Faculdade de Arquitetura do Rio de Janeiro. O show estava programado para a PUC, mas seu reitor vetou-o devido à presença de Norma Bengell. Participaram do espetáculo Tom Jobim, Sylvia Telles, Alaíde Costa, Carlos Lyra, Ronaldo Boscoli, Baden Powell, Roberto Menescal, Oscar Castro Neves, Luiz Carlos Vinhas, Nara Leão, Normando, Léo Castro Neves, Iko Castro Neves, João Mário Castro Neves, [José] Henrique, Bebeto, Chico Feitosa e Norma Bengell. Pode-se deduzir que esse espetáculo foi considerado como a *Primeira Samba Session*.

Roberto Menescal

Aproveitamos para fazer propaganda e, com a onda dos jornais, ficou lotado, o pessoal das gravadoras que não dava bola pra gente estava todo lá meio escondido; nas fotografias descobrimos Aloísio de Oliveira, que era muito amigo nosso mas não acreditava na gente. Depois ele nos deu muito apoio. Desse espetáculo em diante é que sentimos as possibilidades.

Já existiam na praça novos discos dos participantes da Bossa Nova, além do compacto duplo de João Gilberto (gravado em julho de 1959) com "A felicidade", "O nosso amor" e "Manhã de Carnaval", canções do filme *Orfeu negro*. No filme *Manhã de Carnaval* a música que faria mais sucesso foi interpretada por Agostinho dos Santos.

Entre 8 e 15 de outubro de 1959 Sylvinha Telles gravava na Odeon seu terceiro LP, *Amor de gente moça*, com produção de Aloísio de Oliveira e apenas composições de Tom Jobim, como "Só em teus braços", "Fotografia", "Demais", "Esquecendo você" e a canção com a qual ficaria identificada, "Dindi".

O primeiro LP da Sylvinha, *Carícia*, fora gravado na Odeon entre 11 de março e 20 de maio de 1957 e tinha canções de Dolores Duran, Tito Madi ("Chove lá fora"), Ismael Netto ("Canção da volta") e Tom Jobim ("Se todos fossem iguais a você", "Por causa de você", "Sucedeu assim" e "Foi a noite"), com orquestrações de Antônio Carlos Jobim e Léo Peracchi. E o segundo, *Sílvia*, gravado em julho de 1959, tinha "Suas mãos", "Estrada do sol" e "Aula de matemática". Sylvia Telles era tida como a principal voz feminina da turma da Bossa Nova.

Roberto Menescal

Os estudantes sempre tiveram uma participação na nossa carreira e na nossa música. Apareceram grupos de estudantes pedindo pra gente fazer shows em colégios e faculdades. Alguns deles tornaram-se músicos, como Nelsinho Motta, que foi um dos líderes do movimento estudantil da época e um dos que fundaram o Clube da Bossa Nova; o pai dele que é advogado ajudou até a fazer os estatutos.

Nara Leão

E aí começamos a fazer show em colégios, faculdades, etc. Mas não ganhávamos com isso; ao contrário, gastávamos. Com cenários, som, etc. Ronaldo Boscoli era que produzia esses shows. Neles tomavam parte Claudete Soares, Johnny Alf, Pedrinho Mattar, Vinicius, Elza Soares, Norma Bengell, os irmãos Castro Neves, Alaíde Costa, minha parceira em duas músicas. João Gilberto tomava parte às vezes porque ele sempre foi biruta, mas era muito amigo nosso. Tom tomou parte em um ou dois. Ele não gostava de se apresentar em público. A música era a única coisa que nos interessava. Eu, por exemplo, passava o dia inteiro tocando violão, não ligava para mais nada. Nós vivíamos grudados uns nos outros fazendo reuniões de violão e música. Mas naquele tempo ninguém queria ouvir a gente. Tínhamos de pedir pelo amor de Deus para cantar. Ninguém gostava das músicas.

Fui à Columbia fazer um teste para gravar, convidada pelo trombonista Astor [Silva], que era o diretor. Cantei "Insensatez" e ele achou que a música era muito comprida, muito chata, que eu tinha de colocar a voz no nariz e cantar como a Maysa, boleros.

Peguei meu violão e fui embora.

Ronaldo Boscoli

Aí eu pensei: "A gente tem de fazer esse negócio nas faculdades, mas tem de dar uma imagem a essa música sem fazer um negócio quadrado." Eu queria dar uma imagem Bossa Nova também ao ambiente em geral. Fiz então o palco como se fosse uma grande sala de visitas, tudo iluminado, com todos os cantores sentados. Eu ficava com o microfone no centro e ia conversando com o pessoal e explicando ao público o que iríamos fazer. Tudo aparentemente informal.

Fizemos vários shows no Rio de Janeiro: Escola Naval, Colégio Santo Inácio, *O Globo*.

Em 13 de novembro de 1959 foi realizada a *Segunda Samba Session* (ou *Segundo Comando da Operação Bossa Nova*) na Escola Naval do Rio. Percebe-se que até essa data a aplicação da expressão Bossa Nova ainda não estava totalmente definida, se como adjetivo para designar um grupo de jovens em torno de uma música brasileira moderna ou se como substantivo para nomear aquele estilo, que é como se fixaria em definitivo. A expressão Bossa Nova estava sendo empregada como subtítulo dos espetáculos realizados no Rio de Janeiro, no texto de Tom Jobim ao adjetivar João Gilberto, na letra de "Desafinado" e ainda para qualificar quem eram os jovens amadores que tocavam e cantavam nos shows, os Bossa-Nova.

Eram shows informais dirigidos à juventude da classe média da zona sul, com certo cunho amador próprio de um espetáculo de colégio[6].

Tendo um fundo instrumental em segundo plano, Ronaldo Boscoli iniciou a apresentação deixando bem claro o que se passava na sua cabeça:

> Meus amigos, este é o Segundo Comando da Operação Bossa Nova. Eu teria de explicar a vocês todos o que seja comando, o que seja Bossa Nova, o que fosse isso tudo (*sic*). Mas eu serei breve. O que esse pessoal Bossa Nova intitula de comando é exatamente essa presença pública nas escolas, nas faculdades, nas universidades e no caso aqui, quase que numa praça de guerra. Bossa Nova é melhor vocês ouvirem que eu explicar. Essa melodia, esse ritmo, esse balanço brasileiro bom, novo e se não o melhor, totalmente honesto. O que nós podíamos fazer em matéria de música de vanguarda, nós estamos fazendo. Esse pessoal não está argumentando, não está propondo uma polêmica, mas está querendo fazer o que há de vanguarda, o que há de novo, o que há de moderno, o que se pode mostrar em relação à música nova brasileira em novos horizontes. Temos aqui, então, para continuar esse nosso *samba session*, sambalanço como eles chamam, de agradecer ao comandante da escola, o almirante Alberto Nunes, que proporcionou esta noitada, à gravadora de discos Odeon, que nos ofereceu três grandes cantores, quais sejam Lúcio Alves, Alaíde Costa e Norma Bengell, que estará aqui presente, e natural-

----

[6]. A *Segunda Samba Session* teve a participação de Ronaldo Boscoli, dos conjuntos de Luiz Eça e de Roberto Menescal, de Lúcio Alves, Sylvia Telles, Normando, Nara Leão, Norma Bengell, Carlos Lyra, Alaíde Costa, Iko, Léo e Oscar Castro Neves, Chico Feitosa e Bebeto Castilho.

mente agradecer a essa rapaziada que vai oferecer duas horas de músicas ininterruptas a vocês, o que há de moderno, o que há de bom, o que há de exatamente novo. Mas chega de papo e vamos ouvir o que eles vão tocar agora. O que vocês vão tocar agora? "Minha saudade", de João Gilberto e Donato.

Inicia-se o espetáculo com Bebeto Castilho em solo de sax alto, acompanhado pelo quarteto formado por piano (Luiz Eça), guitarra (Oscar Castro Neves), bateria (Léo) e baixo (Iko)[7].

A *Terceira Samba Session* (ou *Terceiro Comando da Operação Bossa Nova*) foi realizada em 2 de dezembro de 1959 no auditório da Rádio Globo, comemorando o 15º aniversário de *O Globo*. Participaram os conjuntos de Roberto Menescal e Luiz Eça, Alaíde Costa, Carlos Lyra e Maria Norma.

O espetáculo, no formato de um programa de auditório de rádio, teve, ao contrário da descontração de Ronaldo Boscoli, dois locutores da emissora, com suas vozes pomposas típicas do rádio de então, exaltando o êxito da Bossa Nova e descrevendo que o grupo fora convidado pela Odeon para gravar seu primeiro LP, ainda não encontrado nas lojas. "Pela primeira vez em nossa música popular, gente moça faz música para gente moça", dizia um dos locutores antes de anunciar os componentes do primeiro grupo: Iko Castro Neves no contrabaixo, Oscar na guitarra, Léo na bateria e Luiz Eça no piano tocaram o número inicial, o mesmo "Minha saudade" que abrira o show de 13 de novembro[8].

O termo Bossa Nova ainda não se fixara como um substantivo quando em 1960 surge outra expressão que iria ficar ligada à Bossa Nova, *o amor, o sorriso e a flor*, dessa vez no título do segundo LP de João Gilberto gravado na Odeon em pouco mais de uma semana, de 28 de março a 5 de abril, ain-

....

7. Seguem-se os demais números: Lúcio Alves (em "Por causa de você" e "Eles dizem por aí"), Sylvinha Telles (que acabara de lança seu disco *Amor de gente moça*, em "Discussão", "Dindi", "Lobo bobo" e "A felicidade"), Normando (em "Este seu olhar" e "A noite do meu bem"), Nara Leão (que foi anunciada fazendo sua primeira apresentação em público e cantou acompanhada por um conjunto vocal com Oscar Castro Neves e Roberto Menescal em "Se é tarde me perdoa" e "Fim de noite"), conjunto de Roberto Menescal (anunciado como "Butantã e seus cobrinhas", tendo Luiz Carlos Vinhas no piano, João Mario na bateria, Henrique no contrabaixo, Bebeto no saxofone e Roberto na guitarra, em "Bar"), Norma Bengell (em "Menina feia"), Carlos Lyra (em "Maria ninguém" e "Lobo bobo"), Alaíde Costa (em "Chora tua tristeza", "Lágrima" e "Só não vem você"), Chico Feitosa (em "Ciúme" e "Complicação") e o conjunto de Roberto Menescal (em "Saudade fez um samba").
8. Ainda participaram: Alaíde Costa acompanhada pelo conjunto de Roberto Menescal (em "Chora tua tristeza" e "Menininha do bebop"), Carlos Lyra (em "Lobo bobo"), Maria Norma (descrita como moça, loura e bonita, em "O amor não tem razão" e "Um amor"), Alaíde Costa (em "Saudade fez outro samba", "Seu sorriso"), conjunto de Roberto Menescal (em dois números) e Carlinhos Lyra ("Barquinho de papel").

da com produção de Aloísio de Oliveira e com os percussionistas do primeiro LP, o baterista Juquinha e o ritmista Guarani nas mesmas funções.

Sua capa em cor branca mostra um discreto perfil em alto contraste de João tocando violão, além de seu nome em diversas posições com corpo diferente. Na contracapa foi quebrada a tradição do palavrório de engrandecimento impresso na maioria dos LPs, ao serem incluídas as letras das canções abaixo de novo texto de Jobim, que descrevia pormenores de concepção do disco acontecida em seu sítio de Poço Fundo. A idéia vingou, propiciando a possibilidade de ouvir músicas lendo os versos na contracapa, um saudável privilégio praticamente exclusivo dos discos brasileiros.

O segundo LP de João Gilberto era ainda mais curto que o primeiro, 20 minutos e 50 segundos. A grande novidade no disco, "Samba de uma nota só", é interpretada uma só vez, sem repetição. João entra cantando antes do violão e da seção de cordas, entoando uma contramelodia no trecho instrumental. Nasceu então a versão clássica do samba de Jobim e Mendonça que fora gravado pouco antes pelo conjunto Farroupilha.

Além de "Outra vez", com a mesma batida de violão empregada na gravação com Elizeth Cardoso, há quatro canções essencialmente românticas: uma obra-prima de Carlos Lyra, "Se é tarde me perdoa", duas de Jobim sozinho, "Só em teus braços" e "Corcovado", com a introdução que se tornou marca registrada, e "Meditação", da dupla Jobim e Mendonça, com o verso que intitula o disco e destinada a também se consagrar como clássico.

Outras novidades são: a versão de "I'm looking over a four leaf clover", em que João demonstra como a batida de seu violão pode casar perfeitamente com um velho foxtrote americano de 1927, sua homenagem a Luiz Bonfá com um abraço instrumental e uma canção do mineiro Roberto Guimarães que João conhecera em Belo Horizonte, "Amor certinho".

Como se não bastasse, esse disco excepcional destacava o lado galhofeiro da Bossa Nova com o samba "O pato" do desconhecido pandeirista Jaime Silva, que fazia parte do repertório do conjunto vocal Garotos da Lua, de que João participara.

No mesmo período, Sérgio Ricardo grava também na Odeon seu primeiro LP, *A bossa romântica de Sergio Ricardo*, contendo "Bouquê de Isabel", gravada na primeira sessão em 29 de março, "O nosso olhar", "Amor ruim" e "Zelão", que foi gravada na última sessão, em 5 de abril.

Em maio a Philips entra na competição do promissor mercado que se abria na moderna música brasileira lançando o primeiro LP de Carlos Lyra, *Bossa Nova Carlos Lyra*, com apresentação na contracapa escrita por Ary Barroso e contendo, entre outras músicas, "Chora tua tristeza", "Ciúme", "Rapaz de bem", "Quando chegares", "Maria Ninguém" e "Menina".

Roberto Menescal

O movimento tomou um ar mais sério com os shows de faculdade, o interesse das gravadoras, a cobertura da imprensa – a *Manchete* ajudou muito a gente –, e, nessa época, aderiram o Tom, o Bonfá, o João Gilberto, que teve muita frente na época, e a turma de São Paulo, que começou a se movimentar logo depois que o Vinicius disse numa entrevista que São Paulo era o túmulo do samba. Mas era mesmo um pouco.

Carlos Lyra

Eu estava na minha Academia dando aula e Ricardo Amaral apareceu pra perguntar se nós tínhamos alguma coisa preparada pra apresentar em São Paulo. Ele disse que o Ronaldo Boscoli tinha um show, talvez com o próprio João Gilberto e outras pessoas, e que o show custava tanto. E a Record estava achando muito caro. Eu digo: Tá certo. Então vou fazer uma coisa com você: eu levo Alaíde Costa, levo a Laís Barreto, levo o Oscar Castro Neves, levo isso, levo aquilo e não custa nada. Vai custar a estadia e as passagens.

E nós vamos a São Paulo fazer um show de Bossa Nova, nós vamos de graça pra aparecer. E foi aquele célebre show no Teatro Record com Os Jograis, Elza Soares, Juca Chaves e outros.

Uma das brigas com Ronaldo era porque ele colocava Juca Chaves totalmente à parte do movimento chamado Bossa Nova. Eu acho que não é movimento de jeito nenhum. Em São Paulo, eu, Alaíde, Juca Chaves ficamos contratados para fazer periodicamente programas de televisão.

De 10 a 15 de maio de 1960 foi realizado o Primeiro Festival Nacional da Bossa Nova no Teatro Record em São Paulo, com produção de Ricardo Amaral e A. J. S. Lemos Britto. A direção e o roteiro eram de Ruy Afonso, o líder do grupo de declamadores Os Jograis, que participou alinhavando o espetáculo[9].

....

9. Vieram do Rio para a temporada Carlos Lyra, Elza Soares, Alaíde Costa, Geraldo Vandré, Laís Barreto, Roberto Ribeiro (violonista), o conjunto de Oscar Castro Neves (Oscar, piano e guitarra; Iko, baixo; Luiz Carlos Vinhas, piano; João Mário, bateria). Também participaram Juca Chaves, um conjunto vocal e bailarinas do teatro Record. Em alguns dos espetáculos entraram também Norma Bengell e Sylvia Telles.

Foi realizada na TV Record uma mesa-redonda para discutir a Bossa Nova, e entre os descrentes do movimento estava o maestro Gabriel Migliori, cuja argumentação provocou uma ferrenha discussão sobre o tema.

Ronaldo Boscoli

Depois, em maio de 1960, veio o show da Faculdade de Arquitetura do Rio de Janeiro, *A noite do amor, do sorriso e da flor*. Foi o nosso primeiro espetáculo profissionalizado, pois ninguém ganhava ainda.

Claudete Soares

O Ronaldo tinha me ouvido e me deu a grande oportunidade que foi a de me apresentar no show da Faculdade de Arquitetura. Tinha havido uma briga entre o Ronaldo e Carlinhos Lyra e no mesmo dia houve dois shows: o da Católica e o da Arquitetura. Ficou mais ou menos dividido, houve uma igrejinha entre ambas as partes. O Carlos Lyra organizou o show da Católica e sua turma era: Alaíde Costa, Sylvinha, Juca Chaves – que ninguém queria que participasse porque não era moderno –, o Oscar Castro Neves, o Durval Ferreira... não lembro mais. A turma do Ronaldo era eu, a Nara, Os Cariocas, Sérgio Ricardo, João Gilberto, Elza Soares, Johnny Alf e o conjunto do Roberto Menescal – o Ronaldo tinha a maior parte do pessoal.

Os dois shows foram feitos no mesmo dia e houve a maior briga, a maior confusão na Praia Vermelha. Mas o nosso show teve mais sucesso, pelo fato de ter sido anunciado com muito mais antecedência e de o Ronaldo ter mais artistas, principalmente João Gilberto. O show se chamava *A noite do amor, do sorriso e da flor*. O outro, se não me engano, não tinha nem nome. Foi só de pirraça para atrapalhar[10].

Johnny Alf

Eu já estava no Lancaster em São Paulo quando fui chamado ao Rio para fazer um show na Faculdade de Arquitetura com Ronaldo Boscoli. Fui eu e Pedrinho Mattar. O show foi muito bom: estavam João, a Astrud (que cantou com João pela primeira vez), Menescal. Não sei se Sylvinha Telles estava porque nesse mesmo dia, em conse-

....
10. Era a *Noite do Sambalanço*, realizada no ginásio da Universidade Católica reunindo Carlos Lyra, Sylvia Telles, Laís, Alaíde Costa, Juca Chaves e o conjunto dos irmãos Castro Neves.

qüência da sua pequena animosidade com Ronaldo, o Carlos Lyra também fez um show noutro local, na faculdade católica. Sylvinha estava cantando no outro show. Menescal tocou guitarra comigo e Bebeto, o contrabaixo. O show foi um grande sucesso, um dos maiores em que cantei. Foi apresentado num pátio, ao ar livre, a turma toda em volta e nós no meio. O apresentador foi o próprio Ronaldo. Foi apresentado o repertório do momento, o princípio da Bossa Nova, João e Astrud cantaram.

A *Noite do amor, do sorriso e da flor* foi realizada no Teatro de Arena da Faculdade de Arquitetura do Rio de Janeiro na noite de 20 de maio de 1960[11], coincidindo com a temporada da cantora Lena Horne no Copacabana Palace que incorporou "Bim bom" ao repertório do seu show. Os clubes e grêmios estudantis paulistas começavam também a se movimentar para mostrar a novidade da Bossa Nova. João Gilberto esteve sozinho em maio no Club Paulistano, em junho no espetáculo coletivo *A Bossa Nossa*, no auditório da Universidade Mackenzie, em setembro na Sociedade Harmonia de Tênis e em novembro no Club Pinheiros.

Ronaldo Boscoli

O movimento Bossa Nova cresceu, engordou e eu dedicava meu tempo quase todo a ele. Junto com Nara e o pessoal todo, de madrugada, colávamos cartazes de rua de festivais que iríamos realizar.

O festival realizado no Liceu Francês foi mais um deles e dele participou o cantor Roberto Carlos, apresentado por Ronaldo Boscoli:

> – O show continua agora apresentando um rapaz que estréia na Bossa Nova egresso do rock, criação de um rapaz que faz muito pela música popular brasileira, Carlos Imperial. Ele é tímido, não receiem. Ele é assim meio aparentemente displi-

....

11. Participaram do espetáculo: Claudete Soares (em "Sambop", "Fuga" e "Tristeza de nós dois"), Johnny Alf (em "Rapaz de bem" e "Céu e mar"), Norma Bengell (em "Não faz assim"), Trio Irakitan (em "Dona Baratinha" e "Idéias erradas"), Rosana Toledo com Baden Powell (em "Menina feia"), Elza Soares (em "Se acaso você chegasse"), Sérgio Ricardo (em "Zelão"), Caetano Zamma (em "Oceano Guiomar"), Os Cariocas (em "Menina feia" e "Esquece"), João Gilberto (em "Samba de uma nota só" e "O pato"), Astrud Gilberto com João (em "Lamento no morro" e "Brigas nunca mais") e João Gilberto (em "Meditação", que tinha o verso-título do espetáculo).

cente, mas é uma voz que promete para amanhã. Vocês ouçam com calma porque ele é Roberto Carlos, que eu chamo aqui neste momento. Roberto Carlos, vem cá. Atenção para o detalhe. Bom, eu chamando a criatura, eu chamo o criador: Carlos Imperial. Uma salva de palmas para o homem que descobriu Roberto Carlos, Carlos Imperial. Ele não gosta, ele pediu para não apresentá-lo, mas é necessário.

Imperial aproxima-se e diz:

– Não, Ronaldo, eu hoje vim aqui apenas como assistente e prestigiar a Bossa Nova mesmo, esse movimento tão belo, tão bom em torno de nossa música, e como estou aqui, tantos outros como Billy Blanco, Vinicius, e é com prazer que vou ouvir Roberto Carlos com seu grupo, o grupo Real da Bossa Nova.

Boscoli retorna para anunciar:

– A primeira música que Roberto Carlos apresenta pela primeira vez na Bossa Nova é de Carlos Imperial. É uma música que se chama "Brotinho sem juízo".

Após a introdução, Roberto canta com segurança: "Brotinho toma juízo / ouve o meu conselho..."
Depois cantou "Ser bem", uma das músicas a serem gravadas em seu primeiro disco na Columbia.

Roberto Menescal

Mesmo antes do show da Faculdade de Arquitetura acreditei no movimento, mas como uma ajuda para a nossa música, não mais que isso. Não supus que fosse um movimento duradouro, achava que aquilo era uma fase como qualquer outra.

Eu não estava muito por dentro do desenvolvimento da música brasileira. Tanto que nem conhecia Pixinguinha direito. Dele, só conhecia "Carinhoso".

No final de 1960 a Bossa Nova ingressava como um estilo no cenário da música popular brasileira. Seus principais elementos gravavam discos e começavam a viver de música. No público havia os que achavam João Gilberto um chato, os que ignoravam a Bossa Nova e os que acreditavam que ali estava o futuro. Faltava acontecer o que nunca ocorrera, a música popular brasileira ser reconhecida mundialmente.

capítulo 2

INFLUÊNCIA NO JAZZ

Na segunda metade de 1960 a Odeon e a Philips, que apostavam na Bossa Nova, enfrentaram-se firmemente na disputa fonográfica. O bolo se mostrava atraente e as ações de ambas refletiam um procedimento corriqueiro entre as gravadoras ao vislumbrar uma nova tendência ou estilo musical capaz de gerar produtos lucrativos num período sabidamente limitado. Não havia tempo a perder e ambas lançavam-se com todas as armas para ganhar o mercado.

A disputa entre a Odeon e a Philips gerou a fissão entre dois parceiros das canções Bossa Nova: o talentoso melodista Carlos Lyra e o ativo jornalista Ronaldo Boscoli, grande propulsor da Bossa Nova na imprensa carioca. Terminava a parceria de ambos.

Roberto Menescal

Tivemos uma oferta para gravar um LP na Odeon com todo mundo junto: Elza Soares, que era estreante, Nara Leão e Carlinhos Lyra, que na ocasião foi chamado pelo compositor Marino Pinto para mostrar suas músicas na Philips. E lá ele gravou na moita seu primeiro LP, embora comprometido com a gente pela Odeon. Ficou uma coisa meio ruim, a Odeon não quis mais gravar conosco e gravou só com meu conjunto. Assim, nós fomos praticamente os dois primeiros a gravar naquela época. Por causa disso, houve a primeira cisão, a cisão entre Carlinhos e Ronaldo.

Carlos Lyra

Nessa época havia uma separação entre mim e o Ronaldo muito forte, que muitas vezes a gente pensou que fosse vaidade. Era a briga do Ronaldo com Carlinhos, sempre foi muito conhecida e hoje ninguém sabe por que foi aquela briga. Foi uma diferença de opiniões muito forte. O Ronaldo era conservador e eu achava que o sistema era outro. Então a gente tinha muitos choques e isso acabou degenerando numa briga, especialmente porque nessa época o Ronaldo estava assessorado pela Odeon e a Philips estava me contratando. Por detrás estava a máquina. A verdadeira ruptura não é entre mim e o Ronaldo, a briga é entre a Philips e a Odeon e nós somos os instrumentos.

O compacto duplo com o Conjunto Bossa Nova, liderado por Roberto Menescal, foi gravado em 9 de setembro de 1960 na Odeon. Continha as músicas "Meditação", "Não faz assim", "Minha saudade" e "Céu e mar", reunindo os compositores Tom Jobim, Carlos Lyra, João Donato e Johnny Alf, que se destacavam no estilo a ser consagrado como Bossa Nova. Esse compacto[12] foi gravado para substituir o LP projetado pela própria Odeon com vários componentes dos shows de 1959, inclusive Carlos Lyra, o disco mencionado por Menescal e pelos locutores da Rádio Globo na *Samba Session* de dezembro de 1959. A Odeon viu-se impedida de seguir adiante com esse projeto desde o momento em que Carlinhos assinou com a Philips.

O primeiro disco de Carlos Lyra já estava na praça quando a Philips lançou em outubro o LP *Bossa Nova mesmo*, com gravações de estúdio baseadas no show *Noite do Sambalanço* e produção de Aloísio de Oliveira, que, tendo saído da Odeon, passou para a Philips, onde permaneceria por seis meses[13].

Aloísio trabalhava rapidamente. No mês seguinte lançava *Amor em Hi-Fi*, o quarto LP de Sylvia Telles, agora acompanhada por Baden Powell e pelo grupo vocal Os Cariocas, em que interpretava "Samba torto", "Tetê", "Se é tarde me perdoa", "Corcovado" e "Hô-bá-lá-lá" em inglês, além de três canções americanas.

No mesmo mês de novembro, Aloísio entregava mais um produto: o segundo disco individual de Carlos Lyra, acompanhado por uma orquestra sob a direção de Carlos Monteiro de Souza. Como fizera no primeiro disco, Carlinhos fez questão de indicar no selo, com doze canções de sua autoria, o gê-

....

12. Com Bill Horn no trompete, Luiz Carlos Vinhas no piano, Bebeto Castilho no saxofone, Hélcio Milito na bateria, Luiz Paulo Nogueira no baixo e Roberto Menescal na guitarra/violão.

13. Participaram desse LP coletivo Carlos Lyra, Lúcio Alves, Sylvinha Telles, Vinicius de Moraes (que estreava em disco cantando "Pela luz dos olhos teus"), a cantora Laís e a "Turma da Bossa Nova" com os irmãos Castro Neves, Iko, Mário e Oscar. Entre as músicas havia "Patinho feio", "Meditação", "Menina feia", "Só em teus braços" e "Chora tua tristeza".

nero de cada faixa. Assim, "Nós dois" é um samba-canção, ao passo que "Coisa mais linda" e "Você e eu" são sambalanço. Por que essa distinção? A solução da charada está no texto da contracapa de Vinicius de Moraes:

> Carlinhos Lyra pertence ao que poderíamos chamar de "a corrente mais nacionalista da Bossa Nova": o que o levou, com um senso diferençador (*sic*), a criar o termo "sambalanço" para as suas composições. Eu, pessoalmente, discuto a necessidade do termo; e tal já lhe disse de viva-voz. Parece-me que a expressão "bossa nova" caracteriza perfeitamente bem o que há de melhor e mais sadio na nova música popular brasileira, que deve buscar, sem espíritos divisionistas e rivalidades de grupos, o seu lugar ao sol...

A Bossa Nova como um estilo da mais moderna música brasileira – portanto um substantivo – começa a atrair os astros internacionais e seus músicos que vêm ao Brasil contratados principalmente pela TV Record. Em agosto de 1959 o compositor Burt Bacharach, diretor musical de Marlene Dietrich, ia após os shows direto para os *clubs* do Rio e de São Paulo, onde ouvia música brasileira e fazia anotações. Em maio de 1960, durante a temporada de Ella Fitzgerald, seu empresário Norman Granz percorreu os *clubs* cariocas ouvindo trios e cantores do Beco das Garrafas; em junho Sammy Davis Jr., assim como Lena Horne, também quis conhecer João Gilberto, além de agregar a seu espetáculo o baterista Hélcio Milito, tocando sua tamba.

O que acontecia na música do Brasil começava a despertar curiosidade no cenário musical americano, principalmente entre músicos de jazz.

Baden Powell

Eu não sei se esse movimento foi uma coisa bolada não. Acho que aconteceu. Se ele tivesse sido bolado não acontecia tão bem. Naturalmente teve os cabeças, mas também os cabeças apareceram, não foram bolados não, entende? O cabeça foi Ronaldo Boscoli, esse cara foi genial. Ele escrevia em jornal, deu muita força pro troço. E todo mundo gostava. Começaram a tocar em universidades. Eu fiquei muito contente de participar disso porque era um troço bacana, de gente inteligente.

Adorei entrar porque o meu negócio de músico era tocar em cabaré, na Penha, Bangu. Mas sabia de tudo e tocava qualquer coisa. E quando aconteceu isso eu disse: "Bom, agora a gente tem uma oportunidade de mostrar o que a gente quer." Como para muitos músicos também. O músico às vezes sabe música e não tem lugar onde mostrar. Foi o que aconteceu, esse movimento deu oportunidade de se fazer isso.

Eumir Deodato

A gente tinha de dar crédito à Bossa Nova e acreditar no movimento porque ele vinha ao encontro de praticamente todos os músicos de certo bom gosto e certo interesse. A nossa formação musical era baseada em música americana. A música brasileira estava muito distanciada da americana em matéria de qualidade, e quando a gente viu que havia um certo grupo fazendo uma coisa semelhante, e talvez sob certo aspecto melhor e viável dentro do ritmo brasileiro, todo mundo se passou para a Bossa Nova.

A música americana sempre foi chave para músicos, artistas, cantores e arranjadores fazerem seus trabalhos. Quando chegou a Bossa Nova, todo mundo descobriu uma semelhança tremenda com a música americana, não no sentido de cópia, mas no de evolução, de bom gosto, e por isso fomos todos ao encontro dela.

Capinam

Acho que a Bossa Nova é um movimento pensado, diferente de todos os outros. Vim a ter contato na universidade porque ela tinha uma marca, um logotipo, que era a sua batida.

Eu tinha um amigo que cantava em rádio na Bahia, que pegava bem o espírito da Bossa Nova, o que eu acho difícil porque era revolucionário. Foi através desse cara, um cantor profissional, que conheci João Gilberto como um negócio bacana. Eu realmente não aceitei de pronto, estava acostumado com o sopro pra frente, o grito, e ele me dava outra coisa. Ele é quem dá a coisa mais diferente na Bossa Nova, quem dá a característica mais fundamental, e, por isso, a ligação que eu tive com a Bossa Nova foi com o seu ponto mais extremo. Mas foi bom porque isso me deu de imediato a ligação logo com o essencial.

Comecei a entender que ela estava transformando a nossa música, na proporção em que também encontrei na Bossa Nova um fato insuperável, irreparável, inevitável. A partir desse momento, achei uma transformação definitiva.

Gilberto Gil

Tenho um respeito profundo por todos os que participaram do movimento, Carlos Lyra, Vinicius, Antônio Carlos Jobim, Baden Powell, Ronaldo Boscoli, Roberto Menescal, Chico Feitosa, Tamba Trio, Nara Leão, Sérgio Ricardo. De todos aprendi lições muito grandes, considero quase como mestres meus, sou nada mais nada menos que um prolongamento do trabalho deles. Então a Bossa Nova significa isso, uma paixão, um reconhecimento de uma música de alta qualidade e uma escola.

Quando eu consegui realmente perceber aquele tipo de música que estava sendo feito, quando ouvi João Gilberto, aquela nova maneira de interpretar e de dizer as coisas, senti que estava se processando uma revolução geral da música brasileira. Era realmente a grande síntese até aquele momento, João Gilberto significava a síntese do que tinha sido a música brasileira desde que ela foi institucionalizada por volta da década de 20. Então realmente acreditei que uma série de possibilidades, de abertura de caminhos, passariam a surgir. E realmente foi o que aconteceu. Aqueles três discos de João Gilberto, aqueles simples três discos que ele fez, continham em seu bojo tudo o que houve de música popular de lá pra cá, tudo o que houve antes e depois até um certo tempo. Talvez só dez anos depois possa se inaugurar alguma coisa além de João Gilberto, alguma coisa que ele não inseria no seu trabalho. Tudo que foi feito nesses dez anos foi apenas um desmembramento posterior a uma síntese da qual nós começamos a separar elementos. O Edu, eu, o Caetano passamos a significar isso, bifurcações de uma coisa que João Gilberto já trazia em seu bojo, ele já trazia música nordestina, já trazia folclore baiano, samba de morro carioca, a temática urbana de Chico Buarque de Hollanda, já trazia tudo. Nos discos dele você pode encontrar todas essas discussões em detalhes. Por isso acho que até agora nós não fizemos nada além dele.

Elis Regina

Algumas pessoas dizem que eu não sou a mais indicada para falar de música brasileira, porque nem sempre cantei música brasileira. Você sabe de uma coisa, a minha terra não tem uma música própria; tem mazurcas, polcas, valsas e folclore. Mas não tem uma música evoluída que dê alguma coisa para uma pessoa que seja realmente um músico – porque eu sou muito mais músico que cantora na hora de ouvir as coisas. Por isso os músicos ouvem muito mais jazz. É o meu caso.

A música brasileira que havia antes de 1957 – que me perdoem as pessoas que me antecederam, as pessoas de quem eu vou falar – não tinha gabarito sequer para ser tocada em casa de família. "Edredom vermelho", "luz difusa do abajur lilás" são músicas nitidamente de *bas-fonds*. Minha mãe não me deixaria comprar um disco de Nélson Gonçalves, que era ídolo naquela época. Nélson Gonçalves e companhia limitada. Nessa companhia estavam Adelino Moreira e outras pessoas. À exceção de Agostinho dos Santos, a gente não tinha quem ouvir. Elizeth Cardoso, raramente.

Assim, com uma música que não tem absolutamente nada para dar a ninguém, uma música praticamente de tradição oral – do avô para o pai, para você e seu filho –, eu não tinha o que ouvir. O folclore da minha terra, com perdão da expressão, já tinha me enchido a paciência. E a música brasileira não dava nada para a gente. Então, eu ouvia música clássica – muito pernóstica – na rádio da Universidade, uma espécie de Rádio Ministério de Educação. E ouvia jazz, os programas da Voz da América. Fui me viciando em música boa. Como só ouvia essas coisas, só cantava isso. Dizem para mim "você já gravou rock-balada". Mas todo mundo sabe que, quando um artista entra para uma gravadora, a ele são impingidas todas as coisas que fazem. A gente nunca fala contra a gravadora da gente porque não dá pé. Mas que impingem, impingem.

Aí apareceu o primeiro LP do João e eu comecei a cantar só músicas de João Gilberto. Meu pai dizia que cantar música daquele cara sem voz não dava pé. Era aquela briga dentro de casa, aquela confusão nacional, tinha também uma confusão particular na minha casa. Daí pra frente passei a dar crédito à música brasileira. Depois conheci João Gilberto em Porto Alegre, em seguida Carlos Lyra e fiquei só cantando essa música que não tem nada que ver com meus discos anteriores.

Se eu não tivesse grande sensibilidade, se não conhecesse um pouco de música, se não tivesse contato com a música maior, eu ficaria em dúvida se essa música seria capaz de tantas transformações na música popular. Mas partindo da premissa que em árvore que não dá fruto não se joga pedra, digo, jogaram tanta pedra na Bossa Nova que só podia ser uma árvore para dar fruto bom. Ninguém se preocupa com o que não presta. A gente só se preocupa com a pedrinha que esteja incomodando o nosso pé ou então com alguma coisa que venha a transformar os hábitos de cada um. Esse movimento foi muito atacado pelos músicos antigos porque os forçava a modificar sua forma de ser. Eles teriam de provar que realmente eram músicos, tinham de tirar som dos seus instrumentos, conhecer harmonia. Na questão da harmonia, então, os músicos ficaram malucos quando apareceu a Bossa Nova. Quando o músico se preocupa é porque alguma coisa vai acontecer. E, além disso, o gabarito da Bossa Nova era muito elevado, inclusive para o ambiente musical popular brasileiro. Eu tive certeza de que esse negócio iria pra frente. Como todos, não sabia que iria tão longe, ou seja, para fora do Brasil. Mas aqui eu tinha certeza que iria se implantar. Porque é bom. Tom, Lyra e Menescal conseguiram reunir bom gosto musical a uma grande dosagem da coisa popular.

Tom, por exemplo, sabe dosar o seu bom gosto popular. Às vezes, ele cai no virtuosismo, mas sua média é a de um camarada que sabe se manter. Veja "Corcovado", "Meditação", "Minha namorada", do Lyra, "Primavera"..., são músicas, são músicas. Você sabe que é boa. Meu irmão pequeno gosta, minha avó também gosta, todos gostam.

Wilson Simonal

A música brasileira antes da Bossa Nova era muito quadrada, não tinha recursos harmônicos. A Bossa Nova veio substituir aquele anseio por harmonização que a música brasileira não tinha; o que até é um paradoxo porque o povo brasileiro é muito musical, mas está condicionado a uma música pobre de harmonia.

Carlos Lyra

Engraçado, nós tivemos influência do jazz no princípio – o que eu acho perfeitamente válido, diga-se de passagem –, e esses caras, que tinham influenciado a gente, começaram a fazer samba.

O guitarrista Charlie Byrd recebeu um convite do Departamento de Estado americano para fazer uma turnê de quatorze semanas pela América Latina no início de 1961 e retornou convencido de que, entre tudo o que ouviu, os brasileiros é que tinham algo realmente novo, a Bossa Nova. Byrd começou a tocar nesse estilo com seu trio num bar de Washington, o Showboat, e se esforçava para gravar Bossa Nova, o que só iria acontecer muitos meses depois, quando o sax tenor Stan Getz aceitou seu convite para um disco de música brasileira. O LP *Jazz Samba* foi gravado em 13 de fevereiro de 1962, lançado em abril, e uma das faixas, "Desafinado", freqüentou paradas de sucesso de rádio, embora bisonho no resultado dos dois percussionistas americanos ao tentar imitar gravações de discos brasileiros. E mais, os solos de Getz, impregnados da linha jazzística, estavam a milhas de distância da fluência da melodia brasileira. Tais imperfeições aos ouvidos dos brasileiros não eram logicamente percebidas pelos americanos nem impediram que Stan Getz e Charlie Byrd iniciassem a escalada no processo de adoção de si próprios como os músicos que introduziram a Bossa Nova nos Estados Unidos.

O primeiro músico da Bossa Nova a viajar para os Estados Unidos, como já visto, foi João Donato. Distanciado do que ocorria no Rio, Donato trilhou um caminho próprio, embora fosse o único brasileiro que, mesmo vivendo nos Estados Unidos, tinha condições de tocar no novo estilo ainda desconhecido por lá. De fato, quando ele chegou no final de 1959, tudo o que os músicos de jazz tinham ouvido falar sobre a música brasileira se resumia em duas palavras: Carmen e Miranda.

João Donato

Nosso estilo era estranho, a música brasileira era pouco conhecida, só existia a Carmen Miranda, que tinha deixado algum vestígio de brasileiro com aquela coisa de tico-tico no fubá, mamãe eu quero, a informação deles era essa. Então a gente bateu com a cabeça pelas esquinas de Hollywood para tocar naqueles barzinhos onde tinha um piano. Eu me sentia completamente frustrado, mas era o jeito de passar o dia e pagar a conta do quarto de hotel que eu tinha alugado. A coisa mais concreta foi quando eu ingressei no grupo do Mongo Santamaría, que tinha deixado o Cal Tjader. O Mongo e o Willie Bobo eram os percussionistas dele e eu fui assisti-los numa noite. Eu tinha feito um teste à tarde para tocar numa orquestra latina que precisava de pianista, mas não passei. O René Bloch falou: "Você não sabe tocar latino." A música latina é uma especialidade, requer um certo tipo de piano, uma determinada sonoridade, e eu tocava meus acordes.

À noite estava sem saber o que fazer, vi um bar e estava escrito na porta *Tonight Count Basie Quintet with Mongo Santamaría and Willie Bobo*. Tinha sido reprovado à tarde, estava sem dinheiro e a mulher do hotel disse que eu não entrava se não pagasse a semana. Eu entrei e aí o Mongo, que tinha me visto à tarde, disse: "Você quer tocar uma música?" Eu digo: "Que não seja muito difícil." Era uma música fácil, lembro, era "Philadelphia mambo", dei uma canja e quando terminou foi aquela festa no camarim. Aí o Mongo me chamou em particular e disse: "Não fala nada, mas nós vamos sair daquela orquestra e você vai ser o nosso pianista." Eu fui reprovado à tarde e aceito à noite. Só que à tarde era uma orquestra muquirana e à noite, justamente o que eu gostava, o afro-jazz, o jazz latino. Aí começou a melhorar. Fui para Nova York, conheci aquele pessoal, tocamos em diversos lugares, Birdland, Black Horse, onde tocava a turma do jazz. Quando eu não tocava com o Mongo eu ia assistir e fiquei conhecendo a tropa toda.

Donato iria permanecer nos Estados Unidos tocando seu piano latino por dois longos períodos, o primeiro de 1959 a 1962, quando voltou ao Brasil, gravou um disco, mas acabou retornando porque sua mulher americana não se adaptara ao Rio.

Milton Banana

Aí a mulher dele, a Patrícia, disse: "Let's go please. Aqui não adianta nada, ninguém paga." O Oscar Ornstein tinha convidado ele para trabalhar no Copacabana, fazendo música para dançar de meia em meia hora, de segunda a domingo, das 10 às 4, pagando 20 contos por noite. Era muito pouco. E ele voltou para os Estados Unidos. Levei-o ao aeroporto, nos abraçamos e nunca mais tive notícias dele, o bom Donato, o rei do piano para mim.

Enquanto Donato tocava latin jazz na América, intensificava-se no Brasil a produção de discos de Bossa Nova. Em 1961 foram lançados o segundo de Sérgio Ricardo e o terceiro LP de João Gilberto. A Bossa Nova se firmava como uma plataforma para o sucesso.

Foram precisos mais de cinco meses para que se concluísse a gravação desse novo LP de João Gilberto, feita em dois períodos. Com produção de Ismael Corrêa, já que Aloísio estava na Philips, as primeiras sessões foram iniciadas em 9 de março.

Bebeto Castilho

Não lembro quem me chamou. Eu não sabia como é que eu fui parar lá, não lembro, pode ter sido até o próprio João. Ele ligava lá pra casa, ia lá pra casa, passava o dia todo lá em casa, aquele jeito caladão dele, só ouvindo.

Cheguei no estúdio, estavam Azeitoninha, Walter Wanderley, Ratita. Começamos a gravar, o pessoal ficou esperando. Eu fiz "Falseta" ("Bolinha de papel"), fiz o "Saudade da Bahia" com o Walter. Aí chegou o Paulo Moura, que fez o arranjo de "Papai Noel me deu..." ("Presente de Natal") com um trompete. Azeitona iria fazer de baixo, mas isso já tinha virado quase 36 horas de estúdio. Havia dois baixistas. Só que o Azeitona ficou para gravar e eu vim embora porque eu não agüentava mais, trinta e tantas horas de estúdio. Juquinha era o baterista. Tinha também o Guarani. Aí eu não vi quando ficou tudo pronto porque eu só fiz a parte de vocalise que o Paulo Moura fez, a voz do saxofone, a voz do trompete, o que o Hammond ia fazer, com Walter Wanderley, ficou muito bonito[14].

Não tinha partitura, era tudo de ouvido, aquele dia foi tudo de ouvido. Uma hora lá o Ratita ficou nervoso porque o João queria um glissando para entrar no som do "Saudade da Bahia". A melodia era pa-rá-ba-dá-ba pom – pa-rá ba-rá ba pááá. Ele queria

....

[14]. Embora no selo do disco conste que no samba "Presente de Natal" João foi acompanhado por "Walter Wanderley e s/ conjunto", o que se ouve é João sozinho, com voz e violão. Certamente a primeira gravação, com Paulo Moura, Walter Wanderley e os demais, foi rejeitada.

pa-ra-ba da-barraaaaá - ba-ra-ba da - barraaaaá. Aí o Ratita tentou, tentou e irritou-se. "No dá! No dá! La trompeta no es para eso! Trompeta es para toques!" e tocou o toque. Foi aí que foi engraçado. Ta-ga-tá-ta-ga-tá. Ele não conseguia porque o trompete não fazia. Mas João queria porque queria. O Ratita teve um ataque, mas passou logo, todo mundo riu, fomos lá embaixo, tomamos um guaraná.

Eu toquei baixo de pau. Mas eu sabia que eles iam tirar o baixo. O João também sabia. Você mal ouve o baixo porque embola com o violão do João. Eu viajei com ele, fui ao Uruguai, Vinhas no piano e Fernando na bateria, "Fernando Baqueta" era o apelido dele. Aí no palco você não nota, não sente isso, mas o João sente. É um ligeiro atraso ou adiantamento que ele faz naquele baixo, aquele tum-tum dele não é um bate-estaca não. Aquilo varia segundo o emocional dele. Aí o baixo tem de estar... como é que a gente vai adivinhar... é uma fração. Mas na gravação sai tu-rum, e o que tiver de atraso vem como atraso, não sai junto, é difícil, você acerta um, dois... A não ser que você toque aquele bate-estaca como tocou o Ron Carter. Quem se adaptou ao Ron Carter foi o João, o João está preso, fica pesado, você vê o João sozinho é outra coisa.

Assim a primeira etapa do disco foi gravada, em março, com parte do conjunto de Walter Wanderley atuando em quatro faixas: "Samba da minha terra", "Bolinha de papel", "Saudade da Bahia" e "Trenzinho", uma marchinha do cearense Lauro Maia. Nestas, Juquinha e Guarani estavam na bateria e percussão. As gravações foram retomadas em 2 de agosto para serem concluídas em 28 de setembro. João era agora acompanhado de uma orquestra, com arranjos e regência de Antônio Carlos Jobim tendo Milton Banana na bateria.

Milton Banana

João chefiou a gravação do disco. Ele pediu um microfone para ele e outro para o violão. O pessoal da técnica estranhou e brigaram muito. A gravação durou quase um mês porque ele era muito exigente, muito temperamental, brigou muito com Jobim, discutindo sobre acordes com a orquestra toda no estúdio e aquela coisa toda. Teve dias em que a Odeon dispensou os músicos todos, pagou todo mundo. João ficou nervoso, já não queria gravar. Ele queria fazer um negócio e os caras não entendiam, "esse cara é louco, é maluco". Mas João bronqueava mesmo no estúdio, dizia que sempre gostou de fazer música como queria. E falava pro Jobim: "Como é que eu faço?

Os caras querem me deixar louco!" E o Jobim: "Calma, calma...". "Mas como calma? Tem hora que desafina violão com baixo, baixo com violão."

Conseguimos gravar o disco, essa é a verdade. Com muito sacrifício, conseguimos. Foi minha primeira entrada na área. Eu tinha sido indicado por Antônio Carlos Jobim. Foi-me dada uma partitura, mas eu não lia. João me deu um alô e disse: "Você escuta primeiro, depois manda brasa." Não houve nenhuma invenção, toquei a mesma batida do Plaza. Não acho que haja muita diferença do ritmo do disco para o do Plaza. João é que tinha uma batida diferente. Essa batida me empolgava, eu sentia que não dava para tocar de baquetas, tocava de vassourinha e uma baqueta só. João me explicava como fazer: "Acho que está forte, está ressonando demais essa caixa, essa esteira ressoa demais, que está havendo? Ritmo, só ritmo." Ele sempre falou isso. João começou a estruturar o negócio, convidava a gente para ir à casa dele, sem instrumentos, sem nada, só para sentir como ia ser. E tocava o violão, fazendo tudo como seria. Foi dali que amadureceu o negócio.

A capa trazia João fotografado novamente por Chico Pereira, com o queixo apoiado na mão direita, porém de perfil e em close. As letras das doze músicas eram transcritas na contracapa, mas o texto dessa vez foi escrito pelo produtor Ismael Corrêa e no estilo de um mero LP da linha de montagem. Revelava com sutileza as dificuldades no estúdio: "... o nosso maior mérito foi o de deixar João Gilberto completamente à vontade. E ele ficou à vontade: escolheu o repertório (belíssimo!), fez alguns arranjos e colaborou nos demais. Mas não ficou satisfeito com o disco".

No total, eram 23 minutos e 31 segundos de música iniciados com "Samba da minha terra". Na introdução, João imita a batida de um agogô, exibindo sua inventividade em frases sincopadas, Walter ataca o órgão e depois é que ele entoa a melodia. Um gol de placa aos 25 segundos do primeiro tempo.

Vinicius voltava a ser contemplado na co-autoria de duas canções com Tom (a delicada "O amor em paz" e "Insensatez", que iniciaria sua trajetória como uma das mais gravadas de ambos), e duas com Carlinhos ("Você e eu", com o timbre de assobio e piano no interlúdio instrumental, e "Coisa mais linda", outra jóia melódica na obra de Lyra).

Entre as canções dos autores da geração anterior, estavam: "Samba da minha terra" e "Saudade da Bahia" (ambas de [Dorival] Caymmi), "Bolinha de papel" (de Geraldo Pereira), "A primeira vez" (de Bide [Alcebíades Barcelos] e [Armando] Marçal) e o já mencionado "Trenzinho", de Lauro Maia.

Nas cinco, as novidades harmônicas e rítmicas eram tantas que pareciam outras músicas, e não versões diferentes das originais. Uma melhor que a outra.

O disco, que se encerra com a décima terceira regravação de "Este seu olhar", contemplava também Roberto Menescal com "O barquinho", que já havia sido gravado por Maysa com o Trio Tamba, em janeiro.

Roberto Menescal

Na nossa melhor época – minha e de Ronaldo – nós pescávamos juntos quase todos os dias em Cabo Frio, Angra. Saiu "Barquinho", "Nós e o mar", "Ah, se eu pudesse", "Rio"... eram músicas de muito mais esperança. Hoje, infelizmente, a gente senta para fabricar música. No princípio não era muito assim não. Agora Ronaldo vive no avião, do qual tem pavor, a gente tem preocupação de direitos autorais. Quando se têm problemas, sempre a música transmite esses problemas, sai angustiada, dura.

Ronaldo Boscoli

O ritmo indefinido do barco deu a ele essa idéia rítmica: tara-tará, tara-tará, tara-rá, tará, tará... Menescal fixou esse ritmo muito sincopado e disse que era uma idéia bonita para fazer uma composição. Fomos pescar e quando voltei, numa varanda em Cabo Frio, eu e Menescal escrevemos "O barquinho" de ponta a ponta, ele criou a melodia e a letra saiu inteira. Foi um dos raros momentos em que escrevi quase em cima dos fatos. Geralmente, depois que passa o fato é que eu tento compor.

Milton Banana

Marcamos uma reunião na casa do Vinicius, que se gamou em mim e falou: Miltinho, nós temos um show muito sério para fazer. Tudo música da atualidade, "Samba do avião", "Garota de Ipanema"... Esse show foi recebido extraordinariamente. Eram Os Cariocas, João, Tom no piano e Vinicius declamando. Foi nesse show que começou a estrela de João Gilberto.

O histórico pocket show *Um encontro* estreou no restaurante Au Bon Gourmet da avenida Nossa Senhora de Copacabana em 2 de agosto de 1962 com a participação do grupo vocal Os Cariocas, do baixista Otavio Bailly, do baterista Milton Banana e, pela primeira e última vez reunidos num espetáculo, de Tom Jobim, Vinicius de Moraes e João Gilberto. Na temporada, por seis semanas de sucesso, foram lançadas as derradeiras composições da parceria Tom & Vinicius "Só danço samba" e "Garota de Ipanema", com uma introdução especial. Também eram cantadas as inéditas "Samba do avião", de Tom, e as primeiras parcerias da dupla Baden Powell & Vinicius, "Samba da bênção" e "O astronauta". A direção foi de Aloísio de Oliveira[15].

Nara Leão

O Aloísio de Oliveira foi a primeira pessoa que prestigiou a nossa música. Antes disso, na época que ninguém queria nos ouvir, começamos conquistando os estudantes. Eles adoravam nossa música, uma música nova. Não havia uma música para eles. Só boleros, rock e jazz. A Bossa Nova foi uma espécie de meio-termo entre o jazz e o rock. Mais acessível que o jazz e menos abagunçada que o rock.

Tom Jobim

Quando o movimento chegou ao auge nos Estados Unidos, o Itamarati nos mandou para aquele concerto no Carnegie Hall. Foi em 22 de novembro de 1962. O concerto foi muito mal organizado, muita música repetida, tinha não sei quantos artistas – vinte e poucos –, era um pacote imenso e um não sabia o que o outro ia apresentar, aquele negócio todo feito à última hora. Foi uma loucura total.

Roberto Menescal

Por causa de um ex-amigo meu, passei pela pior situação que um artista já teve na vida: sabendo que não sou cantor, que desafino pra burro, tive de cantar no Carnegie Hall para 4 mil pessoas, entre as quais Gerry Mulligan e vários outros músicos americanos. Foi uma mancha negra na minha carreira e na minha vida inteira. Foi um vexamão. Não queria ir de jeito nenhum e na hora não teve jeito. Fui convidado para

....

15. A seqüência das canções era simplesmente esta: "Só danço samba", com Os Cariocas; "Samba de uma nota só", com Tom e Os Cariocas; "Corcovado", com João e Os Cariocas; "Samba da bênção", com Vinicius; "Amor em paz", com João e Os Cariocas; "Bossa Nova e bossa velha", com Os Cariocas; "Samba do avião", com Tom e Os Cariocas; "O astronauta", com Vinicius e Os Cariocas; "Samba da minha terra", com João; "Insensatez", com João; "Garota de Ipanema", com João, Tom e Vinicius; "Devagar com a louça", com Os Cariocas; "Só danço samba", com João e Os Cariocas; "Garota de Ipanema"/"Só danço samba"/"Se todos fossem iguais a você", com todos.

tocar violão num conjunto, como compositor, e só no dia soube que teria de cantar. Não tive nem tempo de me preparar psicologicamente. Me deixaram na mão e eu fui obrigado a fazer isso.

Sérgio Ricardo

Até agora não percebi direito sobre o concerto do Carnegie Hall porque fiquei um pouco aturdido com Nova York, como acho que nós todos ficamos. Fomos um pouco naquele embalo ingênuo de quem começa a fazer alguma coisa pura, mas na verdade estávamos sendo explorados pelo homem que promoveu aquele festival, um tal de Sidney Frey, que não sei que interesse tinha, acho que editoriais fundamentalmente e de venda de disco do espetáculo. Nós fomos um pouco jogados às feras, ou seja, no palco os microfones só funcionavam bem para a gravação, para o público que estava ali assistindo era terrível, não se ouvia nada. E não havia a menor organização de *mise-en-scène*, não se sabia quem ia entrar, não havia uma direção do espetáculo. O Aloísio de Oliveira, que acompanhava a gente naquela época, resolveu não interferir porque sentiu que estava tudo desorganizado e tirou a mão fora do negócio.

Cantei o "Zelão" e mais duas outras músicas, de violão.

De uma certa forma nós ficamos jogados à mercê da sorte. Mesmo assim, com o teatro lotado, ficou entre sucesso e fracasso, dependendo do ponto de vista. Como demonstração de um movimento, foi fantástico porque de repente Nova York tomou conhecimento da coisa, o mundo inteiro também. E quem estava organizado, como estavam o Tom, o João e outros mais, conseguiram a partir daquela data penetrar nos Estados Unidos de uma maneira definitiva. Os outros, que foram um pouco jogados dentro da coisa, tiveram mesmo é de voltar com uma mão abanando, uma na frente e outra atrás, porque a situação não era fácil. Em dinheiro, não se ganhou nada nesse espetáculo.

Carlos Lyra

Cada um ganhava, se não me engano, parece que 175 dólares, uma passagem da Varig do governo brasileiro e passaporte azul, que é passaporte diplomático.

Absolutamente não havia nenhuma referência à gravação. Gravaram arbitrariamente. O Mário Dias Costa, do Itamarati, com todo seu entusiasmo mas com total incompetência e falta de conhecimento do problema – porque a intenção dele era das melhores, não tenha dúvidas –, estava lidando com a máquina do mercado americano de discos e de música, que estava cem anos adiante.

Então o Sidney Frey não estava procurando intérpretes para o concerto. Estava procurando era material musical para editar nos Estados Unidos. Como a maioria das músicas do Tom já tinha sido editada por um cara chamado [Enrique] Lebendiger, o Sidney Frey achou que era muito mais prático pra ele levar mais gente além do Tom. Então ele quis pegar outros caras porque assim ele pegaria esse material para editar. Você vê que o interesse econômico aí esculhamba o interesse artístico. Senão, tinham ido só o Tom, o João Gilberto, o Milton Banana e basta. Um contrabaixista e não precisava mais nada pra fazer um concerto. Que era o que o Aloísio de Oliveira queria fazer, levar só esses elementos a quem ele estava ligado. Mas os planos do Aloísio foram por água abaixo por causa do interesse superior. Ao Sidney Frey não interessava o concerto do Carnegie Hall; o que o interessava era editar as músicas. Então ele conseguiu agarrar eu, o Menescal, o Oscar Castro Neves, que tínhamos músicas virgens, não editadas. Então abriram as portas para todo mundo. Mas abriram de tal maneira que podia ir quem quisesse. Então quem se apresentou no Carnegie Hall para cantar, cantou. Inclusive pessoas que estavam lá, como Carmen Costa.

O concerto do Carnegie Hall foi melancólico porque não tinha qualidade artística praticamente nenhuma.

Ainda no Brasil, o Aloísio de Oliveira tentou convencer todo mundo a não ir. Ele disse para mim textualmente: "Olha, o negócio é não ir ninguém." Eu disse: "Estou de pleno acordo que não vá ninguém pra fazer bobagem." Então o Vinicius de Moraes me chamou e disse: "Olha, o negócio é ir." Eu digo: "Não, mas o negócio é não ir ninguém." Ele disse: "Não, eu não vou realmente porque não me interessa ir lá e não fazer nada. Mas o Tonzinho e o Joãozinho vão. Então você vai sim. Não deixa de ir não."

Aí eu entendi que o Aloísio estava vendo se não ia ninguém para conseguir concentrar esse concerto com o João Gilberto e com o Tom. E seria muito melhor se fosse assim. Mas, como todo mundo queria um pouco desse troço, você no fundo não pode evitar que as pessoas pensem assim: Vou lá ganhar o meu, vou visitar Nova York e não vou ficar aqui só porque o Aloísio quer fazer uma coisa artística, que eu duvido muito que fosse artística. O interesse dele era levar as pessoas que estavam ligadas com ele. Porque ele podia muito bem dizer: Vão o João, Tom, Carlos Lyra, Menescal e outros. E fechar a coisa para a mediocridade. Se tivesse feito um grupo interessante de gente, que pudesse realmente ser representativa, seria bom. Mas ele quis separar mais ainda por causa do interesse em ser o *manager*, o empresário do Tom e do João Gilberto. Ele já tinha outros planos futuros com um sujeito chamado Ray Gilbert, que ele realizou posteriormente.

Com todas as implicações positivas e negativas descritas, o resultado do célebre espetáculo denominado *Bossa Nova – New Brazilian Jazz* no Carnegie Hall, que teve além dos brasileiros anunciados no programa a participação de músicos de jazz na segunda parte, foi a visibilidade dada à Bossa Nova e à música brasileira como jamais tinham tido. Se houve uma empolgação desmedida de uns, um compreensível acanhamento de outros ou, ainda, em um ou outro caso, uma falsa Bossa Nova, pode-se constatar no LP *Bossa Nova no Carnegie Hall* que houve fartos aplausos da platéia para o sexteto de Sérgio Mendes, para Sérgio Ricardo, o Quarteto de Oscar Castro Neves, Agostinho dos Santos com Luiz Bonfá, para João Gilberto com Milton Banana e até mesmo para a cantora Ana Lúcia.

Afinal, sucesso ou fracasso? A mais respeitável sala de concertos de Nova York antes da inauguração do Lincoln Center havia apresentado em 16 de janeiro de 1938 o concerto com a orquestra de Benny Goodman, considerado uma consagração ao jazz e ao estilo *swing*. A partir dessa data, eventos realizados no Carnegie Hall fora do âmbito da música clássica tiveram relevância, e o da Bossa Nova, com lotação esgotada, foi um deles. É natural, portanto, que alguns dos participantes tivessem recebido ofertas de trabalho que lhes permitissem permanecer mais algum tempo nos Estados Unidos.

Carlos Lyra

Fizemos o concerto do Carnegie Hall, que foi essa vergonha, e eu fiquei muito amigo da consulesa-geral Dora Vasconcellos, e eu disse: "Esse concerto foi uma vergonha, foi um negócio nojento, foi horrível, muito feio." Ela disse: "O que você propõe?" Eu digo: "Proponho que a gente faça outra apresentação onde apareçam realmente pessoas que tenham valor."

Nessa época, vários já tinham voltado porque não agüentavam mais ficar em Nova York, não tinham dinheiro, nem aonde ir. Eu pessoalmente dei a lista pra ela: "Devem participar de um outro concerto Bossa Nova", que no caso foi feito no George Washington Auditorium, "Tom, João Gilberto, eu, Roberto Menescal, Sérgio Ricardo, Sérgio Mendes, diversas pessoas devem participar porque são representativas. Se fizerem um concerto como aquele negócio, eu desta vez não participo".

Nos Estados Unidos descobrimos o truque das editoras que nós podíamos fazer lá mesmo. Os editores geralmente tiram uma grande parte, 50% fica com o editor, depois o compositor e o letrista com 25% cada um, as despesas são descontadas. Então descobrimos que o negócio era fazer editoras.

Nara Leão

Não sei se minha opinião é certa ou não, porque me acho muito dentro do assunto. Penso que a partir de 1957 criou-se um espírito de receptividade para as coisas brasileiras. Houve uma euforia muito grande durante o governo de Juscelino, que desenvolveu indústrias brasileiras, pondo em destaque o lado nacional das coisas. O samba, que era considerado um artigo cafajeste, passou a ser um artigo assimilável porque também era coisa brasileira. Não era mais de bom gosto só gostar de música estrangeira. Pessoas de mais cultura começaram a fazer samba.

Não houve uma criação totalmente nova; houve uma evolução do que já vinha sendo feito há mais tempo, mas que não tinha chegado ao conhecimento do povo. Por exemplo, o que o Tom fez já estava sendo feito há mais tempo por ele. Mas o público é que se tornou mais receptivo para esse tipo de música na época certa, isto é, no período de euforia.

Ronaldo Boscoli

Certos jornalistas criticaram nosso movimento chamando-o de fechado. Não é verdade, nós nunca limitamos nossa ação formando uma panela. A primeira vez que fiz um festival de Bossa Nova tive a preocupação de levar para o Rio compositores que já pintavam como gente nova, Caetano Zamma, Pedrinho Mattar, Johnny Alf, que na época era pianista de São Paulo, e outros nomes que não me ocorrem. Nosso campo era aberto. Nunca houve uma limitação.

Trabalhava na *Manchete* cinco ou seis horas por dia e no resto do tempo nós nos preocupávamos em criar uma forma de comunicação. Eu tinha uma preocupação precípua em criar um caminho novo para acompanhar aquela nova linha melódica. Não adiantava nada fazer uma melodia riquíssima que era nova naquela época, rimando paixão, coração, razão, tostão, limão e botão.

O diretor da Odeon, um francês chamado André Midani, me dissera um dia: "Ronaldo, sabe o que acontece? A música brasileira não vende disco porque o jovem brasileiro não tem a sua música. Tem de se fazer uma música brasileira, mas uma música jovem. Eles preferem o rock-and-roll – o iê-iê-iê da época."

Então, baseado no conselho dele, criei a letra do "Lobo bobo" nessa temática de "era uma vez um lobo mau", para ver se havia alguma identificação com o pessoal.

Daí, a Bossa Nova passou a ser uma porta aberta para ganhar dinheiro. Muita gente fingiu ser porta-bandeira desse movimento, mas não era não. Eram profissionais, organizavam um campinho, um pequeno show, lançavam o nome de João Gilberto, davam um cachê porque ele era profissional, o resto ia de graça porque não tinha nome e formou-se aquela panelinha de festivalóides em colégios e ganhou-se muito dinheiro com isso.

Nunca supus que a Bossa Nova fosse tomar conta do mundo artístico. E, curiosamente, os tais profissionais do movimento foram os que mais ganharam dinheiro com isso. Não ganhei nem um milhão com "O barquinho".

Não foram poucos os músicos e cantores americanos que gravaram álbuns inteiros de Bossa Nova, evidenciando sua admiração pelo estilo que, como foi dito e escrito nos Estados Unidos, trouxe um sopro de frescor e estímulo ao jazz. Se disso resultaram tentativas visivelmente oportunistas e medíocres, paralelamente a artigos equivocados invocando falsos pioneiros anteriores a João Gilberto, é fato que o jazz foi reciclado com o descobrimento da Bossa Nova.

A batida da Bossa Nova, isto é, o ritmo, tornou-se uma patente. Por extensão, a música do Brasil passou a ser reconhecida e executada nessa forma rítmica. Mas outros elementos, como a melodia e a harmonia da canção brasileira, foram igualmente assimilados com perícia pelos músicos de jazz. Até mesmo a letra em português, apesar de versões sem grande competência.

Ironicamente, não seriam os que melhor perceberam as nuances da música brasileira – como os saxofonistas Joe Henderson e Grover Washington Jr., o clarinetista Ken Peplovsky, o trompetista Chet Baker, os pianistas Bill Evans e Aaron Goldberg, as cantoras Peggy Lee e Susannah McCorkle – que mais se beneficiaram com a influência da Bossa Nova no jazz. Este galardão vai para Stan Getz, que, com todo o destaque que merece por sua carreira de saxofonista extraordinário, jamais conseguiu tocar Bossa Nova com sua leveza vital, desperdiçando as verdadeiras aulas do mestre por vezes a seu lado.

capítulo 3

A BATIDA DO JOÃO

Se há alguém a quem se possa atribuir a inspiração da batida do violão de João Gilberto, esse alguém é Johnny Alf.

Envolvido com o jazz, principalmente com os pianistas, Johnny teve a percepção da forma como eles teciam uma cama harmônica e rítmica para os solistas e mesmo para si próprios. São acordes tocados levemente em determinados momentos, de modo a servir de apoio ou eventualmente orientar o solista, nada mais. Essa era a forma de acompanhamento que Johnny Alf transferiu para a música brasileira. Substituiu o modo tradicional de os pianistas tocarem samba – *TU-gu-du* – por *tchans* emitidos no momento da síncope do samba, isto é, nos contratempos, nos tempos fracos.

Por outro lado, os *TU* no início de cada compasso, isto é, no primeiro tempo, emitidos pelos pianistas tradicionais ressaltavam o tempo forte e, conseqüentemente, diminuíam a ênfase contida na síncope dos tempos fracos, os *gu-du*. Assim procedendo, os pianistas do samba tradicional acabavam por valorizar, digamos, 50% da síncope do samba.

Ao abandonar o *TU* do tempo forte e valorizando ao mesmo tempo os *tchans* do contratempo, Johnny Alf ressaltava a síncope. Só que de maneira diferente, deixando o ritmo do samba implícito e não explícito. E acrescentava uma leveza, a leveza que marcaria a Bossa Nova e deixaria atônitos os que ouvissem João Gilberto pela primeira vez. Afinal, na batida do João não estava tão óbvio o ritmo do samba, mas quem a ouvisse sentia que lá existia o seu pulsar.

Eumir Deodato

A Bossa Nova difere do que havia antes nos três aspectos da música: ritmo, melodia, harmonia. Na parte rítmica difere pelas acentuações.

Quase todo o ritmo quaternário ou binário, como é o caso do ritmo brasileiro no samba, tinha uma acentuação mais ou menos igual, como "Aquarela do Brasil", considerado samba quadrado. Apareceu a Bossa Nova inovando com o uso da escovinha, além da baqueta na bateria. No violão, falta de baixarias ou seqüências harmônicas quadradas, substituídas por novos desenhos com o ritmo de dois em dois compassos. É uma criação de João Gilberto, que eu saiba, o único que tinha isso na cabeça – ritmo da própria melodia –, a divisão era completamente diferente das antigas. O exemplo do novo ritmo e da nova divisão mais típico é o "Lobo bobo".

Os arranjos feitos tiveram praticamente orientação de João Gilberto e foram condensados pelo Tom. Em resumo, a parte rítmica tem diferença nas acentuações, na divisão do violão e da melodia.

Capinam

O ritmo é a marca fundamental da Bossa Nova; embora ela tivesse outras preocupações, o ritmo é o que a moçada podia perceber. Foi através dele que ela se projetou.

Roberto Menescal

Não há dúvida. O que acontece é que você não via nenhum rapaz tocar samba, você via aquelas orquestras tocando um samba pesado. É que o samba não tinha um ritmo definido – nem em bateria, nem em violão, nem em piano –, cada um fazia um negócio e, no final, aquilo tudo dava um ritmo que eles chamavam de samba.

Quem definiu mesmo foi João Gilberto com sua batida: quando ele tocava, todo mundo sabia que havia uma coisa nova. Ninguém sabia o que era, mas já havia a necessidade disso. Tom já tinha feito o samba "Aula de matemática", Carlinhos tinha feito "Ciúme", que eram sambas-canções só um pouco mais depressa.

Carlos Lyra

Havia essa necessidade porque todo mundo queria fazer um sambinha mais acelerado. A minha música chamada "Ciúme" já era assim, tentando fazer samba que não fosse samba-canção, mais parecido com os da escola de samba, mas que não tivesse aquela estrutura; que tivesse aquela harmonia e aquele tipo de letra. João Gilberto, que era exímio violonista, tendo se preocupado com o problema de ritmo, encontrou mais facilmente que os outros o ritmo que se procurava. O João era autodidata, mas realmente ele tinha uma técnica no violão com uma limpeza espetacular. Tudo que ele quer fazer no violão, praticamente ele faz. E pode organizar as coisas muito melhor que nós, que tocávamos de outra maneira, tocávamos por prazer e não estávamos preocupados com esse elemento. Então o João tinha de descobrir esse troço antes que qualquer um. E era exatamente de acordo com o que a gente via ele tocar no Plaza.

Claudete Soares

Lógico. Nós só conhecíamos o sambão, a marcha de Carnaval, e aquela batida era diferente de qualquer coisa. Quando ouvi pela primeira vez o "Samba de uma nota só", achei que cantá-lo seria a coisa mais complicada do mundo. O ritmo não era escrito. Músicos de outros conjuntos e orquestras tinham dificuldade em tocar esse ritmo. Por isso, na Rádio Tupi eu não cantava essa música. Tentei mas não deu certo. Só comecei a cantar música moderna na rádio e na televisão com os conjuntos do Sivuca e do Moacyr Silva, num programa do Geraldo Casé, junto com o Tito Madi.

Dori Caymmi

Cansei de ver orquestra se recusar a trabalhar com o João Gilberto. O baterista alegava que o João tocava pra frente, que adiantava o ritmo, quando não é verdade, pois ele toca seguro, certo, o *beat* dele e de João Donato é seguríssimo, nunca vi ninguém assim – ele não perde tempo, é um relógio certo. Um baterista não pode é tocar o tradicional com João Gilberto.

O baterista era livre, tocava sem partitura, só tinha de saber onde parar e onde continuar. Com escovinha, porque João não aceitava e não aceita baqueta de jeito nenhum até hoje. O contrabaixo percutia, uma nota só em vez de duas. João Gilberto também não aceita duas notas em samba, só servem para atrapalhar. E isso é, aliás, uma influência do jazz, se vê que João é todo influenciado pelo jazz *west coast*.

Baden Powell

No modo antigo de tocar violão – no samba tipo regional – o dedo bate mais ou menos de qualquer maneira, à la brasileira, vamos dizer assim; a mão cai no violão à vontade. Você pega três cordas com três dedos, dá sempre o baixo; o João colocou ritmo com a técnica, por isso é que ficou mais simples e mais limpo para se ouvir. O ritmo de samba é mesmo um pouco embrulhado: tu-ju-gu-du, gu-ju-gu-du. E esse: tcham-tcham-qui, tcham-tcham.

Eu acho que o João Gilberto fez o seguinte, ficou só com os tamborins da escola de samba, sabe? É o troço mais nítido que você ouve no meio daquilo tudo, ten-teng-teng-te-teng [Aqui Baden canta exatamente como João Gilberto na sua introdução de "Samba da minha terra"], um troço mais ou menos assim. E a parte mais embrulhada ele tirou. Pode ser que a idéia dele nunca tenha sido essa, mas o resultado acho que foi, ficou um negócio mais limpo.

Ronaldo Boscoli

O ritmo da Bossa Nova, segundo João Gilberto, passou a ser o tamborim da escola de samba. Ele mesmo me confessou que ouviu muito o Donato e o Johnny Alf, que dividia o samba jazzisticamente naquela época. Ele foi pegando aqui e ali e com sua capacidade de síntese, deu aquele toque genial de definição ao nosso ritmo.

Nara Leão

A forma rítmica de como tocávamos violão teve diferença a partir de João Gilberto, que já conhecíamos antes de ter gravado seu primeiro disco. Carlos Lyra tinha uma batida diferente. Mas o negócio se definiu mesmo com João Gilberto, que rompeu tudo com sua batida nova. Era o que estávamos esperando. Até aquela época nós tocávamos mais samba-canção, "Foi a noite", "Fim de noite". Não tocávamos samba mesmo.

Elis Regina

Segundo os que participaram desse início, a batida foi simplificada para que as pessoas pudessem entender melhor, mas nisso eu não acredito. Porque eles estavam fazendo samba para brasileiros e não para estrangeiros. O movimento foi tão espontâneo, nasceu como um clube de futebol, os caras se reúnem, começam a fazer uma pelada, depois resolvem botar um nome no troço, "Como é o nome do time?" Pelo que Ronaldo me conta, era mais uma reunião de pessoas que se encontravam para bater papo. E diziam: "Olha a música que eu fiz." E tocavam. Faziam música pelo prazer de fazer. Como quase nenhum deles era grande violonista, talvez eles fossem os reis do samba-canção, que era mais fácil.

Marcos Valle

Aquela nova batida é que abriu o caminho todo. Pelo que eu sei, o criador foi o João Gilberto. Posso estar enganado, mas também uma das primeiras batidas que senti foi numa música chamada "Menina moça", com o Tito Madi tocando violão e cantando.

Dori Caymmi

A Bossa Nova tinha um novo lado de ver o samba, um modo mais moderno, que substituiu aquela série de instrumentos de percussão por uma bateria só. Os instrumentos passaram harmonicamente a se integrar, influenciados pelo jazz. A influência foi Shorty Rogers, e o homem que criou isso realmente foi João Gilberto, responsável por essa substituição de seiscentos reco-recos por um baterista, usando prato em pé esquerdo e prato turco, que não se usava praticamente, a não ser por quem fazia jazz. Ele motivou tudo, a nova forma de orquestração, de ritmo, a nova forma harmônica, o canto também.

Roberto Menescal

Em estúdio, quando havia outros músicos que não conheciam, a gente explicava como era o samba Bossa Nova. Ela chegou a ser escrita quando houve necessidade de definição para músicos de outros países. Parece que Luiz Eça e Tom escreveram a primeira vez. Depois ficou muito livre e não se pôde definir mais. Não houve muita preocupação de se escrever porque os próprios músicos estrangeiros pegaram essa batida[16].

Sérgio Ricardo

O ritmo na Bossa Nova tornou-se internacional por um lado mas descaracterizado por outro. Como o João tinha muito poder de síntese, sintetizou também a batida do samba. Ele conseguiu fazer, daquela barulheira, três ou quatro batidas de dois em dois compassos, que resolviam todo o problema do repique do samba. E, na minha opinião, esfriou o espírito do samba. Se bem que haja o lado válido disso porque deu margem

....

16. Quando o cantor Tony Bennett esteve no Brasil em maio de 1961, seus músicos e especialmente o contrabaixista Don Payne interessaram-se extraordinariamente pela Bossa Nova. Numa reunião na casa do empresário Flávio Ramos, à qual compareceram Tony, seus músicos e alguns músicos brasileiros, tocou-se muito Bossa Nova. Nessa ocasião Luiz Eça explicou, em detalhes e por escrito, a Don Payne como era a divisão rítmica da Bossa Nova. Posteriormente, Don levou dezenas de discos para os Estados Unidos que foram ouvidos por vários músicos de jazz.

para que o samba fosse mais elaborado musicalmente. E também para a coisa ficar mais urbana. É samba de asfalto mesmo, de apartamento, não é o samba de favela. Eu acho que samba é o que se toca na favela; o que se tocava no apartamento de Nara Leão era um sambinha que tinha condimento de jazz, literatura mais bem apurada, uma voz mais afinada, mas também tinha menos emoção, menos agressão, menos comunicabilidade de ordem popular.

Edu Lobo

Era uma música com caráter de trabalho, de elaboração, mas sem ser, como muitos criticavam, de apartamento e desprovida de qualquer sentido popular. Aí é que está, quando acontece um movimento novo é preciso que haja um certo tempo para que as pessoas possam entender realmente o que está sendo feito.

Geraldo Vandré

Eu, que nunca toquei violão, ficava impressionado como ele conseguia fazer a inversão do tempo forte.

Carlos Lyra

Aliás, foi muito bem explicado pelo Baden que a posição do João era diferente, ele tocava com os cinco dedos e com a mão invertida, ou seja, com o indicador pulsando a prima e o dedo mínimo também. Tocava com os cinco dedos e não como a escola correta. E tirava aquele ritmo que é hoje conhecido como batida de Bossa Nova.

O violão do João é, ao mesmo tempo, um instrumento de harmonia e rítmico, nunca um instrumento melódico como em Bonfá e outros. O violão é que acompanhava a voz, não fazia contraponto, nada disso; acordes, tchá-tchá-tchá, quase junto com a bateria.

Gilberto Gil

Acho que é bem evidente uma diferenciação entre o ritmo de samba antes e depois da Bossa Nova. Antes, o samba tinha aquela cadência marcada no primeiro tempo e que nós conhecemos bem. Com o advento da Bossa Nova, a gente sente uma modificação da síncope para o tempo fraco, com aquele tipo de *punch* mais ou menos característico do jazz. Isso, segundo dizem os *experts*, foi uma coisa que facilitou muito a execução do ritmo por parte de músicos estrangeiros, principalmente os bateristas e contrabaixistas. Essa característica é um dado técnico que merece uma análise muito mais acurada, mas em princípio, para um depoimento meu como praticamente leigo no assunto, acho que satisfaz como explicação.

Johnny Alf

Dizer quem idealizou a batida de bateria na Bossa Nova é um pouco complexo. Dizem que houve uma certa influência do Dom Um, que tinha nome naquela época, do Milton Banana e do Edson Machado.

É certo mesmo que a batida principal veio do violão, e nesse caso veio do João Gilberto. Nas gravações de João foi que pela primeira vez eu senti uma batida peculiar, ela difere no modo de emprego do sincopado.

João Donato

A batida do João foi se tornando uma característica até ser gravada, porque até então todo mundo estava à procura da batida perfeita. Eu com a minha, João com a dele, Eça com a dele, Lincoln com a dele, Baden Powell também, cada um com seu jeito pessoal de fazer o ritmo, não tinha uma definição, cada um fazia o seu ritmo pessoal. Até que se tornou definitivo depois que eles assumiram que era pact-pact-táá, pact-pact-táá.

Caetano Veloso

Isso já é uma tendência que vinha desde antes, a gente pode perceber em gravações pré-Bossa Nova uma tendência em acentuar o ritmo de uma maneira jazzística. Só que João Gilberto foi o primeiro a fazer daquela maneira; o ritmo que ele fazia com o violão ligado com o da bateria já era amadurecido, não parecia experimentar nem imitar nada, era uma maneira de tocar.

Nara Leão

Para nós, foi mais fácil essa nova batida que a do samba tradicional, que eu não sei até hoje. Acho que isso aconteceu com todos nós. Mas os de fora tinham suas dificuldades; é que só fazíamos essa música e não convivíamos com os sambistas tradicionais. Por isso era muito mais fácil para a gente. Além disso, nós todos éramos professores de violão, tínhamos academia. Simplificávamos a batida e arranjamos um jeito de escrever, numerando. Carlos Lyra foi o primeiro a ensinar violão por cifra, antes usávamos o método de posição, primeira e segunda do tom.

Chico Buarque

Não foi difícil tocar, mas também eu ouvia o dia inteiro, não fazia outra coisa senão ficar na vitrola pegando o jeito do violão. Também porque eu não estava acostumado com a outra batida. Comecei a aprender violão mesmo aí. Ao mesmo tempo que estava aprendendo a segurá-lo, aprendia essa batida que estava presa ao meu ouvido. Naquele tempo eu tocava violão mal à beça e copiei errado, mas era uma novidade. Quem estava acostumado com o samba tradicional devia ter dificuldade.

Baden Powell

Não era escrito, era apenas transmitido através da música. Depois, quando a Bossa Nova tomou uma forma de movimento, saíram umas reportagens com umas anotações escritas sobre o ritmo. Mas isso não queria dizer nada, porque o povo que ia ler não ia entender nada. E músico não precisava ler aquilo para entender. Então dava na mesma. Eu falei na época: "Pra que é isso? Eu estou ouvindo, não há necessidade de ler na revista. E para o cara que não entende, não adianta nada." Mas teve muito efeito. Disseram: "Ah! o ritmo da Bossa Nova está aqui, olha. Eu não entendo mas sei que está escrito."

Eumir Deodato

Uma explicação mais técnica da diferença rítmica terá de ser mostrada em papel, mas de uma certa forma as acentuações se deslocaram de dois em dois compassos em vez de um em um, o que obrigava as músicas todas a terem um número par de compassos. Isso atualmente já foi abolido e, logicamente, a batida também não é mais a mesma.

Tom Jobim

Eu não sei, acho que a pessoa deve escrever música, mas não sei se é para escrever tudo, entende? Há certas coisas pessoais que são impossíveis de se escrever porque aí a escrita se torna de tal forma complicada, com problemas tais para os executantes, que seria mais fácil para eles ouvirem. E a música sempre foi feita de ouvido, é escrita *a posteriori*. Basicamente, todo compositor compõe de ouvido, a música é uma arte do ouvido, não uma arte visual.

A grande contribuição rítmica da Bossa Nova é que quando o João cantava – quando ele estava entre nós – havia um jogo rítmico entre o violão, a voz e a bateria. Não era uma batida estandardizada que se repetia sempre como mais tarde se tornou, não era um clichê. No momento que vira clichê não interessa mais a ninguém porque aí não saímos mais disso. Absolutamente, João não era assim. Cada caso era cada caso. Havia uma combinação rítmica da melodia com a harmonia, quer dizer, a harmonia num ritmo e a melodia noutro. Muitas vezes a coisa caindo com a diferença de semicolcheias. No "Bim bom", por exemplo, você vê a dissociação entre o acompanhamento que ele faz no violão e o que ele canta, gerando essa terceira coisa que eu acho importantíssima.

O João deslocou tudo, os acompanhamentos estão em outros lugares, é uma quebra do tradicional e ao mesmo tempo um amor ao tradicional. Nunca pensei explicar isso de uma maneira séria não. Sempre trabalhei com o máximo de seriedade, mas nunca tentei botar em palavras essas coisas. O João tentou mostrar a grande solidez de suas raízes, a origem dele próprio, quando gravou "Bolinha de papel", "Doralice", tentando mostrar o que aquilo era.

capítulo 4

AS CIFRAS

Foi por meio de cifras que os alunos e alunas da academia de violão de Carlinhos Lyra e Roberto Menescal aprenderam a ler o que deviam tocar no violão. Era uma nova maneira de grafar os acordes, que substituía com vantagem a limitada forma em voga até então de indicar o acompanhamento de uma canção.

Além de corrigir harmonias imprecisas, a cifra, indicada pela letra que simbolizava a nota fundamental do acorde, abriu um novo horizonte para o enriquecimento na estrutura harmônica e criou a possibilidade de outros caminhos no esqueleto das canções.

A cifra foi a linguagem que demonstrou claramente a renovação contida na harmonia da Bossa Nova, cuja base pode ser creditada principalmente a Tom Jobim, a Newton Mendonça e a João Gilberto, e também às "descobertas" tiradas de ouvido em discos por Roberto Menescal e alguns de seus alunos. Essas inovações guardam uma distância em relação à música tradicional brasileira semelhante à que ocorreu, também no conteúdo harmônico, entre o *bebop* e o jazz tradicional. Neste caso, a adição de notas superiores à sétima do acorde abriu perspectivas para os solos, isto é, para o improviso. No Brasil aconteceu o mesmo, mas no que dizia respeito à composição. Ou seja, a harmonia com acordes alterados ou o suprimento de certas notas acabaram refletindo na melodia.

Eumir Deodato

A música popular é toda ela condicionada às progressões harmônicas: sucessão de acordes que se ligam entre si, formando um todo de oito em oito compassos, ou de dezesseis em dezesseis, e no final completam uma música inteira. Geralmente na seguinte fórmula: 1ª parte, repetição da 1ª parte, 2ª parte e 1ª parte final (A – A – B – A).

Roberto Menescal

O Tom já fazia quase tudo que a gente faz hoje. Até que surgiu aquele disco do Barney Kessel e Ray Brown com Julie London[17]. Tenho a impressão de que esse disco abriu muito os nossos olhos para a harmonia. Quem contribuiu muito para isso foi o violonista Candinho [José Candido de Mello Mattos Sobrinho], que foi casado com a Sylvinha Telles. Candinho e um aluno meu que tinha um ouvido danado, Luiz Roberto [Oliveira], que agora é compositor. Eu era meio preguiçoso e dei umas músicas para eles tirarem. Numa semana eles tiraram os acordes quase todos, isso facilitou demais, talvez uns cinco anos que a gente iria perder aprendendo aquela harmonia. Daí desenvolveu tudo. Hoje ninguém mais se espanta com acorde nenhum, mas naquela época um acorde daqueles era uma festa. A gente usava até não poder mais, em tudo quanto era música. Mesmo quando não desse a gente botava o acorde.

Eumir Deodato

Na época em que eu ainda tocava acordeão, ouvia discos de George Shearing, Art Van Damme, Bill Evans, Art Blakey, Thelonious Monk, Gil Evans, Quincy Jones e outros. Um dos que influenciaram muito todos da Bossa Nova foi o guitarrista Barney Kessel, num disco com Julie London. Aquele disco foi de uma importância praticamente vital na música brasileira.

Baden Powell

Eu fui falar com ele na Alemanha como um garoto maluco para conhecer Barney Kessel. Sabe o que eu falei pra ele?

– Sou o maior fã que você tem.

Ele morreu de rir e disse:

– É, mas eu te conheço de disco de Bossa Nova, eu é que sou teu fã, entende?

Aí contei pra ele da gravação da Julie London, naquele tempo, como a gente era no Brasil, falei que ele era muito querido por todos os guitarristas, ele ficou todo contente porque é um cara muito simples.

....

[17]. Na verdade foi o baixista Ray Leatherwood, junto com o guitarrista Barney Kessel, que gravou com a cantora Julie London o LP *Julie is her Name* (Liberty Records, 1955).

Roberto Menescal

Mas a Bossa Nova não tem nada de novo em harmonia. Na música brasileira sempre se teve vontade de usar certas harmonias, mas não se usava por falta de conhecimento. Os chorinhos, por exemplo, sempre tiveram aquelas baixarias todas. Só tinham baixarias, porque acordes eles não sabiam. Hoje usa-se a baixaria com o acorde, quer dizer, a harmonia muito mais completa.

Carlos Lyra

Eu já ganhava dinheiro com música, mas com uma certa importância ensinando aos alunos um novo sistema de cifras e não mais 1ª, 2ª e 3ª. O negócio das cifras eu estudei no Johnny Alf e no Bandeirante. Bandeirante era um sujeito que era professor de violão; ele tem muita importância porque foi professor do Menescal e ensinou todo o mundo a tocar pelas cifras. O Johnny Alf tocava assim no piano, e no violão ninguém sabia como é que era. Ia na 1ª e 2ª, o Bandeirante começou a expandir o sistema da cifra no violão.

Claudete Soares

Todos nós sempre achamos que a Bossa Nova tem a harmonia toda do jazz. No começo, todo músico tocava música moderna influenciado pelo jazz. Tenho certeza que Milton Banana, Donato e outros só ouviam jazz. Na época eram só bolerões, sambas-canções quadrados, e ninguém dessa turma escutava isso. O Johnny Alf, por exemplo, tem o nome americanizado porque cantava música americana.

Johnny Alf

A seqüência dos acordes da Bossa Nova não tinha muita diferença do que se fazia antes. A forma harmônica difere na colocação dos intervalos das notas do acorde. Alguns compositores já tinham uma certa inclinação para esse tipo de intervalos. As músicas do Custódio Mesquita, embora escritas com ritmo tradicional, eram avançadas harmônica e melodicamente. Você sente isso em "Noturno", feita nos moldes atuais, em "Rosa de maio", etc. Não sei se foi ele quem harmonizou todas as suas músicas, mas as melodias por si já deixam a harmonia e as modulações bem claras. Para mim ele era um compositor que se destacava dos outros, e eu conheço bem suas músicas porque costumava comprar as gravações para tirar. Sempre fui muito concentrado no estudo de piano, de modo que aproveitei ao máximo o que aprendi. Lidei e me identifiquei muito com as composições de [Claude] Debussy, ouvi muito jazz e sempre tive vontade de mudar um pouco a harmonia das músicas brasileiras.

Às vezes a música não tem uma seqüência de acordes muito bem desenvolvida, mas a harmonia empregada na música é que dá uma distinção. Por exemplo, em vez de construir um acorde com intervalo dó-mi-sol-dó, você constrói esse mesmo acorde com dó-mi-sol-si-ré, naquele tempo mais avançado.

Chico Buarque

Na forma harmônica eu posso dizer com certeza, Johnny Alf e outros tinham coisas gravadas há tempo nesse sentido. Ele de fato tem um valor enorme, é um dos criadores da coisa, porque praticamente o que você ouvia mesmo era bolero e aqueles sambas de Carnaval que harmonicamente não tinham novidade nenhuma. Tom não inventou nada – ninguém inventa nada –, mas foi o primeiro que conseguiu popularizar músicas com uma forma harmônica bastante estranha pro ouvido da gente, "Chega de saudade" e principalmente "Desafinado". Foi um pulo mesmo. Ainda hoje, "Desafinado" é uma música harmonicamente muito elaborada. E Tom, como se sabe, ouvia muito Villa-Lobos, ouviu jazz e pôs dentro do samba.

Ronaldo Boscoli

Sempre houve gente na frente, gente na vanguarda. O primeiro que me surpreendeu foi o Custódio Mesquita, que já fazia umas harmonias de louco para a época. Isso já faz muito tempo. Depois achei uma nova linha harmônica no samba "Copacabana", gravado pelo Dick Farney. Muito tempo depois, João Gilberto me explicou que realmente os brasileiros, segundo ele, também estavam beneficamente influenciados pela música norte-americana.

Baden Powell

O responsável pela harmonia mais moderna, mais bonita, acordes com mais gosto, foi Dick Farney, sabia? Naquele tempo ele cantava aqueles sambas-canções, foi para os Estados Unidos e era o único no meio daquela turma toda que cantava moderno e que tocava piano. Aqueles sambas modernos, "Copacabana", ajudaram muito esse tipo de harmonia que veio chegando aos poucos pra nossa música. Você deve lembrar bem, Dick Farney foi um dos caras que marcou pra burro. Na época não tinha outro não. Existia já o Tom, existia Johnny Alf, mas o de cartaz, o que cantava no rádio era Dick Farney.

Eu estudava violão nesse tempo e quando queria fazer um negócio mais moderno eu ia pras músicas do Dick e do Lúcio Alves. O Lúcio foi um pouco depois do Dick. Eram esses dois cantores. O Dick Farney foi genial nesse ponto.

Carlos Lyra

Todos ouviam jazz porque era a música com a qual a classe média brasileira tinha de se identificar. Houve um grande ressentimento contra a música do Brasil naquela época porque era uma música inculta, com exceção talvez da música do Ary Barroso e do [Dorival] Caymmi. Dick Farney já cantava totalmente influenciado pelos caras do jazz que ele ouvia. Foi com esse cara que eu me passei pra música brasileira. Cantando "Ser ou não ser". Aí comecei a achar, com esse cara é que dava pé. Definitivamente com Orlando Silva, Carmem Miranda e todo aquele esquema eu não sentia aquele troço como coisa minha. Não que não fosse brasileira. Mas que além de brasileiro eu acho que tinha de ter uma qualidade. Tinha de ser culto.

De forma que Dick Farney se aproximou, Johnny Alf se aproximava porque trazia cultura de uma classe média. Mesmo que não fosse da nossa, mas duma classe média americana mais adiantada que a nossa, com mais recursos até culturais.

Johnny Alf

Só tive contato com jazz por intermédio de gravações. No princípio Lennie Tristano, Lee Konitz e Charlie Parker me impressionaram muito. Ouvia bastante Billy Bauer, King Cole Trio, Stan Kenton, Billie Holiday; lembro bem quando apareceu aquela gravação dela de "All Get By" que fez sucesso.

Naquele tempo não havia a facilidade de contato com jazz que existe hoje. Eu pelo menos não tinha. Em casa quem gostava de jazz, de música, era eu só. A família que me criou não tinha inclinação nenhuma, de modo que eu era uma pessoa sozinha nesse ponto. Desenvolvia tudo por mim. Só depois que me tornei profissional é que vim satisfazer essa necessidade de contato com jazz. Ouvi muito disco de jazz na casa de Dick Farney, e isso valeu bastante.

Carlos Lyra

O som de jazz é que era ouvido por nós, pelo Tom, Johnny Alf, por mim, pelo Menescal, Ronaldo Boscoli.

No samba muito organizado, que é o samba moderno, você usa economicamente os acordes. Isso foi um negócio que surgiu à custa dos americanos. Você só usa o acorde no momento exato, *tá*, depois *tá*, depois *tá* – nos tempos fortes. Você entra com um acorde que é suficiente. Não precisa encher todos os buracos porque, enchendo com acordes, você vai notar que não dá pra fazer esse ritmo que foi realmente encontrado. A estrutura é inteira do jazz. O som da Bossa Nova é *cool*. Os caras do jazz se amarraram completamente na Bossa Nova. Foi só chegar o produto nos Estados Unidos e eles se amarraram todos.

Roberto Menescal

Eu ouvi falar no jazz muito tarde, quando tinha 16 anos; fui ver uma *jam session* no bar do Plaza, Luizinho Eça no piano, Lincoln de contrabaixo e de vez em quando chegava um músico e tocava. Foi o primeiro contato.

Nessa época comecei a comprar discos e acabei gostando, Brubeck, Gerry Mulligan, Chet Baker. Shorty Rogers era o máximo e influenciou muito nossa música. Até surgir o negócio de Bossa Nova nós só pensávamos em jazz. Música brasileira, a gente fazia pra gente, mas na hora de ouvir, de tocar, era jazz.

Carlos Lyra

Eu preferia ouvir música francesa, ouvia Charles Trenet, George Ulmer, Jean Sablon, que era meio superado mas era mais aproximado que um samba cantando "Garçom, aqui estou bêbado, me traga outro copo, ela me maltratou", etc. Isso não é assunto classe média. E as harmonizações eram precárias pra nossa cultura.

Eu queria acordes mais completos – do impressionismo, que é praticamente o pai de toda a arte moderna – de todos aqueles jazzistas Gerry Mulligan, Chet Baker, Shorty Rogers, principalmente jazz *cool*.

Tom Jobim

Quando o americano vê o João Gilberto tocar uma coisa ele diz que é jazz, chama de latin jazz porque balança, porque suinga, porque tem bossa, entende? E aí se gera uma confusão em músicos menos avisados, pensando que o balanço do João tem alguma coisa que ver com o balanço do jazz. O americano chama tudo que balança de jazz. Nós poderíamos então dizer que o samba é o jazz brasileiro, porque tem também o crioulo, o branco, a influência africana, a influência européia. Todos os elementos que causaram o jazz lá, nós temos aqui. Só que aqui se chama samba. Nossa música não tem nada que ver com o jazz.

Naturalmente muita coisa que se escreveu nesse sentido não corresponde absolutamente à realidade. Se João ou se eu fôssemos imitadores dos americanos, eles jamais nos gravariam porque se há coisa nos Estados Unidos que eles detestam é a cópia. Nós não iríamos nunca poder penetrar num mercado onde eles mesmos são os senhores e reis. E de músico que copia jazz o mundo inteiro tem centenas, na Suécia, na Itália, na Alemanha, creio que até na Rússia.

Edu Lobo

A Bossa Nova era baseada em acordes modernos vindos do jazz, sem mais aquelas seqüências já gastas da música brasileira, de um romantismo meio exagerado e ultrapassado. Uma canção do Tom reflete um trabalho, não é uma canção feita por acaso, não é mais a canção feita assobiada das outras gerações. Nisso não vai nenhum desprestígio para o que foi feito antes. Claro que músicos excepcionais existiram antes disso, mas em termos de trabalho houve um progresso, e daqui a dez anos vai ser mais elaborado ainda.

Geraldo Vandré

Apesar de não saber música, sei que em termos harmônicos houve um desenvolvimento muito grande, que até então era exclusivo do jazz, mas que não era novidade nenhuma porque [Igor] Stravinsky e [Sergei] Prokofiev já fizeram isso antes.

Caetano Veloso

A harmonia era aprendida na harmonia do jazz moderno, impressionista, dissonante. E era também amadurecida no caso do João Gilberto. Você ouve uma "Rosa morena" do [Dorival] Caymmi com a harmonia que o João Gilberto faz é uma coisa íntegra.

Dori Caymmi

Não foi novidade harmônica para pessoas que ouviam a música americana como eu ouvia. Ela foi novidade harmônica para quem fazia música com lá menor perfeitinho, pra quem tocava sambas bonitos mas sem recursos harmônicos maiores... os homens não ouviam, a verdade é essa. Se eles procurassem ouvir, o que não é vergonha nenhuma, é uma forma de progresso, se esses homens tivessem ouvido como João ouviu, eles não teriam feito a harmonia como fizeram antigamente.

Gilberto Gil

Como comecei a estudar violão na mesma época em que comecei a escutar os primeiros discos de João Gilberto, percebi que as harmonias se diferenciavam muito das que eram feitas na música brasileira até aquela época. Essa nova harmonia se caracterizava principalmente pela dissonância amiúde, por encadeamentos harmônicos absorvidos quase que diretamente do jazz, da música americana de modo geral e, além disso, das correntes da chamada música erudita moderna, correspondente à época do impressionismo de Debussy e [Maurice] Ravel. Tenho a impressão que essas duas influências eram básicas no tipo de harmonia da Bossa Nova.

Uma importante contribuição harmônica de João Gilberto se dá quando tenta fugir do uso da tônica, nota fundamental que identifica o acorde. João inverte a disposição das notas de um acorde usando a terça ou a quinta ou a sétima na posição da fundamental, também chamada de baixo, chegando com isso até a dificultar o seu reconhecimento. Nas suas buscas incessantes ele ainda substitui ou acrescenta, no interior dos acordes, notas de intervalos dissonantes pouco usados na música popular anterior à Bossa Nova, como a quarta e a nona, que modificam a harmonia original da canção. Efetua tais alterações surpreendentes com um sentido estético tão apurado que não fere a natureza melódica da canção[18].

O charme sutil do sentido harmônico de João Gilberto reside na duração dos acordes do violão ao deixá-los soar durante um tempo que se ajusta com a divisão de seu canto, isto é, com a divisão rítmica da melodia.

---

18. Um bom exemplo é a canção italiana "Estate", em que João iria criar um acorde indefinido, sem a nota fundamental da tonalidade, que só fica evidente no momento em que inicia o canto.

Tom Jobim

A harmonia de uma maneira geral simplificou-se. Simplificou-se e enriqueceu-se. Muitas notas foram tiradas dos acordes. Tiraram-se as quintas que já soavam no harmônico do baixo por causa da precariedade das gravações de nossos estúdios.

A gente tinha vontade que se ouvissem as vozes que a gente queria. Isso nos obrigou a uma redução de notas nos acordes. Foi o resultado de um estudo longo, com a combinação de um som de orquestra com um som de piano, com um som de voz, com um som de violão, na tentativa de que aparecesse o que até então não aparecia. Não adiantava aquela massa amorfa de cem violinos. Então veio aquela economia total, uma flautinha, quatro violinos tocando em uníssono na maior parte das vezes, numa tentativa de fazer chegar ao ouvinte uma idéia.

Uma série de coisas assim foi introduzida na técnica de instrumentação que até então empregava acordes cheios, completos, quanto mais notas melhor. Nós começamos a esvaziar os acordes, esvaziar no bom sentido, isto é, para que aparecesse o principal, o miolo, o cerne.

Os encadeamentos trouxeram grandes novidades. Também foram produtos de anos e anos de pesquisas até aquilo se concretizar da forma como ficou; evitar a todo preço aquele encadeamento *standard* da música popular que é altamente formal, A-B-A. Houve essa quebra com o encadeamento tipo clichê.

Há uma certa tendência em certos indivíduos de pesquisarem. Se você faz o arranjo de uma música que já foi gravada quatro ou cinco vezes, você tem de criar algo de novo. Essa pesquisa, essa procura mesmo intencional existe não só do tempo em que o piano era um divertimento para mim, como depois, fazendo arranjo. Eu gosto dessa procura desde o momento em que ela não deturpe as intenções da música. Por isso não gosto de harmonia quadrada, como também não gosto da super-harmonia porque a complicação da harmonia traz a sua destruição. Quando você começa a usar acordes complicados de sete ou oito notas, o ouvido chega a um ponto em que não consegue mais analisar o negócio. Se o ouvido do músico não consegue analisar, menos ainda o do ouvinte. De uma maneira geral, coisas muito complexas trazem uma perda em comunicação.

capítulo 5

OUTRAS NOTAS VÃO ENTRAR

Mais que o ritmo, a leveza da síncope no samba marcada pelas escovinhas, que acabou sendo adotado no mundo como verdadeira marca registrada; mais que a harmonia, o uso de acordes que de alguma maneira já estavam disponíveis para quem se desse ao trabalho; mais que as letras, ainda que irritantemente mal vertidas, foi a melodia da Bossa Nova o motivo do grande fascínio que a música popular do Brasil teve no exterior.

Totalmente diferenciada de tudo que existe nos países da América Latina, com um caráter tão forte como o da canção napolitana, a melodia brasileira é provocantemente harmônica ao valorizar o violão puro como sua geratriz e não como acessório.

A delicadeza explícita e a sensualidade subliminar da melodia brasileira despertam a sensação de um meneio sonoro, do remelexo manso que toca a sensibilidade do músico, deixando-o encantado.

A Bossa Nova não teve a mais leve influência melódica do jazz caracterizado pelas *blue notes*. Tem sim procedimentos inovadores na canção brasileira, como o trítono, intervalo de quarta aumentada, propositadamente usado por Tom Jobim e Newton Mendonça no momento adequado de "Desafinado". As melodias dos Bossa Nova irradiaram um frescor inédito à música popular, uma forma que remete às cores, ao perfume, ao sabor, à natureza e até à cordialidade do homem do Brasil, o que valorizou perante o mundo toda a música brasileira feita com naturalidade, inclusive a do passado.

Tom Jobim

Na parte melódica houve também diferenças sérias com o que se vinha fazendo, houve um certo abandono do barroco brasileiro, por assim dizer. Do barroco que tinha o choro, a seresta. Não é propriamente um desprezo a isso. A introdução de "Chega de saudade", por exemplo, é barroca, tem aquele desenho meio de seresta. Mas ao mesmo tempo o "Desafinado" e a "Nota só" ["Samba de uma nota só"] reagem contra isso.

Roberto Menescal

A própria harmonia permitiu que se fizesse uma melodia nova. Se você não tivesse uma harmonia rica no "Samba de uma nota só", ficava uma nota parada o tempo todo, entende? Eu mesmo quando fiz certas músicas como "Ah se eu pudesse" não tive aceitação de muita gente por causa de uma determinada nota dentro de uma melodia simples. Hoje se faz coisa muito mais adiantada que isso e ninguém nota. Por exemplo, o começo da música "Saveiros" tem uma nota que é dura mas que todo mundo acha normal. Mas nessa época foi feita muita coisa nova em melodia. Quem contribuiu muito para isso foi Carlinhos Lyra. Acho que ninguém vai chegar a igualá-lo como melodista. É o maior desenhista que tivemos em música.

Eumir Deodato

As melodias eram calcadas na harmonia, isto é, a harmonia vinha em primeiro lugar, depois vinha a melodia. Atualmente o impulso inicial é de novo o melódico. Um dos poucos que conseguiram fazer uma melodia estritamente independente da harmonia foi o Tom, que por isso mesmo foi considerado um dos papas e se preocupava com a melodia isoladamente. Enquanto os outros simplesmente botavam uma melodia em cima de uma harmonia.

Gilberto Gil

Embora Antônio Carlos Jobim consiga manter dentro das suas melodias uma característica essencialmente brasileira, muito ligada às modinhas, ao choro e às canções de trinta anos atrás, a gente nota uma influência muito grande do [George] Gershwin, do Cole Porter e daqueles grandes melodistas americanos de algumas décadas atrás.

Caetano Veloso

A melodia é o que se pode chamar de estruturalmente redonda, estruturada de uma maneira perfeccionista, sem nunca violentar a unidade musical. A estrutura de unidade musical também era muito americana.

Elis Regina

A melodia tinha um sabor novo de Custódio Mesquita mas com harmonia bidu do Tom, o sabor do Dorival Caymmi na sua fase urbana. Isso sem falar no Carlos Lyra, que eu acho o maior melodista da música popular brasileira.

Carlos Lyra

Na primeira geração da Bossa Nova, sem nenhuma modéstia, a linha melódica é de Tom e minha. Cada um tem a particular. O Tom, com muito conhecimento musical e técnico, tinha sua linha melódica quase científica, sempre por detrás da harmonia, que é muito clara para ele. Como eu era muito menos preparado, então a minha harmonia era latente. Eu tenho muita liberdade melódica porque eu também não apelei para os conhecimentos técnicos.

Gilberto Gil

Outros compositores, como Carlos Lyra, Sérgio Ricardo, tinham um tipo de melodia mais ligado aos cantos folclóricos do Brasil. A gente percebe na música do Lyra, por exemplo, uma fixação bem mais forte desse tipo de melodia.

Carlos Lyra

O que importa na música para mim é primeiro o ritmo e depois a melodia, terceiro a harmonia e quarto o arranjo.

Dori Caymmi

Antônio Carlos Jobim deu um sabor novo à melodia. Mas aí eu dou mais razão aos que ficaram pra trás. Ary [Barroso] era um melodista, Noel e Vadico eram melodistas, Dorival Caymmi era um terrível melodista, Ataulfo [Alves], Lamartine [Babo]. Mas de uma época pra cá notamos uma complicação depois do Antônio Carlos Jobim. As melodias se tornaram estranhas. Acho que a música perdeu mais ou menos uns 50% de melodia e ganhou em ritmo e harmonia.

Geraldo Vandré

Aí surge um problema em minha opinião. Se por um lado uma estrutura mais desenvolvida possibilita uma criação melódica mais rica, por outro lado conduz quem se preocupa exclusivamente com harmonia a esquemas que restringem a riqueza e a liberdade da melodia em termos de uma comunicação popular mais expressiva, mais autêntica e mais criativa.

Baden Powell

Quando a harmonia fica mais moderna, a melodia também sofre qualquer modificação para bom gosto, entende? Mas nunca deixa as raízes não, a não ser que a pessoa force, faça de propósito. Eu não gosto quando a pessoa procura modificar muito as raízes, porque senão perde a característica; uma música tem características tanto no ritmo quanto na harmonia como na melodia. A Bossa Nova por exemplo não perdeu a característica nunca, aconteceu naturalmente. Ninguém inventa não, se alguém quiser inventar um novo negócio na música brasileira, você pode contar que vai sair besteira.

capítulo 6

PRA FAZER FELIZ A QUEM SE AMA

Se o pessimismo – em que o não ser vale mais que o ser – é associado às letras melodramáticas que dominaram o cenário musical brasileiro por muito tempo, o otimismo é a marca predominante das canções com a entrada em definitivo de Vinicius de Moraes como letrista. As letras de Vinicius vêm acompanhadas de um lirismo que exalta a graça e a beleza da mulher, a felicidade no amor, a esperança, a luminosidade, temática já freqüente em sua obra poética anterior, especialmente em seus gentis sonetos.

A ousada e extravagante decisão de Vinicius de se dedicar à música popular, embora não muito bem recebida nas hostes acadêmicas, ainda mais porque se tratava de um diplomata, inicia um processo de aproximação da canção popular com a literatura, elevando a carreira de letrista a um *status* de arte maior, em que pese a produção de autores de uma geração anterior, como Noel Rosa, que criaram obras-primas.

Os êxitos de realizações nacionais e as expressivas vitórias esportivas coincidem com esse otimismo refletido nas letras das canções brasileiras a partir da Bossa Nova. Paralelamente, bastaram duas composições da dupla Tom Jobim e Newton Mendonça, numa parceria em que ambos são também letristas, para que fosse delineada a estética da Bossa Nova. Trata-se de "Samba da uma nota só" e "Desafinado", em que a metalinguagem abordando procedimentos estritamente musicais serve de pretexto para transmitir a mensagem romântica.

Nas letras da Bossa Nova há ainda o enfoque jornalístico/paisagístico de Ronaldo Boscoli, bem como, ocasionalmente, um certo tom galhofeiro tipicamente carioca. Por surpreendente que possa ser, João Gilberto também participou direta e indiretamente do conceito das letras da Bossa Nova.

Eumir Deodato

Um dos fatores principais do sucesso da Bossa Nova foi a letra. Embora tenha havido renovações constantes, as letras eram geralmente leves e fugiam àqueles temas pesados tradicionais. Tiveram uma aceitação principalmente por causa do público jovem, tendo mais tarde atingido mais gente. A letra foi muito importante; sem a letra talvez a Bossa Nova não tivesse nem sentido. Nenhum movimento musical atinge o público se não tem uma letra, porque o povo entende em primeiro lugar a mensagem falada, em segundo a musicada.

Johnny Alf

A Bossa Nova foi feita pela juventude, que conseguiu se desligar daquele regime tradicionalista. A convivência entre os próprios elementos do grupo Bossa Nova lhes deu ânimo para se expressarem como sentiam. É tudo o modo de ver de uma geração nova.

Embora existam compositores tradicionais que lampejam aqui ou lá, na Bossa Nova juntaram-se vários elementos com idéias comuns que se convergiram e, juntos, eles produziram. Foi uma associação de idéias e de vontade.

Roberto Menescal

Nosso movimento, como todo movimento, surgiu em reação a alguma coisa existente. Nós surgimos em reação àquela fase parada do samba-canção-abolerado. Por isso nossa música era supercomplicada em harmonia e melodia. Quando a gente fazia música só pra gente, o importante era que ninguém conseguisse cantar. Um dizia pro outro: "Hoje fiz uma música que ninguém canta. Nem eu mesmo sei direito." E conseqüentemente a letra também era supercomplicada. Havia uma música do Candinho, do Mário Castro Neves e do Ronaldo chamada "Mamadeira tonal" que tinha uma letra assim: "Reclamem com papai se eu nasci moderno assim/Perguntem à mamãe se dissonância mora em mim/Tomei a mamadeira e fui ninado assim." Era uma reação a tudo que existia.

Mas havia também muita coisa boa no meio disso tudo: "Canção que morre no ar" tem uma letra supercomplicada, completamente diferente de tudo que existia mas bonita como imagem. Até hoje Ronaldo sofre muito por causa disso. Mesmo agora, quando suas letras estão muito mais simplificadas, ele é conhecido como o letrista que fez a coisa complicada.

Carlos Lyra

Um dos tipos de letra de Bossa Nova é o coloquial de Johnny Alf – "É só olhar, depois sorrir, depois gostar" – na música "O que é amar"; de Newton Mendonça em "Desafinado"; e minhas em "Maria ninguém" e "Menina". O outro é o estilo jornalístico do Ronaldo Boscoli, com um jogo de palavras que elimina artigos, muito conciso, típico do cara que tem pouco tempo para dizer alguma coisa, é quase surrealismo. Você não entende bem a letra, o som é muito bonito, mas as letras do Ronaldo são muito difíceis. Já as letras do Vinicius são muito claras mas com grande lirismo e carregadas de estilo poético. É a terceira escola, cheia da técnica que ele tinha em escrever. A poesia do Vinicius é definitiva nisso.

Nara Leão

Antes as pessoas só faziam letras muito folclóricas ou desgraçadas: "vou morrer", "vou te matar", "minha mãe morreu queimada", etc. e tal. A Bossa Nova introduziu uma certa delicadeza, uma certa ingenuidade, ou seja, assuntos mais leves. Falava-se de praia, de sol, etc.

João Donato

A gente passava o dia inteiro junto. Eu morava com meus pais lá na Tijuca. João morava na casa do Luiz Telles, que era gaúcho do conjunto Quitandinha Serenaders. A gente passava os dias em Copacabana, garotos de 19, 20 anos, época de garotada. Nos anos 50 eu passava os dias em Copacabana na casa do João, passava o dia inteiro conversando, reclamando da aceitação do que fazíamos, da música de um modo geral.

Ainda ontem eu estava me lembrando de uma música, de como a música brasileira era: "Se eu quiser fumar eu fumo / se eu quiser beber eu bebo / não interessa a ninguém / se o meu passado foi lama / hoje quem me difama / vive na lama também." Eu digo, não é possível que a gente pudesse se alimentar com tais assuntos, tem de haver uma diferença, a melodia tinha de ficar mais bonita para a letra vir mais bonita e os intérpretes também cantarem bem. Pensando bem foi uma revolução. Imagina, "ninguém me ama / ninguém me quer / ninguém me chama de meu amor / a vida passa e eu sem ninguém / e quem me abraça não me quer bem" é uma desgraça cantada no rádio, fazendo sucesso. Nós meninos dizendo: "Que é isso, meu Deus ?" E ouvindo aquelas gravações de Chet Baker. Quando ele chegou, deu toda a pala de que o João Gilberto não estava tão errado. A gente disse, olha aí, o cara faz esse troço lá. Aqui não deixavam fazer, diziam não, esse cara canta mal.

A gente conversava sobre a música, chamava os outros de burrões porque eles não gostavam da nossa música, tão bonitinha, tão moderna, a gente conversava sobre isso, sobre a falta de aceitação.

Capinam

Graças a Vinicius de Moraes, a letra da Bossa Nova deu a liberdade e ampliou para todo mundo o significado de uma letra em música. Vinicius deu a grande abertura para o letrista. Talvez sem a Bossa Nova eu não tivesse adquirido a consciência de que a um poeta era permitido fazer letra de música, que isso não significava uma perda de nível. A Bossa Nova para mim tem esse significado.

Enquanto a gente pode achar nos letristas de morro uma certa característica de reportagem, que pra mim é muito bom, a Bossa Nova introduziu uma dose maior de subjetividade à letra. É uma linguagem universitária. Foi uma das contribuições mais claras, distintas e violentas à música brasileira. Foi uma modificação radical. Nélson Lins de Barros é outro de grande contribuição em termos de letra para a Bossa Nova.

Tom Jobim

Um grande poeta como o Vinicius, fazendo letras de grande valor, trouxe uma grande contribuição não só à minha música como também à de muitos outros. A influência do Vinicius teve um efeito muito positivo, porque o nível subiu bastante e os jovens letristas brasileiros estão cuidando muito mais que se cuidava. Estou me referindo ao pessoal sério. Naturalmente que há letras muito ruins em qualquer época.

Baden Powell

O Vinicius é poeta e nunca quis muito fazer letra pra música não, sempre fez mesmo é poesia. Mas depois que ele escreveu aquela peça *Orfeu da Conceição*, conheceu o Tom, aí começou a fazer música mesmo pra valer. Antigamente ele fazia uma ou outra, mas o negócio dele era poesia no duro. E, como poeta genial que é, fez aquelas letras e todo mundo ficou vidrado, foi genial. Não foi antigo nem moderno, foi todo mundo, meu pai, minha avó, todo mundo lia as letras do Vinicius e achava genial.

As letras de antigamente, a não ser das canções brasileiras e das músicas desses caras que tinham outro gosto, metiam pau na mulher: mulher desgraçada traidora, não volta mais, não quero mais os teus carinhos, some da minha frente. Não tinha uma letra em que a mulher se salvasse. E Vinicius fez a exaltação da mulher. Hoje você vê que é muito difícil uma letra meter o pau na mulher. Vinicius trouxe uma letra mais moderna, que falava de flor, mulher, morena, um tipo de poesia que se encontrava nas marchas-rancho, como as de Lamartine Babo e outros compositores. E as letras do Vinicius passaram a ser populares, todo mundo passou a fazer esse tipo de letra.

Chico Buarque

Ele foi o grande letrista inicial da Bossa Nova. Embora Tom tenha letras muito boas também. Tom não faz muitas, mas quando faz não erra não, faz coisa bonita. Newton Mendonça era um parceiro bom pra ele.

Apesar de algumas figuras isoladas como Dorival Caymmi, que continuou existindo e é um sujeito grande e fora de qualquer coisa – a gente não pode encaixar Dorival Caymmi em lugar nenhum –, Vinicius renovou mesmo a letra na música brasileira que estava naquela mesma tecla. Vinicius foi uma moral tremenda; quando a Bossa Nova não era grande e ainda parecia uma experiência, ele já era um grande poeta, criou várias escolas.

Acho que Vinicius continua, ele sempre foi um pouco o pai da Bossa Nova, talvez pela idade, até mudando de parceiros, influenciando os compositores. Eu, como Gilberto Gil, Geraldo Vandré, Edu Lobo, estamos todos ainda um pouquinho debaixo de sua tutela. Ele pode não estar na crista da onda hoje, mas pode estar daqui a um ano perfeitamente, já é histórico. Mas houve muita deturpação, muitos sub-Vinicius.

Wilson Simonal

Havia os inexperientes querendo participar. Tinha cara que falava qualquer coisa e pensava que estava fazendo poema. Houve muito isso, letras que não diziam absolutamente nada.

Edu Lobo

Aconteceram letristas que aprenderam mal o que Vinicius estava fazendo e a coisa ficou voltada muito pro problema pessoal da namoradinha, da menina que passou, do lotação que não vem, coisas corriqueiras demais, que tendiam a se esgotar, como realmente se esgotaram. Mas Vinicius não.

Elis Regina

A diferença com as letras anteriores era como água e vinho. Vinicius é um homem culto, de bom gosto, inteligente, de grande vivência, que conhece o mundo inteiro. Você pega a letra de "Minha namorada" por exemplo. É a maior cantada da música brasileira. É uma namorada cultivada, vivida, poeta, hiper-sentimental, sensível. A arte de pessoas mais cultas é mais apurada, é maior.

Gilberto Gil

Como Vinicius de Moraes já pertencia a uma corrente poética considerada moderna, então também nas letras da Bossa Nova houve uma modificação essencial. Há uma grande diferença entre as letras de Ary ou Noel e as da Bossa Nova. Apenas Caymmi me parece que tinha uma certa ligação com as coisas que foram feitas depois. O Noel em algumas coisas.

Caetano Veloso

De qualquer maneira posso dizer que a letra de Bossa Nova tendia a se estruturar dentro das conquistas da poesia moderna brasileira.

A interferência individual estilística do Vinicius é muito importante, realmente a letra de Bossa Nova é sempre uma letra Vinicius de Moraes, e até hoje raramente isso foi rompido de verdade. Vinicius ainda está muito presente em tudo que todo mundo faz, a personalidade de Vinicius é uma espécie de ternura, uma coisa bonita e pouco violenta, como agora a gente começa a precisar.

Geraldo Vandré

Existe um letrista que é muito esquecido pela maioria das pessoas, Newton Mendonça, o poeta do amor, do sorriso e da flor. Foi realmente um grande renovador do texto da canção brasileira: "Discussão", "Desafinado", "Samba de uma nota só", "O amor, o sorriso e a flor". Mendonça, por azar, morreu logo depois e foi esquecido apesar da grande importância.

Vinicius de Moraes

Nunca separei bem a poesia séria da poesia de canção. É que apenas em uma há um casamento com a música e ela naturalmente exprime sentimentos mais íntimos de saudade, amor, tristeza, ausência, alegria. O poema já parte para um fôlego mais largo e nem sempre pode ser musicado. O "Soneto da separação", musicado pelo Tom, foi esporádico e o próprio Tom acha que não fez uma música para o soneto, mas uma atmosfera para ele ser cantado.

O tipo de letra que depois foi condenado – de amor, flor – foi uma decorrência do tipo de música mais leve como "Meditação", do Newton Mendonça. O Mendonça imprimiu características muito importantes aos tipos de letra da Bossa Nova, "Desafinado", "Samba de uma nota só", "Meditação". Foi essa corrente de um tipo de música leve. Eu procurava fazer as letras dentro da minha estrutura de poeta.

Na fase de preparação da peça *Orfeu da Conceição*, reúnem-se Oscar Niemeyer (criador dos cenários), Vinicius de Moraes, Lila (sua mulher e encarregada dos figurinos) e Tom Jobim ao fundo. Daí resultaram as primeiras parcerias de Tom e Vinicius.
José Medeiros/Acervo Instituto Moreira Salles

Ao piano, Tom Jobim ensaia as primeiras gravações de João Gilberto.
Arquivo Público do Estado de São Paulo

Dick Farney, pianista de jazz que gravou o samba-canção "Copacabana", é um dos precursores da Bossa Nova.
Arquivo Público do Estado de São Paulo

Johnny Alf, pianista, compositor e cantor, compôs no início dos anos 50 "Rapaz de bem", a canção que inspirou "Desafinado". Johnny Alf é considerado o mais importante precursor da Bossa Nova.
Arquivo Zuza Homem de Mello

A cantora Elizeth Cardoso ouve João Gilberto, que participou do histórico LP *Canção do amor demais* tocando violão com a batida da Bossa Nova na primeira faixa, "Chega de saudade".
Arquivo Público do Estado de São Paulo

Seqüência completa das nove poses de João Gilberto, tomadas pelo fotógrafo Chico Pereira com sua Rolleiflex na praia do Leblon, para a contracapa do LP *Chega de saudade*. A escolhida foi a da coluna do meio ao alto, com João sentado sobre uma pedra.
Chico Pereira/Arquivo Zuza Homem de Mello

Em 22 de setembro de 1959, realizou-se o *Festival de samba moderno* na Faculdade de Arquitetura do Rio de Janeiro. Entre outros, aí estão Luiz Carlos Vinhas (piano), Roberto Menescal (guitarra), Bebeto Castilho (sax alto), Sylvia Telles (cantando), Carlos Lyra, Alaíde Costa e Lúcio Alves (sentados).
Arquivo Zuza Homem de Mello/gentileza Roberto Menescal

Na *Segunda samba session* na Escola Naval, realizada em 13 de novembro de 1959, vêem-se Alaíde Costa, Sylvia Telles e Nara Leão, as vozes femininas da Bossa Nova. De pé, Ronaldo Bôscoli atrás de Lúcio Alves (ao microfone), Iko Castro Neves (contrabaixo), Bebeto Castilho (atrás do baterista), Léo Castro Neves (baterista), o fotógrafo Chico Pereira manobrando seu gravador e Oscar Castro Neves (violão).
Arquivo Zuza Homem de Mello/gentileza Roberto Menescal

A cantora Claudete Soares, *crooner* do bar do Hotel Plaza, abriu o espetáculo da *Noite do amor, do sorriso e da flor* em 20 de maio de 1960 no Teatro de Arena da Faculdade de Arquitetura.
Revista *Radiolândia*

João Gilberto tocou violão acompanhando sua mulher Astrud Gilberto, que cantou pela primeira vez em público no show *O amor, o sorriso e a flor*.
Arquivo Público do Estado de São Paulo

Em seu apartamento, agachado,
Ronaldo Boscoli ouve Carlos Lyra,
João Gilberto e Tom Jobim ao violão.
Arquivo Público do Estado de São Paulo

João Gilberto descansa no
apartamento de Ronaldo Boscoli.
Arquivo Público do Estado de São Paulo

Observada pelo ator Grande Otelo, a cantora Alaíde Costa é acompanhada pelo violonista Baden Powell.
Arquivo Público do Estado de São Paulo

Pianista nos bares cariocas dos anos 50, Newton Mendonça foi o parceiro de Tom Jobim em "Desafinado" e "Samba de uma nota só".
Acervo da Família Mendonça

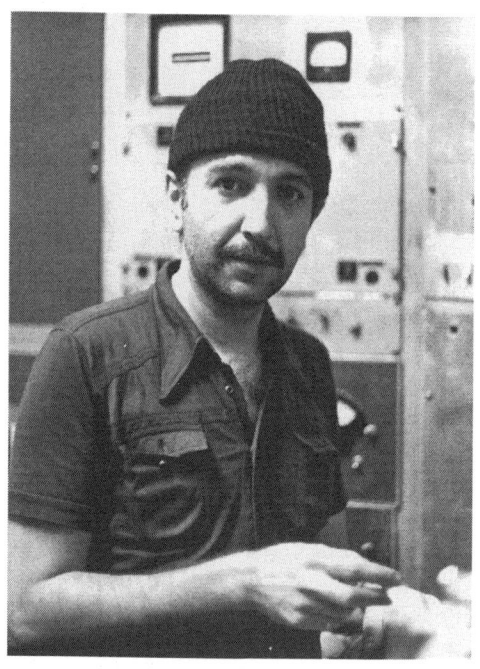

Antes de viajar para os Estados Unidos em 1959, o pianista e compositor João Donato costumava dar canjas no bar do Hotel Plaza. Donato era parceiro de João Gilberto em "Minha saudade".
Arquivo Zuza Homem de Mello

Autor de uma das mais conhecidas canções da época, "O barquinho", o violonista Roberto Menescal foi o líder do primeiro grupo que gravou um compacto instrumental da Bossa Nova.
Arquivo Don Payne

Compositor de algumas das mais lindas melodias da Bossa Nova, Carlinhos Lyra teve entre seus parceiros Ronaldo Boscoli, Vinicius de Moraes, Geraldo Vandré, Nelson Lins e Barros, Chico de Assis, Gianfrancesco Guarnieri e Dolores Duran.
Arquivo Don Payne

Em julho de 1962 os participantes do show *Um encontro* reúnem-se na casa de Vinicius de Moraes para ensaiar. No primeiro plano, Luiz Roberto, Quartera e Severino Filho do grupo Os Cariocas. Atrás, João Gilberto (violão), Tom Jobim e, ao fundo, Vinicius de Moraes.
Chico Pereira/Arquivo Zuza Homem de Mello

Durante o pocket show *Um encontro* no Au Bon Gourmet, em agosto de 1962, Vinicius de Moraes (de gravata por ordem do Itamaraty), Tom Jobim (piano), João Gilberto (violão) e o grupo vocal Os Cariocas com Quartera, Luiz Roberto, Severino Filho e Badeco (violão).
Arquivo Público do Estado de São Paulo

Milton Banana, predileto de João Gilberto, atuou em seu terceiro disco em 1961, no pocket show *Um encontro* e como seu baterista nas excursões pela Europa, Estados Unidos e América do Sul.
Arquivo Público do Estado de São Paulo

O violonista Baden Powell, que participou de gravações e shows de Bossa Nova, iniciou sua parceria com Vinicius de Moraes meses antes da ida de Tom Jobim para os Estados Unidos, no final de 1962.
Agência Estado

Tom Jobim ao piano, concerto no Carnegie Hall.
Biblioteca do Congresso, Washington

Carlos Lyra, concerto no Carnegie Hall.
Biblioteca do Congresso, Washington

Cantando em público pela primeira vez na vida, Roberto Menescal no Carnegie Hall.
Biblioteca do Congresso, Washington

A caravana brasileira que foi a Nova York para o concerto do Carnegie Hall teve bicões da Bossa Nova, como o desconhecido *crooner* do Au Bon Gourmet que conseguiu se agregar e cantar "Samba de uma nota só". A desorganização era tanta que essa música foi cantada quatro vezes por diferentes intérpretes durante o espetáculo. Na véspera, os participantes foram reunidos no teatro pelo produtor Phil Schapiro para receber as instruções que lhes foram dadas em inglês, porém ninguém entendia o idioma.
Biblioteca do Congresso, Washington

Da esquerda para a direita: Tom Jobim, o contrabaixista Don Payne, João Gilberto e Astrud durante a gravação do LP *Getz/Gilberto* produzido por Creed Taylor para a Verve Records. Por ter emprestado seu contrabaixo para Tião Neto, Don foi o único visitante que assistiu à gravação feita em 18 e 19 de março de 1963 em absoluto segredo.
Arquivo Don Payne

Durante a mesma gravação, João Gilberto, Astrud, Stan Getz e Tião Neto, o baixista que atuou no disco, embora seu nome não conste da ficha técnica.
Arquivo Don Payne

Depois de acompanharem cantores da Bossa Nova em shows e discos, Luizinho Eça (piano), Bebeto Castilho (contrabaixo) e Hélcio Milito (bateria) juntaram-se para formar o Tamba Trio.
Arquivo Público do Estado de São Paulo

Entre os filhos da Bossa Nova destacam-se Edu Lobo e Dori Caymmi.
Geraldo Viola/Arquivo Jornal *Estado de Minas*/*O Cruzeiro*

Outro filho da Bossa Nova, Marcos Valle fez parceria com seu irmão Paulo Sérgio compondo "Samba de verão".
Geraldo Viola/Arquivo Jornal *Estado de Minas/O Cruzeiro*

Juntamente com Carlos Lyra e Geraldo Vandré, Sérgio Ricardo foi um dos que se afastou da temática das letras da Bossa Nova.
Arquivo Público do Estado de São Paulo

Zé Kéti e Nara Leão, destaques do show *Opinião*, que estreou em dezembro de 1964, espetáculo que marcou as primeiras incursões de uma canção brasileira com letra francamente voltada para a temática social. Em 13 de fevereiro de 1965, Maria Bethânia substituiu Suzana Moraes, que já atuava desde 30 de janeiro no lugar de Nara.
Walter Firmo/CPDOC *Jornal do Brasil*

O tropicalismo experimentou seus primeiros passos no III Festival da TV Record em setembro e outubro de 1967. Gilberto Gil, de chapéu de cangaceiro, ensaia a canção "Domingo no parque", que obteve o segundo lugar, enquanto Rita Lee, ao fundo tocando pratos, e os irmãos Arnaldo e Serginho Baptista (baixo e guitarra) fazem sua primeira participação na Era dos Festivais. Com arranjo de Rogério Duprat, a orquestra dirigida por Ciro Pereira acompanha Gil enquanto Zuza, o técnico de som, observa encostado no piano branco.
Agência Estado

Em frente à sua casa em Nova Jersey, onde morou entre 1967 e 1969, João Gilberto com sua filmadora antes de seu depoimento.
Arquivo Zuza Homem de Mello

O diplomata e consagrado poeta Vinicius de Moraes – aqui em frente à sua casa em Los Angeles – deu um novo *status* à atividade de letrista na música popular brasileira.
© DR/Acervo VM

Antônio Carlos Jobim, tendo ao fundo a paisagem da praia de Botafogo e o Pão de Açúcar.
Arquivo Don Payne

capítulo 7

ELA É CARIOCA

A montanha, o sol, o mar. Em seu esplendor, três estampas da natureza escandalosamente próximas numa única cidade, o Rio de Janeiro.

"É sal, é sol, é sul", "Rio, só Rio, sorrio", *jeux des mots* inspirados em sua paisagem.

Praia, areia, Cristo Redentor, Corcovado, Ipanema, azul, bar, barco, verão, nuvem, luz... imagens intensamente invocadas num certo momento da história da música popular brasileira.

Física e espiritualmente, o Rio é a inspiração que cerca a Bossa Nova por todos os lados. Dos "peixinhos a nadar no mar" aos "braços abertos sobre a Guanabara", ela é carioca.

Chico Buarque

Eu tenho a impressão de que o Rio era e é ainda, talvez deixe de ser, o centro cultural do Brasil. Ainda hoje você vê nossos grandes poetas, nossos maiores pintores, cineastas, todos estão no Rio. E existe no Rio uma espécie de comunicação inédita que nunca aconteceria noutro lugar, por exemplo Vinicius de Moraes se ligar com Edu Lobo e fazer uma música. Um homem com uma diferença de idade de quase duas gerações – coitado do Vinicius, vamos com calma –, mas uma diferença de mais de 30 anos, e haver uma ligação assim. Eu acho que o Rio até hoje ainda é o lugar onde há a maior confraternização de pessoas de diferentes atividades, com grande diferença de idade, talvez por causa da praia, por causa do chope, não sei explicar direito, mas o Rio permite esse trabalho de solidariedade entre as pessoas e os artistas principalmente. Você entra num bar, tem um cineasta conversando com um músico, um poeta e um cara do teatro, há um clima que favorece a criação de grupos abertos para uma porção de novidades.

Vinicius de Moraes

O Rio é realmente o berço do samba, que aqui tem suas raízes através dos primeiros terreiros, de Pixinguinha, Donga, aquele pessoal todo. Esses homens foram todos formados no Rio. E mesmo compositores de outros estados como Ataulfo e Ary, que são mineiros, são homens que passaram por esse cadinho do Rio. Foi aqui que eles encontraram a música deles. Essa vivência com o Rio é muito importante para o compositor de música popular. Há casos individuais, Lupicínio Rodrigues, um gaúcho que se recusa a sair do seu estado e não se adaptou bem aqui, é o único compositor em que há realmente influência da música do Prata, de caráter hispano-americano, às vezes parece tango de Buenos Aires, "Vingança".

De certa maneira o Rio, pela sua topografia, pela sua natureza, pelo seu temperamento, por milhões de atributos positivos e negativos, acho que os negativos contam também, as favelas, uma certa miséria alegre que há aqui, uma certa desordem, um certo caos e ao mesmo tempo o tipo de humor carioca, a paciência diante das crises, a piada, tudo isso que faz o Rio de Janeiro, cria uma atmosfera muito propícia à música popular.

Baden Powell

O clima tem uma influência impressionante na música. O clima comanda a música. Não preciso dizer mais nada, você vê no Brasil a diferença, no Rio Grande do Sul você nunca vai encontrar um samba como no Rio. No lugar muito frio a música é dolente, no lugar muito quente ela tem mais ritmo, a pessoa anda à vontade, só falta andar nua. E esse troço coloca o cara também mais à vontade e a música dele sai mais livre.

Nara Leão

Tudo começou no Rio. Era o centro de cultura musical. Tudo que você vê no Rio tem de ver com a Bossa Nova, gingado, etc. A geografia tem de ver com as coisas.

Sérgio Ricardo

São as condições que o próprio Rio oferece. Primeiro, o samba existia era lá mesmo, nas favelas, nos carnavais, um pouco na preguiça para o trabalho e uma certa filosofia. O sujeito deixando de trabalhar pensa um pouco mais e automaticamente está filosofando.

Se todos esses fenômenos juntos estivessem numa outra cidade, é provável que lá também nascesse a Bossa Nova. Mas tudo estaria ligado a uma conjuntura, a praia era muito importante, porque se podia sentar e bater papo, no botequim se pode bater papo.

Geraldo Vandré

Tudo está situado dentro de uma relação de causa e efeito, e a Bossa Nova é um movimento tipicamente carioca com todas as contradições da classe média urbana carioca.

Roberto Menescal

O Rio facilita muito a criação. Em São Paulo por exemplo trabalha-se muito mais que no Rio. O Ronaldo quando veio fazer programas em São Paulo me falou quando chegou de volta: "É incrível. Eu marquei com o pessoal ao meio-dia no hotel e foi todo mundo. Nunca vi um negócio desses!" No Rio a gente já marca o bolo "amanhã às 6". Quer dizer, os dois estão sabendo que ninguém vai. Isso é ruim em certo aspecto mas ajuda muito a ter essa despreocupação e deixa a mente mais propícia para se criar.

Eu por exemplo não consigo viver em vida agitada de jeito nenhum. Quando estou trabalhando lá em casa e dá aquela agoniazinha, vou até a praia, fico uma meia hora e volto pronto pra trabalhar. No Rio nós tivemos aquela fase de serenata na praia, na hora que se quisesse, com alguma garrafa ao lado...

Carlos Lyra

Em princípio eu acho a Bossa Nova um pouco amadora, se bem que tenha representado um ponto de venda muito importante. Mas em verdade nós estamos falando de Música Popular Brasileira Urbana e Culta. Acho muito importante dizer isso porque as pessoas todas se reuniam por causa do mesmo denominador comum. E só pode haver denominador comum numa área muito pequena. Por exemplo, Menescal e eu nos conhecemos desde o tempo de colégio, no Mallet Soares; já tocávamos violão em colégio. Luiz Carlos Vinhas também era daí. Então você armando a teia vai reparar o seguinte: essa música popular brasileira é feita por pessoas da classe média, a maioria estudante passando do colegial para universitário e dentro de uma área geográfica bastante limitada, para onde futuramente iriam convergir todos os outros elementos. Essa área é do túnel para cá, que é a zona da classe média. Eu acho que a Música Popular Urbana e Culta prestou-se às necessidades idiossincrásicas ou econômico-sociais da classe média e não de nenhuma outra classe. E tanto é verdade que ela se comunica horizontalmente com a classe média de todo o mundo e nunca verticalmente, por exemplo, com o proletariado brasileiro. O operário ou o camponês nunca entendeu a Bossa Nova.

Caetano Veloso

O Rio é uma cidade ligada a um gosto próprio. Ao contrário de São Paulo, que é uma cidade universalizante, o Rio tem o hábito de ter o seu próprio espírito porque tem uma tradição, está ligado à Bahia, ao Nordeste, por laços culturais que não morreram, que lá se desenvolveram e se mantiveram mudando para uma cidade grande; está ligado, mesmo por folclore, a todo o nascimento desses ramos minguados da cultura brasileira, o samba, etc.

O Rio, além de ser o centro cultural da divulgação de música naquele tempo, é uma cidade que busca sua linguagem, ela tem vida própria do ponto de vista cultural. Isso oferece possibilidades para que se desenvolva uma coisa do tipo da Bossa Nova. São Paulo, que não tem essas coisas, esse espírito próprio, essa tradição, essa brasilidade, tem uma violência de comunicação. Quando o cara funciona principalmente como produto, tudo o que ele faz é violento, isso é verdade. Porque ele está funcionando dentro do tipo de engrenagem da nossa sociedade.

Sérgio Ricardo

Em São Paulo o sujeito se levanta pensando em trabalho e não com a perspectiva do papo na praia; se tiver, será no escritório, que não é bem o lugar. O fato de estar tudo centralizado economicamente em São Paulo faz que as pessoas venham para São Paulo e se separem um pouco. As pessoas não se juntam mais, ninguém mais se encontra.

Chico Buarque

Num lugar como o Rio essas coisas acontecem diariamente, há uma confraternização maior. Ainda há. Por menos que pareça, a Bossa Nova foi um movimento no qual tomou parte um grande número de pessoas das mais diversas cidades. Houve por exemplo o grupo da Bahia, muito importante, mas que ouviu muito João Gilberto, ouviu muito Tom, ouviu muito as letras de Vinicius. O próprio João é baiano, foi fazer as coisas dele no Rio. Porque o Rio é uma cidade mais aberta que São Paulo, é uma cidade maior que Salvador e consegue reunir um número grande de pessoas capazes de criar uma coisa nova como foi o movimento Bossa Nova.

Gilberto Gil

Evidente que um movimento musical revolucionário poderia ter surgido em qualquer parte do Brasil. Mas essa coisa deveria acontecer primeiro no grande centro catalisador da cultura brasileira que era naquela época o Rio de Janeiro. E, além disso, por condições de caráter particular, as características do próprio Rio: o mar, aquele tipo de sociedade de Ipanema, os tipos de valores daquela classe, as condições do Brasil no aspecto político e econômico da época, a fase áurea do despertar da consciência brasileira para o desenvolvimento.

Eumir Deodato

O fato do Rio ser uma cidade mais tranqüila em relação a trabalho e ter uma mentalidade praieira, de bater papo, beber chope à tardezinha, dos estudantes dividirem o tempo entre os estudos, praia, diversões e reuniões, talvez tenha contribuído um pouco para o negócio ter ido um pouco mais depressa. O que não quer dizer que se tivesse começado em São Paulo não tivesse dado certo. Muitas coisas começaram em São Paulo independente da Bossa Nova, outros movimentos que começaram, continuaram e até hoje existem em São Paulo.

Elis Regina

Os camaradas que fizeram isso tinham a imprensa mais conceituada na mão, *Correio da Manhã* e *Jornal do Brasil* para começar. *O Cruzeiro* daquela época, *Manchete*, *Fatos e Fotos*, sem falar nas outras. Tendo esses homens, os meios de divulgação do Rio, nada mais admissível que essas coisas se tornassem conhecidas no Brasil inteiro e que o Rio passasse a ser considerado a terra da Bossa Nova.

Mas podia ter nascido na Bahia também; só que demoraria muito mais para ser conhecida. Na Bahia não há meios de divulgação. Podia ser São Paulo. Mas São Paulo não tinha as revistas na mão. E há a coincidência maior de haver um dos letristas e participante do movimento que era jornalista de uma revista e um jornal conceituadíssimos e de ele ter forçado a barra: a revista *Manchete*, o jornal *Última Hora* e o jornalista Ronaldo Boscoli. O negócio só foi para os jornais porque o Ronaldo era jornalista.

Tom Jobim

Creio que é impossível você compor o "Amor, o sorriso e a flor" no centro da cidade. Aliás, eu notei essa dificuldade nos músicos norte-americanos, deles não terem a calma que nós tivemos nessa época.

Eu digo por razões dialéticas. A proximidade do mar, o fato do João ser baiano, o fato do Vinicius ser um homem culto. Eu acho que houve uma série de circunstâncias para que isso acontecesse. No Rio de Janeiro ainda existe uma influência climática, uma vagabundagem, uma certa folga que favorece a criação. Aqui é o pindorama. Você não pode compor "No rancho fundo" em Nova York, não pode. Você pode compor como memória: Guimarães Rosa por exemplo escreveu grande parte de sua obra na Alemanha, João Cabral de Mello Neto em Barcelona. Mas o que eles traziam dentro? Quer dizer, o sujeito escreve como memória. É possível que eu vá para Moscou, fique num quarto de hotel e faça um choro autenticamente carioca. Mas isso é pelo que eu tenho dentro da cabeça. Você não pode se descartar do seu meio. Eu nunca fiz outra música que não música brasileira porque é o melhor que a gente sabe fazer.

capítulo 8

ISTO É BOSSA NOVA

A Bossa Nova jamais comoveu multidões. Requintada e despojada, tem a forma mais camerística da canção brasileira.

Quando Carlinhos Lyra a qualifica como música popular urbana e culta, define com propriedade a Bossa Nova. Sua apreciação se dá na classe média dos centros urbanos, sem com isso concorrer com os variados e valiosos gêneros cantados e tocados no vasto território brasileiro.

A Bossa Nova é talhada para ouvidos apurados e destinada a gostos sofisticados. Sendo fundamentalmente econômica e delicada, concentra os elementos da canção – ritmo, melodia, harmonia e letra – no essencial, afastando-se de procedimentos e artifícios que possam perturbar seu foco.

Universalmente aclamada, a Bossa Nova é, até prova em contrário assinada por seu criador e com firma reconhecida, a mais bela forma gerada e materializada pela elite da música popular brasileira.

Edu Lobo

A primeira grande revolução em termos das estruturas harmônicas, melódicas e, realmente, a primeira linguagem nova que se usou para fazer música no Brasil foi a Bossa Nova. Foi a partir das primeiras músicas de Johnny Alf, das letras do Newton Mendonça, da maneira de cantar e tocar de João Gilberto, explodindo com todo o talento criador do Tom, que foi quem teve o material maior para apresentar. Foi realmente a grande abertura para que a música brasileira pudesse enveredar por esse caminho moderno em que está hoje e pudesse chegar a ponto de ter tantas opções, o que de minha parte acho bastante necessário. Isso é prova de uma vitalidade imensa. Na Europa, com todos os seus livros antigos, nada acontece. É aquela canção igual, a música italiana é um rock-balada; a francesa, uma canção de amigo da era medieval em termos de harmonia.

A revolução da Bossa Nova não foi feita só numa maneira nova de cantar e de dizer as coisas. Fundamentalmente na arquitetura da música, na parte de composição mesmo, nas novidades dos acordes, realmente no começo influenciados pelo jazz. Podem dizer o que quiserem, mas isso é natural e o mais certo que existe no mundo. É uma música nova, de um país novo, e é normal que receba influências e, a partir disso, construa uma música nacional. Numa teoria altamente nacionalista de achar que só é nacional o que é regional, então nós estaríamos fazendo música indígena até hoje, ou portuguesa, sei lá. E começa uma série de preconceitos contra instrumentos. E não se poderia usar violino, só violão e flauta, o que é de uma burrice incrível. O sentido nacional quem vai dar é o compositor. Essa influência do jazz no começo foi altamente benéfica.

Dori Caymmi

Em 1958 houve o que eu considero de mais importante até hoje, a única inovação que eu vi na música popular brasileira. Partiu de João Gilberto no seu instrumento, o violão, no jeito de cantar, na divisão, uma idéia bem diferente. E do Antônio Carlos Jobim, que chegou na mesma época com um estilo de composição completamente revolucionário para o Brasil. Esses homens foram responsáveis pela única modificação que eu conheço. Modificação na harmonia, no modo de tocar, na batida, na divisão, um marco na música popular brasileira. Nós saímos de Ary e Noel e chegamos a Antônio Carlos Jobim e João Gilberto.

Dali pra cá as modificações são pouquíssimas. O Nordeste foi explorado, já era. Talvez não com tanta força e inteligência, mas não é novidade, não há modificação; há os que fazem esse estilo de música nordestina, mas isso não quer dizer uma fase.

Caetano Veloso

Tenho a impressão de que o universo musical movimenta as opiniões, as tendências, mas o contexto geral de música no Brasil, desde João Gilberto, ainda é o mesmo. É uma opinião meio diferente do que eu ouço dizer, mas eu ainda a mantenho. Acho o seguinte: é evidente que muita coisa antes preparava a aparição do disco do João Gilberto; o Johnny Alf, o Dick Farney, Os Cariocas, tudo isso possibilitou o aparecimento de João Gilberto. Mas antes dele as coisas eram diferentes. Eu acho mesmo que a gente pode centrar tudo que aconteceu no João Gilberto. Porque quando a gente fala João Gilberto está dito aquele Jobim, aquele Vinicius de Moraes, aquele Carlos Lyra. Porque ele é que foi a síntese de uma necessidade geral.

O João – que é um gênio – realmente foi um homem capaz de revolução, um artista muito grande e muito profundo. Quando eu falo em revolução, falo assumindo o peso da palavra; ele não só mudou toda a visão da música brasileira para as pessoas que estavam interessadas em músicas, como mudou a visão da música em todos os brasileiros.

Eu acho um equívoco lastimável as pessoas dizerem que a Bossa Nova foi um acontecimento restrito a pequenas áreas. Isso é mentira, isso é uma simplificação grosseira. Eu acho que a Bossa Nova hoje está em toda parte. O fato é que embora o João Gilberto ou a Bossa Nova não tenha feito um sucesso imediato, como muitas outras coisas têm feito, a longo e a médio prazo a Bossa Nova modificou tudo que se faz em música no Brasil. Esse universo que foi criado pela Bossa Nova ainda não foi rompido. Eu acho que tudo que entrou como discussão depois – por exemplo, a música de busca de raízes brasileiras e de temática sobre problemas brasileiros –, acho que isso é uma discussão proposta pela Bossa Nova, acho que simplesmente é um corolário e realmente no fundo das estruturas nada foi mudado. Também a volta ao passado, como no caso muito evidente do Chico Buarque de Hollanda, não é uma coisa nova como mudança de visão do que seja música dentro do Brasil. Nem a música de participação política, nem a que pretende assumir um sentimento nacional, nem isso e nem aquilo trouxe nada de novo como mudança de estágio. O universo em que essas coisas se movimentam ainda é o mesmo.

Entretanto, atualmente, a gente sente que algumas dessas discussões nos levaram a uma fome de alguma coisa realmente nova, de viver em outro universo. Mas até aqui estamos no mesmo. O João permanece intransponível, não houve influência igual. E se a gente quiser dizer que houve a gente vai ter de dizer que no máximo teria sido a Elis. E, se fosse, então o Roberto Carlos teria sido muito mais que ela. Influências menores, sim, logo em seguida à Bossa Nova, Sérgio Ricardo, Nara Leão, a influência menor mais forte depois da Bossa Nova na história da música brasileira moderna. Embora não seja uma boa cantora, Nara é uma mulher maravilhosa. O Chico sublinhando com muita veemência uma tendência já esboçada desde a Bossa Nova, de voltar ao samba tradicional, exerce uma influência menor também. Acho que o Vandré e o Gil com tentativa de música mais épica, mais violenta, ligada às regiões rurais numa tendência já esboçada pelo Sérgio Ricardo, foram influências menores.

Carlos Lyra

A fase áurea da Música Bossa Nova, que eu chamo Música Popular Brasileira Urbana e Culta, deu-se com a explosão econômica do parque industrial do Juscelino; foi uma cristalização muito importante, onde tudo aconteceu, vinha se incrementando muito antes, até que chegou um momento quase de crise e então explodiu.

Esse negócio de evolução ou involução é conversa. E você pode explicar apresentando um substituto pros dois termos: ruptura e estrutura. Você vê por exemplo: em 1950 existia o que a gente chamava de samba coloquial, que tinha uma influência determinante do bolero e do jazz, a música de Johnny Alf, Dolores Duran. Muitos artistas tinham nomes americanizados – Dick Farney, Cyll Farney, Leny Eversong, Bill Farr. Essa é uma estrutura que eu chamaria arbitrariamente de fase dos precursores: Garoto, Luiz Bonfá, Antônio Maria, Johnny Alf, Ismael Neto, Os Cariocas, todos esses caras são os precursores da Bossa Nova, e já tinham feito uma ruptura muito violenta. Muita gente acha que essas rupturas são feitas contra a mediocridade. Eu defendo que não, essas rupturas são feitas contra a qualidade. Esses caras romperam com o samba-exaltação de Ary Barroso, que era qualidade, e não com o Teixeirinha [Victor Mateus Teixeira] da época. Eu acho que essa turma rompeu com o samba-exaltação, que era muito expressionista, muito extrovertido, então caíram no samba coloquial, influência do bolero, harmonia jazzística. Tudo isso que mais tarde vai dar o sambinha Bossa Nova.

Não acredito em movimento. O que existe realmente é movimento de expansão econômica, a estrutura artística é uma conseqüência.

Outra coisa que se defende muito e que eu acho mistificação é que a Bossa Nova é autêntica, rompeu com o bolero, com Anísio Silva, com Silvinho [Sílvio Lima]. Não é verdade. Eu acho que a Bossa Nova é uma ruptura com o próprio Johnny Alf, com o próprio Antônio Maria, com o próprio Dick Farney, com o próprio Lúcio Alves. Parece que essa ruptura envolve briga, mas não é verdade; não é o lado de afirmar, mas transcender, passar adiante.

Então o Johnny Alf rompe com Ary Barroso; o João Gilberto, Antônio Carlos Jobim e eu rompemos com Johnny Alf. Futuramente Elis Regina e Edu Lobo rompem conosco. E depois mais tarde Caetano rompe com a Jovem Guarda e com Elis Regina. Milton Nascimento rompe com todo mundo.

É uma coisa muito interessante, uma ruptura não elimina a outra. Quando existe uma ruptura de Bossa Nova com o bolero, por exemplo, não quer dizer que uma coisa elimina. Coexistem. Se bem que o novo é determinante, é o mais procurado.

Chico Buarque

Tenho a impressão de que quase tudo que se faz hoje tem a mesma origem, que é o movimento Bossa Nova.

Depois do Vinicius, que foi o grande letrista da Bossa Nova, surgiu muita gente fazendo uma porção de coisas em conseqüência direta do movimento, que às vezes por essa ou por aquela razão foi cansando e começou a decair.

Já é difícil você ter uma visão de três anos atrás, agora falar do momento é muito mais, principalmente para mim, que estou metido no rolo. Daqui a dois anos talvez a gente olhe pra cá e possa explicar melhor.

Johnny Alf

Depois do movimento inicial da Bossa, marcado por muitos grupos e pela aparição de João Gilberto e Tom, houve a revelação de muitos valores. O movimento cresceu após as gravações de João Gilberto mas, justamente quando estava bem concreto, houve um desmoronamento por causa de um desencontro de opiniões e de idéias entre os seus próprios elementos. A única coisa que se salvou foi aquele concerto do Carnegie Hall, embora tivesse ido no meio do bolo muita gente que não tinha nada com o negócio. Mas ele serviu para mostrar e promover a Bossa Nova, que por sorte se assentou com o tipo de música que se fazia no exterior. Então, resumindo, houve João Gilberto, aquela cristalização que foi desmoronada pela falta de compreensão, mas que foi salva no Carnegie Hall.

A partir da Bossa, a nossa música popular foi tendo mais categoria, porque obrigou nossos músicos a aprender teoria musical, procurando um apoio na música erudita. Os movimentos que se seguiram, acho que são interessantes como mensagem, mas não creio que sejam coisa que fique.

Vinicius de Moraes

Historicamente, a partir de Tom, vejo dois grandes compositores, ele e Carlos Lyra. Tom é o grande descobridor junto com João Gilberto, que introduziu uma batida importantíssima no sentido de simplificar o ritmo, permitindo que os músicos estrangeiros sentissem a Bossa Nova.

Tom e Carlos Lyra, cada um por seu lado, estavam buscando a mesma coisa, uma espécie de reformulação da música popular brasileira que estava num estágio completamente quadrado, meio bolerizada, com crenças negativas e mórbidas de boate. Houve uma conjuntura em que vários compositores se encontraram e partiram dali.

Tom foi o homem que realmente encontrou primeiro as fórmulas boas e as harmonias, pois é um grande músico e tinha um conhecimento que os outros não tinham.

Carlinhos não tinha, fazia mais na base da bossa mesmo. Mas ele é o segundo grande compositor brasileiro da época. Os irmãos Castro Neves também contribuíram.

Gilberto Gil

Tenho a impressão de que a gente pode marcar duas fases distintas já perfeitamente caracterizadas e uma terceira ainda não caracterizada mas que, me parece, deverá surgir dentro em breve como uma coisa realmente separada das outras duas[19].

Primeiro houve o marco tão importante, a Bossa Nova – o surgimento de Antônio Carlos Jobim, Vinicius de Moraes, João Gilberto, que ao lado de uma série de outras pessoas não só foram os primeiros como talvez os mais importantes. Essa fase vai, a meu ver, sem nenhuma modificação praticamente até 1965 com o primeiro Festival de Música Popular Brasileira, realizado pela TV Excelsior, no qual Elis Regina foi vencedora com a música "Arrastão". Não só essa música mas o compositor Edu Lobo e a Elis Regina me parece que vêm marcar uma nova fase na música popular brasileira, fase essa que, embora se possa dizer que é um prolongamento da Bossa Nova, passa a ter características próprias e diferentes. A música se deflagra e passa a ser muito mais viva no sentido de apelos formais, de estruturação, bem como de apresentação para o público. É uma fase em que a temática muda um pouco; problemas sociais, de visão política e incorporação de um sentido ideológico passam a ser uma coisa mais flagrante do que vinha sendo antes. Inaugura-se uma fase chamada de música de protesto por causa da inserção desses elementos, a Elis Regina passa a ser um outro tipo de intérprete, inteiramente inexistente até aquele momento; o Edu Lobo passa a ser um compositor com um tipo de formulação harmônica e melódica inteiramente diferente; os letristas como Ruy Guerra e o próprio Vinicius de Moraes passam a fazer letras num outro sentido. Surgem com certa veemência o Geraldo Vandré, eu próprio, o Caetano Veloso, o Chico Buarque, que começamos a propor um novo tipo de música, mas ainda uma seqüência da Bossa Nova e do trabalho de Edu e da Elis, com a própria inclusão deles nessa continuidade.

Como figuras mais marcantes: João Gilberto, Vinicius, Jobim e Lyra, em 1959 e 1960. Mais adiante: Baden e Edu Lobo. E depois a coisa mais forte foi Geraldo Vandré e Chico Buarque de Hollanda. Mais recentemente um novo borbulhar com a posição que

....

19. Considerando a data deste depoimento, 30 de agosto de 1967, Gil já previa que as composições dele e de Caetano que iriam concorrer no III Festival da TV Record no mês seguinte poderiam determinar um marco na música brasileira. Foi o que aconteceu com "Domingo no parque" e posteriormente com o tropicalismo.

eu e Caetano Veloso passamos a assumir. Pelo menos são os grandes rótulos do público como compositores influenciadores, como provocadores de certas modificações.

Nara Leão

Não acho que alguém tenha exercido uma influência tão forte quanto o grupo da Bossa Nova. Eles modificaram tudo.

Podemos dividir a música brasileira em antes e depois da Bossa Nova, ou seja, antes do Vinicius, Tom e João Gilberto, que são os três grandes da Bossa Nova.

Naquele tempo só havia esses três. Atualmente há muito mais quantidade, Chico, Gil, Vandré... você perde a conta. Mas influência daquele jeito, acho que não.

Roberto Menescal

Tudo que surgiu foi decorrência da Bossa Nova. Houve influência menor, tão importante quanto a nossa, o grupo Opinião, que influiu muito na música de uma certa época. O grupo baiano mudou e influenciou bastante nossa música. Mas eles mesmos tiveram suas filtrações, descobriram – como nós descobrimos – que muita coisa que fizeram estava errada.

Eu acho que esses grupos têm principalmente uma característica marcante, a preocupação de letra, que foi boa, porque nossa letra andava um pouco em segundo plano. O grupo baiano colocou a letra em igualdade de condições com a música.

Claudete Soares

Acho que até hoje não apareceram músicas iguais às do Tom e do Carlos Lyra. Na letra, Vinicius foi um marco importantíssimo até 1967. Depois vieram Caetano Veloso, Marcos Vasconcelos e [Carlos Alberto Valle] Pingarilho, Milton Nascimento, mas não aconteceu nada de novo no ritmo. Musicalmente não houve nenhum período tão importante como a Bossa Nova.

Elis Regina

Houve a fase jobiniana-menescaliana-lyriana do princípio. Considero esses três numa frente, Tom é o "pai nosso que está no céu", Lyra é o "filho de Deus feito homem" e Menescal um pouco distanciado. Os outros, no bolo todo, um bolo de compositores.

Passou muito tempo sem novidade e evidentemente a tendência era cair. Aí veio a fase da qual participei, fase de Edu Lobo, que foi quem deu nova diretriz, um novo caminho. Atrás dele veio uma porção de gente e estão todos no bolo, graças a Deus. Inclusive Edu, que saiu de sua condição de ponta-de-lança para ficar no bolo também. É o bolo do qual a gente não sabe o que vai sair.

Baden Powell

Em 1958, 1959 começou a fase da Bossa Nova, quando foi gravado o disco da Elizeth Cardoso. Depois da Bossa Nova houve transformações, mas nada que marcasse muito não. Não estou citando o caso do Roberto Carlos porque é um outro negócio, não tem nada que ver com o que eu quero falar. A música brasileira teve transformações naturais. E também não se transformou muito, a raiz continua. A Bossa Nova tem a raiz da música brasileira e esse troço não pode acabar.

Capinam

O momento maior da distinção é a Bossa Nova. Antes era um acumulado de coisas em que você pode distinguir períodos cíclicos. De um estilo definido, um movimento organizado e consciente, eu só conheço a Bossa Nova.

Depois da Bossa Nova, o grupo realmente influente é o do iê-iê-iê. Ou seja, a coisa que está como proposta musical, apesar de ser negada como brasileira, é o iê-iê-iê. Substituiu subterraneamente a Bossa Nova. A música brasileira está saindo de sua admiração pela Bossa Nova – que ainda existe – e tentando dar aquela virada com Caetano, Gil, Edu, Dori Caymmi, Francis Hime. Todos eles estão tentando dar uma resposta, se bem que marcadamente influenciados por Bossa Nova. Alguns, como Caetano e Gil, com uma saída de incorporar à sua realização elementos como guitarra elétrica, etc. Outros, como Edu, Francis Hime, mais ligados à Bossa Nova como uma prerrogativa que sobrevive, tentando uma experiência clássica.

No primeiro grupo procura-se a simplificação da harmonia e no segundo, a pesquisa harmônica. Chico Buarque fortalece o primeiro grupo. Eu, Gil e Caetano estivemos próximos da Bossa Nova como também da cultura popular brasileira nordestina. O nosso conflito é então maior.

Eumir Deodato

Depois da Bossa Nova, teve o chamado sambão, do qual resultaram vários trios, Trio Tamba, Zimbo Trio, milhares de trios. Trio Ontem, Trio Hoje, Trio Amanhã e alguns cantores, entre os quais a principal, Elis Regina, que até hoje é atuante.

Depois houve uma espécie de estagnação na música brasileira propriamente dita para haver uma adaptação de música estrangeira, mas continuando a ser brasileira, o iê-iê-iê brasileiro. Tinha características estrangeiras, embora seja muito diferente do iê-iê-iê estrangeiro. O ritmo não é exatamente igual, os temas, as orquestrações não eram iguais. Foi a época em que predominou Roberto Carlos e semelhantes – Jerry Adriani, Rosemary, Erasmo Carlos.

O aparecimento do Milton Nascimento – ele apareceu sempre muito escondido – teve muita influência nos compositores novos e mesmo nos mais antigos. É o caso de Marcos Valle, e até o presente momento continuamos por aí.

O movimento Tropicália – o próprio nome é uma piada – é uma tentativa válida, à parte da música. Em geral, o pessoal gosta muito de utilizar a música como transporte para uma idéia, o que é de certa forma errado.

Tom Jobim

A música brasileira, todos sabem, é muito rica, mas ao mesmo tempo nós estamos sofrendo o impacto dessa civilização industrial. Quer dizer, o mundo virou uma vila, em horas você está em qualquer lugar e o contato se tornou muito fácil.

Por isso mesmo as roupas são iguais, seja no Rio de Janeiro, em Roma, Paris ou em Nova York. Quer dizer, as coisas estão de certa forma perdendo a nacionalidade, você concorda comigo? Eu não trabalho com folclore, mas acredito que nos dias de hoje ainda é possível a um músico jovem sair daqui do Rio e em vez de ir para Paris ou Nova York ir para o Brasil e através do folclore compor uma obra sólida, como é o exemplo do Villa-Lobos. Eu acredito que ainda seja possível isso, mas não vai ser durante muito tempo, porque essa coisa toda está acabando. O rádio de pilha, a televisão acabam com tudo isso, em qualquer cidade do interior o radinho de pilha está tocando iê-iê-iê, música internacional, e nós não vamos mais encontrar os violeiros. Sobretudo temos muita falta de material de consulta. Se você quiser gravar a obra de Pixinguinha [Alfredo da Rocha Vianna], você tem de ir à casa dele perguntar como é, porque as edições estão erradas e há uma série de problemas.

No tempo em que eu era militante dos estúdios do Rio de Janeiro, notava-se aquele influxo de talento; geralmente o pessoal da bossa, do ritmo, vinha do Norte ou do Nordeste, da Bahia pra cima. O pessoal mais culto vinha do Sul, geralmente de São Paulo, do Paraná, do Rio Grande do Sul. Por exemplo, lembrando aquela época, os arranjadores eram Radamés Gnatalli (gaúcho), Alceu Boquino (do Paraná), Lyrio Panicalli (de São Paulo), Gaya [Lindolpho Gomes Gaya] (de São Paulo), Léo Perachi (de São Paulo). Nota-se claramente de um lado a riqueza do folclore, do ritmo nordestino, e do outro a união – que se dava no Rio que nesse tempo era o centro artístico do Brasil – com o pessoal que tinha capacidade onde era preciso ter uma certa técnica musical.

Tendências nordestinas como a gente pode ver num Edu Lobo sempre existiram. O Rio sempre foi tomado, em certas épocas, por fenômenos cíclicos em que subitamente o samba cosmopolita – o samba do asfalto, do Noel Rosa, do Custódio Mesquita – parava para ouvir o samba de roda do Caymmi, o baião de Luiz Gonzaga e Humberto Teixeira e coisas assim. Nessas tendências, nesse debater dos compositores em busca de algo novo, existe uma contribuição real, crítica inclusive. Como o tropicalismo do Caetano Veloso, mesmo que seja uma arte de denúncia, eu acho válida. Sou contra o ponto de vista radical que nega qualquer tipo de manifestação artística, como o purista que é contra o samba de asfalto, dizendo que o samba tem de ser do morro. A música brasileira está vivendo é justamente dessa enorme riqueza e não do sujeito que se atém a uma determinada escola e defende aquilo. Acho que tudo é válido, o sambão, o samba cosmopolita, o samba de roda.

Influência estrangeira sempre houve. Francesa, mais tarde americana, do jazz – tão proclamada –, influências assim sempre existiram, só não sofre influência o que está morto, uma pedra. Ela aí sofre influência do martelo.

capítulo 9

MODERNIZANDO SE PERDEU

Com o fim da parceria Tom & Vinicius, além da mudança de João Gilberto para os Estados Unidos, a Bossa Nova foi perdendo o gás.

Alguns compositores aproximavam-se dos homens do cinema e teatro, o que provocou uma gradual mudança de posição de quem se ocupava em compor música e fazer versos.

Gláuber Rocha, Ruy Guerra, Oduvaldo Vianna Filho, o Vianninha, e Chico de Assis, sobretudo estes dois por sua visão voltada mais para o conteúdo que para a forma, abriram um novo horizonte para Carlinhos Lyra, Sérgio Ricardo e Geraldo Vandré. Pelo menos para os três, o encanto estético da Bossa Nova não mais exercia a mesma atração. O banquinho e o violão, a delicadeza da interpretação, os versos sobre amor, sorriso e flor e os ícones da paisagem carioca, símbolos emblemáticos que aliás nunca sairiam de cena, não tinham mais sentido para eles.

Para outros, a Bossa Nova se perdia. Ou estava perdida.

Eumir Deodato

A Bossa Nova sofreu um certo desgaste quando sentiu a necessidade de procurar novas fórmulas, novas melodias. O que contribuiu muito para isso foi o aparecimento de certos bicões da Bossa Nova que fizeram uma série de músicas que poderiam à primeira vista parecer Bossa Nova mas que não eram. Foi o caso do Juca Chaves e outros compositores. O público ficou meio indeciso porque não tem conhecimento musical para discernir entre uma coisa e outra e houve simplesmente um abandono dos compositores. A Bossa Nova ficou às moscas.

Marcos Valle

O Tom quando foi para os Estados Unidos já deixou uma lacuna. O Menescal parou, eu também. O próprio Edu também. Lembro que nesse tempo havia gente procurando música e não tinha. A Bossa Nova estava um pouco esgotada. Os temas eram mais ou menos os mesmos, as letras já tinham chegado a um ponto de saturação de amor, sorriso e de flor. E os próprios compositores sentiram isso, uma necessidade de mudar, mas não sabiam que rumo tomar. Por isso é que o pessoal parou de fazer música durante um certo tempo.

Roberto Menescal

Cada um virou um pouco gênio demais. Todo mundo ficou naquela do papa da Bossa Nova, um troço chatíssimo, e não se preocupou mais em fazer uma obra maior, como a gente se preocupava antes, quando nos reuníamos todo dia para fazer música. E então, porque a gente era papa, fazia música de seis em seis meses. Eu fazia uma música e todo mundo gravava. Cada música tinha trinta ou quarenta gravações. Pra que eu iria me preocupar em fazer dez ou vinte músicas?

E a mesma coisa aconteceu com todos. A produção não se igualava ao surgimento de cantores. Se eu dissesse que não tinha música, o cantor achava que eu estava escondendo. Certas pessoas procuraram fazer coisas novas porque assim tinham mais chances. Foi o caso do Juca Chaves no começo, criando aquele negócio. Eu tenho a impressão de que o próprio Edu Lobo, quando o pai dele me pediu para eu dar uma olhada nas coisas dele, ele fazia música igual à gente. De repente ele apareceu com música social, música de terra. Pra entrar no movimento, há necessidade de fazer um negócio um pouco diferente. E ele tem um valor extraordinário porque conseguiu fazer com muita qualidade. Mas aí surgiu a confusão toda na música, a letra passou a ser mais importante que a música, no Rio todo músico bom se mandou. Do "Arrastão" em diante vi que muita gente sem valor algum teve sucesso porque fez música social. Apareceram muitos caras geniais que duraram só três meses e tinham às vezes só uma música. Sobraram Gilberto Gil e Chico, que por acaso são geniais mesmo. Eu fiquei meio preocupado com isso e nos reunimos para ver o que estava acontecendo. E chegamos à conclusão de que o melhor era esperar um pouco. E acho que foi bom porque depois, com o sucesso do Tom nos Estados Unidos, vimos que pelo menos internacionalmente a gente estava certo.

Carlos Lyra

A Bossa Nova teve uma fase muito engraçada que é a fase do preciosismo. Interpretaram muito mal a linha poética do Vinicius, que foi a que vigorou muito e era muito cheia de diminutivos, quase uma nova escola provençal, de glorificar a mulher, nada de fossa, de tristeza miserável. Isso foi levando a um preciosismo que tudo era meu cantinho, meu violãozinho, meu amorzinho, na sua perninha e tudo muito certinho, e ficou tão preciosista que chegou ao cúmulo de desviar do próprio homem o assunto e cair no amor, no sorriso e na flor. Então a flor passou a ser o grande troço da Bossa Nova. Todo mundo só falava em flor pra cima e pra baixo. Você se lembra disso, não é? Nessa época a Bossa Nova passou a sofrer uma série de abstrações, o Ronaldo Boscoli aproveitou e escreveu todas as abstrações possíveis.

Ronaldo Boscoli

Houve uma retenção. Era tanta poeira nordestina que ou o sujeito se prostituía e se identificava com o Nordeste sem ter ido daqui à Bahia ou se resguardava e preparava uma reaparição. Uns foram para o exterior, os que ficaram esperaram passar esse estrôncio 90 que estava no ar e resolveram dar uma espécie de passo de espera para voltar a compor.

Dori Caymmi

Depois da fase áurea em 1962, veio 1964 e acabou tudo. João perdeu a vontade, não foi compreendido no Brasil. E Antônio Carlos Jobim, outro não reconhecido, parece mentira, não é? Mas, se a gente descobrir que nos Estados Unidos Antônio Carlos Jobim é um sujeito importante de costa a costa e no Brasil não é reconhecido por pessoas em São Paulo ou no Rio, é fogo. E dá pena. E vai deprimindo um pouco o cara. E eles pararam. A produção decaiu realmente. O Carlos Lyra sofreu esse impacto. Carlos Lyra procurou fazer muita pesquisinha pro lado esquerdo, não crítico nem esquerda nem nada, por mim o cara pode ser o que quiser, mas o Carlos Lyra rebuscou muito.

Carlos Lyra

Nós todos éramos ligados a essa onda da forma da música. Até a Bossa Nova se cristalizar a forma era o mais importante. O que não ficou muito claro era o conteúdo. Até aí o conteúdo era poético mas parece que faltava alguma coisa.

As minhas vindas para fazer os programas de tevê em São Paulo acabaram me ligando com o Teatro de Arena. O pessoal que define o conteúdo na música popular brasileira era todo de São Paulo. O Rio tinha de dar forma: ritmo, etc. São Paulo, como não tinha escola de samba nem nada, acabou encontrando outro negócio. Alguns deles vieram ao Rio fazer a peça *A mais-valia vai acabar* [, *seu Edgar*], Oduvaldo Vianna Filho, Chico de Assis e eu, que fiz a música. E aprendi uma série de coisas que eu nunca queria falar na minha vida porque eu comecei a tomar contato com marxismo, etc., que era um troço muito vago. Eu não tinha a menor idéia do que fosse. E o que aprendi com esses caras é que foi influenciar o meu conteúdo. Então a minha música para colocar nas letras de *A mais-valia*... que denunciavam sofreu uma mudança muito grande. E minha ligação com teatro, fazendo música para o Teatro de Arena, me levou a outras estruturas artísticas que começaram a me abrir uma visão diferente. O amor, o sorriso e a flor começaram a se tornar um negócio pesado pra mim.

Então vieram minhas ligações com o Cinema Novo, no filme *Couro de gato*, de Joaquim Pedro [de Andrade], onde as músicas eram "Quem quiser encontrar o amor", "Depois do Carnaval" que era com letra de Nelson Lins de Barros, que estava integrado nessa estrutura junto com Vandré.

Geraldo Vandré

O Teatro de Arquitetura fez um show dirigido por Chico de Assis, *A mais-valia vai acabar, seu Edgar*. Era um show musical com músicas do Lyra e texto do Oduvaldo Vianna Filho. Esse espetáculo fez muito sucesso e coincidiu com a época em que havia um organismo na UNE [União Nacional dos Estudantes] chamado CPC, Centro Popular de Cultura, que tentava colocar a música brasileira como uma forma de participação política mais efetiva. Mas isso não correspondia e nem corresponde até hoje ao meu ponto de vista porque sou contra a canção que chamo de panfletária, como "Subdesenvolvido", de Chico de Assis e Lyra. Isso foi em 1960. Não participei desse espetáculo porque estava para vir a São Paulo fazer o programa na TV Record.

Sérgio Ricardo

Não havia um grupo, havia inicialmente uma perspectiva em que Chico de Assis, Ruy Guerra e Gláuber Rocha tiveram muita influência em nós todos. Ao mesmo tempo que faziam teatro e cinema, estavam ligados à música popular por necessidade. Tanto é que os três eram letristas. Eles eram mais voltados às letras e à filosofia porque o teatro e o cinema abrangem uma área muito vasta, exigindo muito mais esclarecimento e cultura geral que a de um músico ou de um compositor comum que fica apenas naquele âmbito do som, da palavra e poesia bonita. Então esses três foram os intelectuais desse movimento, vinham conversar conosco separadamente. Conversavam com Carlinhos Lyra, com Geraldo Vandré, comigo, da necessidade de se fazer uma música de protesto. E davam de uma certa forma as diretrizes culturais para a coisa. Era necessário que não se fizesse música urbana e que se fosse buscar a fonte no próprio povo pra poder falar-lhe das suas coisas.

Não havia propriamente uma idéia nem uma instrução de ordem técnica porque essa música era mais aberta. Não era bem uma batida de ritmo ou uma seqüência harmônica que iria determinar esse tipo de movimento. O Brasil sendo vasto e culturalmente múltiplo como é, seria tolice querer descobrir uma fórmula específica para fazer um filão de melodia ou harmonia ou ritmo. No norte tocam modas de viola, capoeira, bumba-meu-boi, cirandas. No sul há rancheiras e outros tipos completamente diversos um do outro. É uma riqueza do nosso povo, não existe um ritmo, existem 1.500 ritmos brasileiros. Como se prender a um tipo como o samba? Não podia ser, o samba acabou virando Bossa Nova e coisa urbana. Nós tínhamos de buscar no campo as formas folclóricas, a nossa pesquisa era mais dentro da raiz. Tecnicamente se buscava, por exemplo, saber como se tocava o berimbau e transformá-lo em coisa orquestral. Depois fazer o mesmo com a viola, o atabaque, e de uma maneira verdadeira...

Uma das coisas que o próprio Gláuber defendia muito era o seguinte: se tecnicamente nós quiséssemos que aquilo fosse bonitinho, bem-feitinho, bem acabado, nós iríamos acabar urbanizando a coisa. O importante era conseguir tirar aquela angústia do povo brasileiro, que vem de uma forma subdesenvolvida nas suas queixas. Se nós déssemos uma forma evoluída na comunicação, aquilo soaria falso. Então havia, de uma certa forma, uma ausência de individualização. Filosoficamente era muito mais válido.

Geraldo Vandré

Chico de Assis teve uma importância muito grande nesse movimento em 1960 e 1961. A gente tinha muitas discussões. O Lyra foi o primeiro a trabalhar nele objetivamente, Sérgio Ricardo também com "Zelão"; o próprio Luiz Eça, que apenas tocava jazz, de repente foi começando a fazer a experiência de incluir no que tocava o som que se ouvia na rua. Alguns se preocuparam sempre mais com a forma. Oscar Castro Neves, um dos mais influentes no grupo, ficou mais numa linha melódica de música por música que num compromisso com a música popular brasileira. Já o Lyra teve uma tendência de se comprometer com música popular brasileira.

Carlos Lyra

O negócio começou a declinar de uma vez até a crise de 1964, você lembra, não é? Com a crise política você teve a crise de tudo, do cinema novo, do Teatro de Arena, da música brasileira, tudo isso por causa da crise econômica. Toda aquela expansão do parque industrial, da classe média, de coisa e tal chegou a um determinado momento em que não podia continuar porque realmente era um impacto muito grande. Quase todo o comércio de pequena monta, os pequenos investidores que estavam muito bem até então, levaram uma paulada e foram todos pra baixo. Todo mundo se mandou e foi cumprir os compromissos que tinham lá, o que era muito conveniente.

Capinam

Quase todo mundo de Bossa Nova se obrigou a sair do Brasil. Acho que a Bossa Nova em termos de mercado interno não suportou depois o conflito com outras formas mais fortes que iam chegando. De fato, em determinado momento, ela não satisfazia o consumidor. E também os jovens que tiveram uma ligação com a Bossa Nova – Edu, Caetano, Dori – têm hoje um comportamento em termos de relação com o público muito diferente do que tinham os compositores na época. Caetano hoje procura ser um ídolo, se realiza como um ídolo para vender sua música, enfrenta Roberto Carlos. Gilberto Gil faz programas de televisão, vai a rádios, *disc-jockeys*, todas essas coisas que participam de uma engrenagem de vender a música e, eu acho também, de fazer música. Acho que a Bossa Nova não tinha essa consciência. Ela ficou à margem da existência de uma coisa que já existia, a capacidade de reproduzir melhor o som com os aparelhos modernos, que lhe deram a possibilidade de ter aquele estilo. Então existe uma contradição, a Bossa Nova não foi atrás dos canais eletrônicos, sei lá, o que for, levar a sua marca. Ela ficou periférica, em universitários, etc.

Sérgio Ricardo tem uma posição saltitante dentro disso tudo e, por isso, renovadora. Ele sozinho reflete todo o conflito porque fez Bossa Nova, tenta as outras saídas e está em todas. Você pode notar como ele é a redução de tudo isso, dessa inquietação e procura de resposta.

Sérgio Ricardo

Houve um desvirtuamento das intenções por parte de muitos oportunistas, que tentaram mercantilizar a Bossa Nova. Então verdadeiros valores ficaram de uma certa forma ofuscados, tocava-se muito mais fulano ou beltrano que Tom e João Gilberto.

E os pilantras começaram a fazer uma coisa que não tinha nada com o que a Bossa Nova propunha. Essa deturpação originou uma total decadência de ordem popular, porque o público foi se enjoando da lamentaçãozinha de vozinha baixinha.

Nesse tempo, eu e mais outras pessoas partimos para uma música mais pesquisada, mais de raiz. Foi com o filme do Gláuber Rocha[20] que se partiu para uma coisa inteiramente antagônica à Bossa Nova. Deixamos de lado o formalismo estético e partimos para a voz desafinada – não por ser desafinada, mas por ser autêntica do cantador do Nordeste – com dois ou três acordes, com uma letra agressiva falando em sangue e morte e sem nenhum preconceito. Inaugurava-se aí – ao mesmo tempo que terminou com a revolução – uma fase em que se podia falar da luta do povo por dias melhores. A música começou a ter uma função nesse sentido e acompanhava historicamente o processo cultural nacional.

E os compositores que se engrenaram dentro desse processo de trabalho não tinham em sua maior parte a vivência autêntica desses problemas. Faziam esse tipo de música de uma forma meio intelectualizada. Ela não tinha a sinceridade do homem do povo falando. Aí cabe uma autocrítica: todos perceberam que se fazia música que só a classe média entendia e aplaudia. Mas a classe média não sentia na pele o problema, porque não era problema seu. Aí se encerra a segunda fase na qual começou a se ouvir falar em fome, pão, Maria, e não sei o quê. De uma maneira desoladora para a nossa música. O mesmo aspecto negativo que adveio à Bossa Nova. E o movimento teve também de cair no caos e morreu.

Acho que entramos numa terceira fase importante, é a fase da consciência do compositor para a classe média. Ele sabe que seu único espectador é realmente o da "classe média", o consumidor de disco, da televisão, do rádio. É o público disposto a ouvir seus próprios problemas e não os de outras pessoas através de um compositor.

Wilson Simonal

Houve um momento em que se vendia qualquer disco de Bossa Nova porque era novidade. A partir do momento em que ela deixou de ser novidade, houve uma preocupação das gravadoras em fazer um tipo de música mais comercial.

O iê-iê-iê foi o ritmo do mundo e dos jovens. Para a tomada de posição de qualquer movimento é necessária a participação dos jovens. O comércio musical está se expandindo e é tão forte que está se formando um gênero de música universal. O grupo

....

20. *Deus e o diabo na terra do sol*, 1964.

que se aproxima mais desse tipo de música é o baiano, porque está fazendo um tipo de coisa que é uma filosofia universal, usam o mesmo tipo de roupa, tomam as mesmas atitudes. Na música dos baianos ainda falta um pouco de cultura musical, o Gil e o Caetano são dos melhores compositores que já ouvi nos últimos tempos, mas eles não têm a cultura musical internacional. Eles podem fazer música universal na concepção de letra, mas em música estão muito aquém.

Claudete Soares

E aí todo mundo foi prejudicado. Menos os que foram para os Estados Unidos. Por isso eles são lembrados ainda.

Os que ficaram aqui tiveram de abrir concessões e gravar coisas que atingissem o público, frevinhos, um misto de iê-iê-iê com samba. Foi o que aconteceu comigo e com todo mundo, nós nos tornamos profissionais, porque na época éramos amadores e não ligávamos para dinheiro. Nós queríamos era mostrar nossa música em clubes e faculdades. Hoje a gente canta e... "cadê o meu?", quero meu dinheiro.

Johnny Alf

Justamente quando o movimento tornou-se bem concreto deveria haver maior responsabilidade na produção. Não houve um cuidado em relação ao amadurecimento e isso concorreu bastante para um declínio. Depois que a Bossa Nova rebentou, o pessoal ficou satisfeito com o resultado, achando que aquilo era suficiente quando justamente daquele ponto em diante é que deveria se fazer uma obra que marcasse mais.

Talvez isso tenha acontecido em face de muitos elementos da Bossa Nova não dependerem exclusivamente da música. Acho que a privação ensina o artista a ter cuidado com a arte. Quando não se depende unicamente da arte, não há privação e não se chega ao nível exigido. Chega-se até um certo ponto somente. Desse ponto em diante, tem de se desligar de todas as outras coisas, e para se desligar é um pouco duro, sabe? Não quero me colocar num lugar diferente, mas eu me desliguei de minha família por causa de música, passei por muita privação, e isso vale para você se tornar um artista amadurecido. Se você tem um ideal certo, a privação vale como uma base para a construção de uma espécie de alicerce. Se você não tem, na primeira privação você tira o corpo fora e pede arrego.

Caetano Veloso

A gente vendo bem, com exceção de João Gilberto, que é a pessoa mais citada (acho que não podia deixar de ser), com exceção dele, o pessoal de Bossa Nova decaiu muito em produção. É inegável. Mas também nós não estamos mais naquele tempo e o cara que está ligado àquelas coisas não sabe mais o que fazer. No caso de João, ele simplesmente permaneceu fazendo a mesma coisa e por ser genial até hoje interessa. E você veja, o fato de ele ter cantado "Pra machucar meu coração" levou as pessoas no Brasil todo a voltarem a cantar essa música. O João cantar é uma coisa que ainda existe, atual. Se o João gravar um LP com baiões, é evidente que será um acontecimento. Ele ainda diz. Tenho a impressão de que é uma dessas pessoas que se eternizaram mesmo, é engraçado mas é verdade. Ele é músico íntegro.

Baden Powell

Acho que não houve um enfraquecimento. É evidente que qualquer compositor não pode crescer indefinidamente. O máximo que pode acontecer é chegar a um ponto e ficar estável. É o que pode ter acontecido. Os compositores se estabilizaram nas suas músicas e depois vieram outros. Pode ser que o povo tenha escutado e tenha querido passar para outro negócio, mas aí a culpa não é do compositor. Pode ser que tenha havido enfraquecimento por parte de alguns compositores, mas em geral não.

Vinicius de Moraes

Até 1960 ou 1961, época do aparecimento do Baden, a corrente se situa nos chamados compositores da Bossa Nova mesmo. Tom, Carlinhos, Menescal, Chico Fim de Noite, que tocavam muito em festinhas. Foi o tempo das famosas festas em casa de Nara, na minha casa. Já era um início da esquerda festiva. Com o aparecimento de Baden é que se situou a segunda fase.

Na nossa música popular a pesquisa de raízes folclóricas, de músicas regionais tem se acentuado nos compositores mais novos. Mas ela se caracterizou a partir de Baden. A partir dele surgiu um, digamos, movimento nacionalista em música.

Elis Regina

Você sabe que o nosso público é muito chegado ao modismo. Os que seguem esses modismos levam as massas, que, embora sendo sempre as mesmas, se transportam assim de lugar para lugar, de cantor para cantor, de programa para programa. Na hora que a moda vira realidade os "modistas" abandonam. E a coisa tem a tendência a enfraquecer de público.

O negócio é esse, a coisa aparece, os seguidores do modismo seguem atrás até o momento em que a coisa se integra, isto é, ganha o compasso da normalidade e passa a ser rotina na vida das pessoas. Aí esses seguidores do modismo abandonam por uma coisa qualquer que tenha surgido no momento. As coisas não enfraquecem em si, o que existe é que aumenta ou diminui a onda de modismo.

Chico Buarque

Isso acontece sempre em qualquer movimento que apareça. Amanhã uma música chamada "O copo" aparece e faz sucesso. Daí a pouco aparece "A garrafa", aparece "A bandeja", quer dizer, sempre os temas vão girando em torno daquela coisa que faz sucesso. E isso vai cansando, a primeira intenção às vezes era boa e vai diluindo. E aconteceu nessa primeira época da Bossa Nova, o pessoal era muito bom mas vieram os aproveitadores com uma porção de bobagens baseadas nas costas da Bossa Nova, ficando uma coisa chata. O público já estava meio saturado e como dava uma idéia de meio frágil, de florzinha, de anjinho, de amorzinho e tudo no diminutivo, quando surgiu uma música meio violenta como a música de protesto, meio engajada, de reivindicação, a coisa puxou pro outro lado, por causa de uma porção de motivos políticos também. Então veio o reverso da medalha. A música vive disso, de balanço pra cá e pra lá.

Houve vácuos, como também houve vácuos depois que começou a cansar a história do protesto. Era esquerda festiva pra lá e pra cá, e a música muitas vezes primária, muito sem conseqüências, esvaziou de novo. E surgiu outra coisa. E vai ser sempre assim.

capítulo 10

OUTRAS BOSSAS

A canção brasileira começou a mudar pela segunda vez no dia seguinte ao início do governo militar de 1964.

As novas canções teriam sua função determinada pelas mensagens embutidas nos versos. Quando cantadas, as letras simbolizariam bandeiras e armas que os estudantes sentiam poder empunhar contra o regime, contra uma ditadura. Por isso, às *canções-obuses*, a apoteose do aplauso e a aclamação.

A classe estudantil que se encantara com a Bossa Nova estava agora sintonizada com o que abordasse a realidade social do país. A música de uma nação inteira, e não apenas do eixo Rio–São Paulo, chegava às famílias brasileiras diretamente pela televisão e em primeira mão. Surgia uma nova safra de compositores, filhos da Bossa Nova é verdade, mas com uma nova canção em que a estética delicada era substituída pela cifrada oposição à ditadura militar, à impossibilidade de expressar suas idéias e às crescentes restrições à liberdade. A canção poderia ser rude, tosca até, mas as letras deveriam conter os códigos. Seria então uma regressão?

A música brasileira mudou seu curso. O caminho da história nem sempre é o da evolução, a história é construída por mudanças.

Tom Jobim

A Bossa Nova, da forma como foi usada, teve um esvaziamento. Não sei se o termo é esvaziamento, eu sei que tudo começou a ser Bossa Nova. Deputado bossa nova, geladeira bossa nova, sapato bossa nova, você se lembra dessa época, não é? Entrou o lado do consumo, e naturalmente todo mundo começou a compor Bossa Nova, mas eu creio que sem o talento de João Gilberto. E, naturalmente, aquilo ficou estigmatizado, estandardizado. Esse fenômeno ocorreu não só aqui, mas sobretudo na Europa e nos Estados Unidos com aquelas imitações crassas, com LPs que tinham na capa a palavra Bossa Nova mas que não tinham nada que ver com a Bossa Nova. O próprio João se ressentiu. A gente também não estava preparado para atender à máquina, entende? Nós costumávamos ir para um sítio perto de Teresópolis, trabalhando com calma em cada música. Depois, quando a máquina começou a funcionar, nós não estávamos preparados para a civilização de consumo, para a civilização industrial. O João tinha aquele temperamento dele, tímido, de não gostar muito de se apresentar em público, e tenho a impressão de que isso foi uma das causas que fez que desaparecesse, procurando a velha paz, o anonimato. Porque hoje se eu for para um quarto de hotel em Paris ou em Nova York vou me sentir como numa fazenda. É muito mais calmo que o Rio de Janeiro, onde conheço todo mundo.

Muita gente diz que a Bossa Nova era um fenômeno americanizado. Acho isso inteiramente falso. Muito pelo contrário, o que influenciou a música americana foi a Bossa Nova. Recebi cartas e telegramas de vários compositores ilustres, inclusive do Johnny Mercer, dizendo que a Bossa Nova tinha sido a maior influência na música americana nos últimos trinta anos. A música americana sempre foi influenciada, porque a atitude do desenvolvido é a atitude do "venha a nós". A nossa, que até hoje fomos subdesenvolvidos, é a atitude do purista, nós estamos muito preocupados com o purismo, com o autêntico. Enquanto a sociedade, vamos dizer aquisitiva, está preocupada em adquirir tudo – venha do Havaí, Cuba ou do Brasil, não interessa –, a nossa atitude de maneira geral é a do "deixa pra lá". Então eu creio que se escreveu no Brasil muita besteira a respeito de Bossa Nova. A Bossa Nova foi uma influência que está acontecendo até hoje, influenciando a música do mundo.

Roberto Menescal

Uns dois anos depois conheci Geraldo Vandré. Foi a primeira vez que eu ouvi falar em preocupação de música brasileira. Vandré, com aquele nervosismo dele, disse: "Nós precisamos fazer uma música puramente brasileira, nacionalista, não sei o quê." Eu fiquei meio intrigado e não sabia o que ele queria dizer com isso, entende? Apesar de eu não me identificar com o estilo de música do Vandré, eu o admiro muito porque acho que ele é o único honesto desse movimento de música de raízes puramente brasileiras. Desde essa época ele lutava e lutava mesmo. Foi até vaiado num dos shows que fizemos, mas agüentou o galho, falou que não mudava e está até hoje nisso.

Geraldo Vandré

Como todos os participantes da Bossa Nova, acreditava nela e com certeza absoluta, na época eu tinha uma consciência muito menor do movimento e da minha participação do que tenho hoje. Acho que o movimento deu uma contribuição muito grande à música brasileira, mas foi antes de tudo um rótulo promocional. Praticamente surgiu de uma necessidade da classe média urbana brasileira de auto-afirmação e de ocupar uma faixa de mercado que até então era ocupada pela música de boa qualidade importada. Até a Bossa Nova surgir, apenas se consumiam discos de Frank Sinatra, Nat King Cole e outros cantores, em sua maioria americanos, que posteriormente perderam o mercado de músicas de padrão artesanal mais desenvolvido. Através de promoções-revistas, shows que fizeram Ronaldo Boscoli, Lyra, eu, Baden, todo mundo, o movimento foi uma tentativa lícita e lograda, semelhante à que fez Roberto Carlos para ocupar a faixa de música de simples mercadoria de consumo.

Ninguém podia dizer nem que ia conseguir o mercado brasileiro, quanto mais o resto do mundo. Acho que, à exceção de Antônio Carlos Jobim e Sérgio Mendes, nenhum brasileiro ganhou como um Sacha Distel, por exemplo, com o rótulo de Bossa Nova. É um exemplo prático para deixar bem claro que na medida em que a gente faz música pra inglês ver, e não como expressão de cultura nacional, a gente corre o risco de o inglês fazer melhor.

O sucesso de "Quem quiser encontrar o amor" coincidiu com um momento em que o grupo de Lyra estava fazendo uma tentativa de utilização dos recursos artesanais de uma cultura essencialmente jazzística a serviço de uma cultura nacional. "Quem quiser encontrar o amor" foi citado pela crítica especializada, algum tempo depois, como um ponto de partida para essa nova tomada de posição na música brasileira. Sempre acreditei que arte só tem sentido quando está vinculada e comprometida com a vida. Nessa medida, arte, independente das nossas propostas conscientes ou inconscientes, vem de fato político e cria fato político. Eu tinha muito medo de falar essas coisas naquela época porque corria o risco de ser considerado quadrado. As pessoas geralmente diziam, arte não tem nada que ver com política.

Sérgio Ricardo

Ao mesmo tempo que eu assistia e participava da Bossa Nova, me preocupava um outro tipo de problema. Tendo nascido no interior de São Paulo, quer dizer, não sendo propriamente um carioca, e por ter morado também muito tempo na zona norte, tendo visto o problema do povo de perto e me sensibilizado com isso, eu achava que a Bossa Nova de uma certa forma estava se distanciando do gosto popular. Embora formalmente fosse excepcional, filosoficamente ela estava meio deslocada. Até hoje não vejo surgir nada mais bonito que a Bossa Nova, realmente é a coisa mais bela na música popular brasileira, mas não acho a mais válida. Ainda me comunico muito mais com toda a obra de [Dorival] Caymmi que com a do Tom ou João Gilberto ou qualquer um deles, embora reconheça que a do Tom seja mais bela que a do Caymmi. Aí o conceito de belo está sendo colocado apenas no plano estético musical. Sem dúvida a música que tem mais riqueza é mais bela que a que tem menos. Mas isso é um conceito quase acadêmico, digamos assim, do julgamento de uma obra. Não sei se filosoficamente é mais bela uma música rebuscada, melódica e harmonicamente, ou uma música simplista – às vezes num acorde só e em duas ou três notas de melodia –, mas que nos toca e comunica, levando até a comoção profunda.

Eu sou um pouco vítima de que renego a Bossa Nova, e a análise que estou fazendo é no máximo das minhas possibilidades científicas e não emocionais. Tendo eu participado da Bossa Nova, seria de certa forma um mau-caráter e seria uma injustiça minha renegá-la em detrimento de outra coisa. É apenas uma evolução dialética do processo.

Eu tinha um outro tipo de preocupação pessoal, precisava fazer que minha obra não fosse apenas uma demonstração estética da minha possibilidade de comunicação e sim alguma coisa que, na minha poesia principalmente, fosse uma relação entre o que eu sentia e a minha vida. Se tiver necessidade do semelhante para poder viver e me entender, tenho também de ser justo com ele na minha obra. Daí a razão de me preocupar sempre em colocar o homem brasileiro e as suas necessidades na minha música. Por achar até mesmo que música é um meio fantástico de comunicação, não apenas um divertimento de quem quer fazê-la bonitinha. Eu queria fazer disso o meu instrumento de luta na vida.

Enquanto a Bossa Nova durava, vivendo oito meses nos Estados Unidos, eu pude observar que não era bem aquilo que queria fazer. O que estava sendo elaborado interiormente precisava ser colocado pra fora.

Edu Lobo

Depois surgiu a linha mais afro do Baden. Baden era um violonista que tinha estudado música clássica a fundo, que veio de uma experiência com músicas Bossa Nova e moderna, que assimilou as coisas do Tom Jobim e a partir disso já voltou a música para um sentido mais africano sem jamais copiar o folclore, o que não teria valor nenhum.

Um samba que foi um marco dentro desse ponto de vista foi "Berimbau". Ele aproveitou a batida de um berimbau e compôs um samba com uma harmonia altamente moderna e toda essa empatia popular que o próprio berimbau pode dar. Com toda essa facilidade de comunicação de um tema popular.

Chico Buarque

Então houve outra virada que foi a aparição de Baden Powell. As parcerias de Baden e Vinicius fizeram Vinicius diferente do início da Bossa Nova, lançando em nosso meio o africano – "Berimbau" – e ao mesmo tempo uma volta ao sambão, às origens, a Ismael Silva principalmente – "Pra que chorar". Vinicius continuava ainda o grande letrista, até mesmo lançando as raízes do movimento que viria depois, o da música de protesto. O "Berimbau" por exemplo tinha uma frase assim: "Dinheiro de quem não dá/Trabalho de quem não tem." Essa coisa era mais ou menos inédita, embora Sérgio Ricardo já tivesse feito o "Zelão". Mas, vindo do Vinicius, isso era uma força nova. Em conseqüência, veio a fase que levou a um outro extremo, que começou e se identificar com as músicas do espetáculo *Opinião*, com Nara Leão, João do Vale [João Batista do Vale], Zé Kéti [José Flores de Jesus]. É válida, teve seu tempo. Mas tem sempre quem vai repetindo a coisa, até mixar. A fase de música de protesto ficou um pouquinho esvaziada, dando caminho a outras coisas. Todas as músicas do espetáculo *Pobre menina rica* tiveram uma grande influência nesse novo movimento que surgiu de uns dois anos para cá. Eu mesmo surgi dentro dessa onda, Gilberto Gil, Sidney Miller.

Vinicius de Moraes

Com o Tom compus muito *tête-à-tête*, ele no piano e eu no caderno. Com Baden fiz muito isso também. Com Carlinhos, parti para ouvir a música dele, já gravada. Curioso, *Pobre menina rica* não era para ser uma comédia musicada. Ele me deu uma fita de música e eu senti que havia uma grande unidade nas melodias, e disse:

– Puxa, pra que fazer mais um LP? Num LP acontecem uma ou duas músicas talvez. Vamos ver se a gente bola uma historinha em torno disso e faz uma coisa mais teatral, quem sabe uma comédia musicada.

Depois, até ele fez um LP que eu não acho muito bom, mas que dá a tônica e a idéia da peça. A música do Carlinhos é de muito boa qualidade.

Edu Lobo

Ao mesmo tempo havia a linha nacionalista do Lyra, a música de participação, a música que não contava só problemas individuais, mas sim uma mais ampla, falando de mais coisas. Foi a época do CPC, o Lyra musicando aquelas peças do Vianna. Aquele movimento todo já era uma outra linha.

Caetano Veloso

Depois eu fui ouvindo os discos do Carlos Lyra, que eu acho que não canta bem no disco mas é um compositor extraordinário; o disco do Sérgio Ricardo, o primeiro a discutir as coisas propostas pela Bossa Nova, que para mim e Gil abriu perspectivas de discussão, de entender o que estava acontecendo e o que a gente devia fazer daquilo.

Carlos Lyra

E nessas buscas da realidade nacional acabei encontrando tanto o Villa-Lobos como o Nélson Cavaquinho, Cartola [Angenor de Oliveira], João do Vale, os verdadeiros valores nacionais. E o negócio era ir às escolas de samba e ver qual era a realidade nacional em todos os seus aspectos. Eu procurava mesmo esse pessoal de escola de samba e também caras que tinham leitura, como Vandré, que era praticamente um letrista. Começou a se fundar uma outra coisa chamada Música Popular da UNE. Quando começaram a fazer isso só havia dois músicos, eu e o Sérgio Ricardo. Ninguém se ligou a esse tipo de coisa. Todos tinham até um certo receio político do que pudesse acontecer. Essa é a grande verdade. Se bem que eles estavam ligados. Como eu fazia muita música com Vinicius, ao mesmo tempo que fazia "Você e eu" e "Coisa mais linda" eu estava muito preocupado em fazer "Feio não é bonito" e outras com [Gianfrancesco] Guarnieri do Teatro de Arena. Então Vinicius sentiu a verdade dessas coisas nas letras, que começou a fazer com o Tom "O morro não tem vez", "Tristeza não tem fim (A felicidade)". Sem querer, começa realmente em todo o panorama musical a ser produzida essa coisa tão autêntica, tão verdade, até pelos caras que não tinham participação, que não iam ao Teatro de Arena, que não se metiam com Zé Kéti. Mas isso influenciou a eles também.

Geraldo Vandré

Foi a época em que Carlos Lyra reuniu na sua casa Zé Kéti e Nara, que fazia parte do grupo, e surgiu gravando as canções de Zé Kéti e de outros sambistas tradicionais do morro. Foi uma espécie de relançamento desses sambistas, a par de um trabalho dos compositores jovens, tentando fazer uma composição mais vinculada ao aproveitamento das tradições da cultura nacional.

Carlos Lyra

No Centro Popular de Cultura, quando se faziam shows para muitos estudantes, uma das minhas idéias era trazer o Nélson Cavaquinho [Nélson Antônio da Silva], o Zé Kéti, o Cartola e o João do Vale. E realmente isso funcionou, a Nara gravou um disco só de músicas de Zé Kéti, de Nélson Cavaquinho e de compositores que expressavam esse pensamento. Fizemos uma nova versão de *Eles não usam black-tie* aqui no Rio em que Vinicius escreveu a letra.

Nara Leão

O que houve foi um movimento de falar da realidade. A Bossa Nova não tinha nada que ver com a realidade brasileira ao mesmo tempo que era poética, lírica e um movimento maravilhoso. Mas essa tendência de falar realidade não foi de um compositor só. Houve João do Vale, Zé Kéti, Ruy Guerra, Edu Lobo.

Sérgio Ricardo

Se nós todos juntos, o grupo baiano, o Geraldo Vandré, o Baden Powell, Vinicius e eu formássemos um conjunto e rompêssemos o grande problema que prevalecia na época, que era exatamente o da comunicação, se nós fôssemos direto ao povo, cantar em praça pública, talvez rompêssemos com esse empecilho. Porque daí aconteceria de as televisões ficarem empolgadas, contratar e dar divulgação à coisa como um movimento. Chegamos a conversar, mas muitos deturparam o movimento.

Carlos Lyra

A minha briga principal nessa época com uma facção do Centro Popular de Cultura é que eles achavam que deviam fazer música com letras de caras cultos dizendo realidades, dizendo verdades políticas. Eu era contra isso porque aí então seria o panfleto.

Se eu forçar a barra vai sair a mentira, o panfleto, como saiu depois. Assim como a Bossa Nova acabou no preciosismo, aquele negócio da tomada de consciência nacional acabou no panfleto, que foi a música de participação, canções de protesto e outros troços que eu acho um lixo.

Essa música de participação começa a aparecer junto com o declínio da expansão econômica nacional, que começou a entrar em crise. A economia do país estava ficando debilitada, começava a aparecer menos trabalho, então todo aquele troço de teatro, de disco, começou a se dissolver todo. A alucinação política era muito grande, tomada de poder e uma série de coisas que estavam totalmente desligadas do que se estava propondo no princípio. A tomada de consciência chegou a um delírio em que a realidade era tomar o governo e fazer um país socialista. E o que acontece? Destroçou praticamente toda a forma que tinha sido encontrada até então. Então aparecem as músicas de dois acordes, já não se usava mais fazer acordes certos nem nada, qualquer coisa que tivesse um conteúdo camponês. "Vamos lá! É agora!" Uma música muito precária.

Geraldo Vandré

Depois disso houve uma fase fundamental pela qual é responsável o Baden, a tentativa de incluir na canção moderna brasileira o samba de roda da Bahia e temas regionais da Bahia, como "Berimbau". O Baden sabia pontos de macumba e músicas geniais que foram utilizadas depois. Mas na época ele não queria usar porque tinha um certo receio místico, achando que era uma coisa que não se devia tocar. Felizmente, depois ele se dispôs a fazer uso disso. Fui a primeira pessoa para a qual ele mostrou essas coisas, eu o conheci antes de ele ser parceiro de Vinicius, "Rosa flor" foi o segundo samba que ele fez e a letra é minha. Conheci Vinicius através do Baden logo depois disso, mas coincidiu de eu vir para São Paulo e nós nos desligamos um pouco. Foi fundamental a participação de Baden e de Vinicius nessa fase.

Vinicius, pelo seu grande talento e pelo prestígio pessoal de que dispunha como poeta, teve uma participação muito grande na promoção e na divulgação da música popular brasileira. Praticamente é o responsável pelo lançamento de Baden.

Vinicius de Moraes

Conheci o Baden por volta do princípio de 1960, num show que o Tom fez na boate Arpège. Baden tocou guitarra elétrica com o conjunto de danças depois do show do Tom. Nessa ocasião ele me mostrou algumas composições, tocou peças clássicas e eu fiquei entusiasmado pelo violão do cara. Ele só tinha uma música conhecida que era o "Samba triste", feito de parceria com Billy Blanco. Aliás o Billy se situa no quadro dos precursores, com as músicas que fez com Tom para a *Sinfonia do Rio de Janeiro*. Aí perdi Baden de vista um certo tempo.

No ano de 1961 começamos a compor juntos. O Baden tinha ouvido um disco lá na minha casa, mandado da Bahia pelo meu amigo Coqueijo Costa, com cantos de roda, cantos de candomblé, cantos de capoeira, marcações do berimbau. E ficou muito empolgado com aquilo. Depois foi à Bahia e teve oportunidade de ver tudo *in loco*, voltou empolgadíssimo. Aí nós nos enfurnamos praticamente três meses e fizemos uma massa de música enorme: "Berimbau", "Canto de pedra preta", os primeiros afro-sambas, "Samba em prelúdio". É a primeira tendência nacionalista com uma corrente mais folclórica.

O álcool para a música, no meu caso, me dá um tipo de excitação que acho útil, ouviu? Com o Tom menos, mas com o Baden foram praticamente três meses de pileques constantes. Depois, sóbrio, eventualmente corrigi uma coisa ou outra, mas não demais, não. Aquele estado etílico é que mais ou menos levanta você, cria em você uma atmosfera mais perfunctória, mais perto desse clima. Os dois uísques a mais de que falava o Humphrey Bogart, que deles precisava para viver: "The problem with the world is that everyone is a few drinks behind."

Os músicos sentem certos sons com certas palavras. Às vezes, o compositor já me dá uma idéia quando entrega a música. O Baden fazia muito isso, ele colocava até umas letras que não queriam dizer nada, às vezes ali havia o germe de uma idéia. Foi o caso do "Deixa". Ele só cantava "deixa" e no resto, só a música. Sempre que voltava a esse pedaço ele cantava "deixa". Eu aproveitei o "deixa" dele. E a idéia do compositor em geral é certa, porque ele tem também a música das palavras, às vezes um som de música é o mesmo som de uma palavra.

Curioso que eu tinha feito com o Tom um samba com um tema de capoeira, "Água de beber". Eu cantei para ele o tema que tinha escutado há muito tempo numa sessão de capoeira na Bahia, ele gostou e fez um samba. Mas isso na obra de Tom não é uma coisa assim muito marcante. É muito mais na obra do Baden, o que é normal, porque ele é mestiço e tem raízes muito mais fundas. No seu próprio temperamento ele é um crente da magia negra, acredita na mitologia negra, freqüenta terreiro. Quer dizer, aquilo está dentro dele mesmo, é uma coisa muito mais autêntica, mais lógica, é uma decorrência. E essas raízes são importantes; acho, por exemplo, difícil um compositor como o Tom fazer pesquisa folclórica, ele é um compositor tipicamente carioca, muito mais universalista, não acredita muito nas coisas regionais, enfim, tem um espírito mais amplo. Isso não quer dizer que quem se dedica às pesquisas folclóricas não seja amplo, pode ser igualmente amplo, mas é o próprio caráter do compositor que leva a isso. Como é o caso do Dori Caymmi, que apesar de ser carioca tem atrás dele a Bahia; do Edu Lobo, que é um jovem de família pernambucana. O grupo baiano é muito ligado à tradição baiana, o Gil é um compositor que ao mesmo tempo protesta e é profundamente regionalista. O próprio samba carioca, para usar uma designação clássica, é um samba ligado à Bahia, tem substrato baiano. O Geraldo Vandré, paraibano, dedica-se a uma pesquisa regionalista, uma mistura do norte com São Paulo rural e com aquela zona de Minas, uma música mais sertaneja, mais caipira. O Sérgio Ricardo, do interior de São Paulo, logo que começou era uma figura muito isolada dentro do movimento Bossa Nova, fazia uns sambas muito característicos e depois também fez pesquisas no sentido folclórico. Já o Chico é carioca e morou em São Paulo, ele faz um samba urbano e não há pesquisa folclórica nenhuma, é um caso muito individual pois o samba é ao mesmo tempo tradicional e não porque tem elementos bastante modernos.

Edu Lobo

Através do Vinicius conheci o Baden e o Lyra, que na minha fase inicial tiveram uma participação muito grande no sentido de orientação no que eu estava fazendo. Através do Lyra tive um contato com o Vianna e comecei a musicar uma peça chamada *Os Azeredos mais os Benevides*, que não foi levada porque o teatro foi queimado. Dessa peça me sobrou o "Chegança", que era o tema principal. Foi minha primeira experiência em teatro, mas da maior importância para mim.

Depois, acompanhei bastante o trabalho de Baden e ao mesmo tempo do pessoal da minha geração, como Dori Caymmi, com quem eu tinha maior contato e que na minha opinião é o mais sério da nossa geração em termos de conhecimento de música, quase que naturais, porque ao que saiba o Dori nunca estudou nada, é um negócio nato nele. Nessa época nós tínhamos um trio vocal, Dori, o Marcos [Valle] e eu. Dori era o arranjador; Marcos e eu, os solistas, o trio era quase que todo baseado em uníssono, era mais para divertir. O Marcos começou também nessa época, depois foi o Francis [Hime], enfim a geração ia crescendo mais ou menos junta. Isso no Rio.

E hoje, cada um no seu caminho, na sua tendência natural, serve para revitalizar cada vez mais um caminho único que é o da música brasileira. Por isso não acho que haja caminhos em choque ou opostos.

Claro que existem fenômenos isolados que não têm nada que ver com a música brasileira, coisas puramente comerciais. Mas os caminhos que existem são novas idéias e ninguém tem a obrigação de se prender a normas e regras para fazer música brasileira. É necessário que aconteça isso tudo, essas rupturas, esses caminhos diversos que na realidade formam um único caminho.

Geraldo Vandré

Em 1962 lancei "Fica mal com Deus", que na minha opinião foi o salto para a música nordestina propriamente dita. Depois Edu também fez a colocação da temática do Nordeste como expressão de cultura popular dentro da música. A rigor, as manifestações de cultura popular não dependem da gente, a gente tem uma contribuição. O pedreiro Valdemar já era uma canção política[21].

Marcos Valle

Mais tarde quem teve um papel importante no ritmo foi o Tamba Trio, com a batida do Hélcio abrindo outros caminhos. Acho que a reunião do que o João Gilberto fez, com o que o Luizinho Eça fez, com o Tamba Trio, empurrou o ritmo para outro rumo inteiramente diferente.

Nara Leão

Aloísio de Oliveira contratou a todos nós para a sua própria gravadora, a Elenco, Vinicius, Menescal, Baden, para fazermos só música brasileira. Foi a primeira fábrica que fez isso. Depois as outras também fizeram. Como a Elenco não tinha boa distribuição nem divulgação, acabou sendo engolida pelas outras mais poderosas.

Wilson Simonal

Aí veio a fase da Elis Regina com Jair Rodrigues. O momento forte dos seus shows era o de músicas animadas com *pot-pourri* de músicas de Carnaval, com aquela pseudo-roupagem moderna. E aquilo acostumou o público, realmente uma música de Carnaval é muito mais animada que uma do Tom Jobim.

....

21. Refere-se à marcha "Pedreiro Valdemar", de Wilson Batista e Roberto Martins, gravada por Blecaute [Otávio Henrique de Oliveira] em 1949 e que diz no refrão: "Você conhece o Pedreiro Waldemar/ Não conhece, pois eu vou lhe apresentar/ De manhã cedo pega o bonde Circular/ Faz tanta casa e não tem casa pra morar."

Carlos Lyra

O fino da bossa através da televisão tem uma importância muito grande no panorama brasileiro, como início de divulgação de massa. E é aí que vem aquele negócio muito engraçado, a música Bossa Nova que sempre foi *cool*, que era caracteristicamente *cool*, n'*O fino da bossa* se transforma em sertanista pelo próprio meio de divulgação que é a televisão.

Então estava se descobrindo uma nova maneira de projetar o produto artístico. É um fenômeno muito engraçado. Pela própria necessidade de ter ação na televisão, começou a acontecer música brasileira forte. *O fino da bossa* é um negócio de ampla divulgação e projeção. Tem "Hélice" Regina – como o Ronaldo disse, um estranho vício da maior expressão na televisão[22] –, que mudou completamente o caminho da música, que vai pro sambão. É onde entra a música de Marcos Valle. As minhas músicas começaram a ser interpretadas de outra maneira. E a música *cool*, que é típica da Bossa Nova, não existia mais.

Caetano Veloso

O que veio depois na verdade estava antes. Acho que musicalmente o Zimbo Trio, Elis Regina, o Quarteto, o Tamba Trio, o Simonal daquela época, todos eram culturalmente anteriores ao João Gilberto, pré-Bossa Nova. Isso não é absurdo porque a gente vê isso em filosofia, vê essa possibilidade na história de todas as artes, às vezes um determinado ramo da cultura se desenvolve até certo ponto, mas depois ainda aparecem pensamentos e criações que culturalmente são anteriores, ainda não assumiram esse momento. Realmente isso tudo que aconteceu depois veio abrir novas perspectivas, não pela consciência que essas obras tinham do universo musical criado pela Bossa Nova, mas pelo tipo de elaboração de arte-final do produto. É muito mais o virtuosismo do Zimbo, a técnica da Elis, a técnica inicial do Simonal, a técnica do produto, a técnica industrial que abrem certas exigências.

O caso do João Gilberto tem a violência da própria genialidade que superou esse meiozinho de atmosfera fechada que o Rio propicia. E ele realmente revolucionou as coisas em termos de música no Brasil, o que a Elis não fez depois, do ponto de vista musical. Mas do ponto de vista de colocação social do trabalho artístico a Elis é um acontecimento maravilhoso, complicado, talvez triste sob alguns aspectos – as pessoas sofrem, é verdade –, mas é uma coisa violenta. É uma artista jogada na sua venda.

....

22. O apelido de "Hélice" foi dado por Ronaldo a Elis em função dos movimentos de braços que ela adotou por sugestão de Lennie Dale.

Baden Powell

Elis Regina, como cantora, marcou muito e trouxe muitos compositores nas costas. Porque é uma cantora que tem raça pra cantar. E esse modo de cantar é essencial na música brasileira, principalmente no samba. Aí talvez é que tenha uma modificação. No tempo da Bossa Nova, a música era cantada mais delicadamente. A música da Elis Regina é uma música quente, com raça, pra frente, e muita gente passou a fazer samba dessa outra maneira. Não vou dizer que seja melhor ou pior que a Bossa Nova, eu sei que tem uma coisa diferente que levou muitos compositores a fazer o tipo de música mais raçuda. E no fundo, pra te falar mesmo, o que ajudou a fazer esse tipo de música devem ser os problemas do Brasil.

Caetano Veloso

Eu, Gil, Bethânia, minha irmã, que estava encontrando sempre com a gente para cantar, e uma menina que nós tínhamos conhecido, chamada Maria da Graça, procuramos o Tom Zé [Antônio José Santana Martins], começamos a cantar e a trabalhar juntos. Até que uma casa de espetáculos foi construída por um outro grupo chamado Teatro dos Novos. Puseram o nome de Teatro Vila Velha. Para a inauguração propuseram fazer uma semana com vários tipos de espetáculos, música erudita, popular, teatro, cinema, conferências e esse negócio. Sabendo do nosso grupo, o pessoal nos convidou para fazer um dia de música popular nessa semana. Fizemos, mostramos composições nossas e fizemos um sucesso enorme, tão grande que de repente passamos a ser um grupo profissional em termos baianos, alguma coisa como amador mal remunerado. Passamos a fazer outros espetáculos, o primeiro se chamava *Nós, por exemplo*, o segundo era meio didático, chamava *Nova bossa velha, velha bossa nova*. Era uma tentativa de dar uma visão mais inteira do processo de modernização da música brasileira, que nessa época era muito recente, foi em 1964. Nesse ano, Nara fez aquelas declarações e gravou aquele disco polêmico, na época do espetáculo *Opinião* no Rio. *Nova bossa velha, velha bossa nova* tinha a intenção de mostrar uma certa coerência no desenvolvimento da música brasileira, contar a história da Bossa Nova dentro do contexto da história do samba, não como a invenção de um novo ritmo, não como um acontecimento comercial-publicitário, mas como um negócio ligado ao samba tradicional. Nessa época compusemos alguns sambas já muito ligados ao samba tradicional, refazendo alguns estilos da Velha Guarda, abandonando a Bossa Nova que a gente já tinha cristalizado. Nesse segundo espetáculo tentamos, por nossa conta, fazer uma espécie de comentário do acontecimento Bossa Nova.

O terceiro espetáculo chamava-se *Mora na filosofia* e tinha intenções diferentes. Só Bethânia estava em cena e ela cantava sozinha; foi o primeiro espetáculo individual que nós tivemos. Tinha a intenção de colocar a poesia da música brasileira como uma poesia de participação política. Nesse espetáculo ela foi vista e depois convidada a fazer *Opinião* no Rio quando Nara adoeceu.

Maria Bethânia

Quando fui convidada para fazer o show *Opinião* não conhecia ninguém. Não conhecia nem João do Vale, nem Zé Kéti, nem as músicas dele, achava Nara Leão a deusa da minha vida e quando me disseram que eu ia substituí-la quase morro de felicidade. Ela tinha estado na Bahia, foi no ensaio da gente, conversou muito, mostrou músicas do disco novo que estava fazendo, achei muito bacana o trecho que ela cantou pra mim de *Opinião*. Quando Nara perdeu a voz, eles me ligaram do Rio, eu estava em Santo Amaro da Purificação. Falei com meu pai, ele deixou só com Caetano acompanhando e nós viemos juntos, aliás, eu trouxe todos eles, Caetano, Gil, todo mundo.

Quando cheguei, a Suzana de Moraes ia estrear e fazer uma semana para eu poder ensaiar. Assisti, achei lindíssimo, de acordo com tudo que eu estava pensando na época e disse que queria fazer.

O espetáculo era uma pedreira, foi um susto pra gente quando soubemos que Nara fazia duas sessões no sábado e no domingo: "Que é isso, que mulher louca, cantar duas vezes no mesmo dia, como é que ela pode?"

Eu me dei muito bem com o diretor Augusto Boal, uma pessoa inteligentíssima que tem um tato maravilhoso. Tive de ensaiar muito as músicas, pois não sabia nenhuma. Eles me deixaram bem à vontade logo na estréia, dois dias depois eu re-ensaiei o show com Boal e comecei a trabalhar, sozinha. À tarde ia pro teatro, ficava lá pensando, bolando coisas que tinha de fazer. Fui limpando sozinha, Boal não estava nem mais no Rio. Aí eu fiz dança para melhorar minha postura em cena, sempre baseada em idéias próprias, aquilo foi uma coisa inteiramente nova para mim. Boal me deu uma base do que eu devia fazer e me mandava criar em cima do que ele me ensinava.

Senti que *Opinião* era uma nova fase na música popular brasileira, ainda mais sendo uma peça de teatro. Achei importantíssimo. Vou continuar amando João Gilberto, mas gosto também disso.

Eu acho que o mais importante na música de protesto foi a presença de João do Vale. Do trabalho de todo mundo, de Zé Kéti, de Nara, de Vianninha, meu. O de João do

Vale é mil vezes mais importante, ele marcou tudo, mobilizou o Brasil inteiro, então todos os compositores passaram a fazer música desse tipo.

A característica mais forte dessa música é a agressão, a violência. Você vê o "Carcará", vê o "Plantar pra dividir", todas as músicas de João são fortíssimas.

Também tem outra característica que é de Zé Kéti, um pouco de deboche, assim um pouco de desligamento mais carioca também: "Já é profissão acender velas aqui no morro." Mas o João é mais cruel, é muito claro, aberto, não tem o menor rodeio: "Plantar pra dividir, não faço mais isso não." Ele agride com uma força terrível, uma carga de emoção muito grande mas ao mesmo tempo uma frieza, uma coisa decidida. Pelo que conheço de João, foi exatamente a revolução que fez dele um grande poeta. João tem muitos outros baiões que são muito mais terríveis que o "Carcará", muito mais agressivos, muito mais fortes.

Todo compositor brasileiro fez música de protesto. O Edu não tem nada que ver com João, Caetano não tem nada que ver com João, nem Gil com Zé Kéti, e todos começaram a compor músicas de protesto. Na minha casa no Rio ou em São Paulo, passavam muitos compositores jovens e eu ouvia suas músicas, letra por letra. Eu enchi um caderno desta altura de canções de protesto. A maior parte era muito fraca, principalmente as letras. Até hoje eles me procuram porque eu marquei muito com "Carcará" e eles acham que eu sou uma cantora de protesto.

Não sei dizer se a música de protesto tem alguma característica musical porque não sou nada musical e estou meio por fora. Acho que a Bossa Nova viciou aos compositores numa coisa que se perdeu com a música de protesto, os acordes dissonantes. Isso a música de protesto cortou completamente. O acorde dissonante é um negócio muito *flou*, e para a música de protesto é preciso uma coisa mais agressiva.

Houve um enfraquecimento na música de protesto pelo seguinte, todo mundo começou a fazer de araque, aí ficou um negócio fajuto e perdeu toda a força. Todo mundo que eu digo são aqueles que iam lá pra minha casa todo dia à tarde mostrar músicas. Eles queriam aparecer. O sucesso é Bossa Nova? Então vamos atacar de Bossa Nova. Se for canções de protesto, atacavam de protesto. Todo movimento se dissolve por isso. Com a Bossa Nova foi a mesma coisa, com o protesto também.

João do Vale e Zé Kéti perderam o seu lugar. Zé Kéti está fazendo só músicas de Carnaval. O João parou de se apresentar mas não pára de escrever música. Todas lindas, maravilhosas. Mas você não encontra João do Vale. Os outros caras gastaram o trabalho dele. A chamada esquerda festiva resolveu fazer mil sambinhas de protesto e destruiu os caras da pesada.

Nara Leão

Na época da revolução de 1964 é que me tornei conhecida quando fiz o show *Opinião* porque tomava uma decisão cantando: "podem me bater/podem me prender/que eu não mudo de opinião...". O público estava propício a aceitar este tipo de mensagem por ter participado de uma revolução contra o comunismo. Aí então houve a fase de desânimo, pois vi que isso que fazia não adiantava nada. E, comigo, todo o público também. Foi por isso que eles passaram a ouvir e cantar o iê-iê-iê, achavam que não havia solução.

Assim, o público é que é mais receptivo em determinadas épocas, dependendo do período social que se passa. A receptividade é que muda.

Ronaldo Boscoli

Quando nós começamos a fazer nossas coisas não tínhamos nenhuma preocupação de ordem política. Não tinha fundamento nós nos preocuparmos com coisas tão profundas como são as coisas sociais. Nossa música era real, autêntica, podemos chamar de alienada em termos esquerdistas, mas era uma alienação autêntica. Nossos problemas eram problemas urbanos mas verdadeiros, problemas de asfalto porque éramos de asfalto.

Nossa música ainda é uma música de elite. Até a música de Vandré é uma música de elite. Se você botar num circo do interior um Geraldo Vandré falando aquela coisa toda e uma Elza Soares, ela ainda terá uma comunicação mais direta com a massa. Naquela época não tínhamos nenhuma pretensão de dizer mensagens.

O que aconteceu é que os jovens que tentaram nos suceder tinham medo de não vencer porque nós já estávamos na frente. E em vez de entender que o bolo dá para todos começaram a derrubar o que já tínhamos feito e a fazer música de participação. Já ouvi críticas até ao Tom chamando-o de superado. Mas todos sem estofo moral para fazer esse negócio, música de esquerda feita por meninos de Copacabana ou Ipanema nunca pode dar certo. Tanto que o público percebe. O público é exatamente como criança, não sabe dizer mas sabe sentir. E aquelas músicas de empolgação foram sendo percebidas pelo público como mentirosas. Não o tema que eles faziam, mas os autores dos temas. A não ser casos isolados, o de Geraldo Vandré, por exemplo, que eu admiro muito porque foi um dos poucos autênticos nesse movimento todo. A maioria fez música de esquerda para ganhar dinheiro.

Aí apareceu um dizendo "quero que tudo o mais vá para o inferno", que é o que todo mundo queria mesmo, e todo mundo se bandeou para o iê-iê-iê. O iê-iê-iê passou a tomar conta da nossa música porque o público sentiu no iê-iê-iê o que sentia em nós, sinceridade.

Não sou contra o protesto. Sou contra a maioria que faz o protesto no Brasil. Muitos já chegaram para mim e disseram: "Ô Boscoli, olha aqui uma musiquinha de protesto que vai dar um pé terrível. A gente vai ganhar uma nota." Para essa gente aparentemente estruturada, mas que está sempre visando ganhar dinheiro, se o protesto está dando pé, fazem o protesto. Amanhã o romântico está dando pé, fazem o romântico.

Os esquerdotas são românticos frustrados. Todos os rapazes que fizeram essa musiquinha de esquerda têm cultura musical, constroem muito bem suas criações, fazem letras muito bem-feitas, muito sob medida, muito certinhas, mas eu digo "bonitinhas, mas ordinárias", porque não têm fundo de raiz verdadeiro.

Eumir Deodato

O Edu Lobo começou com um tipo de música que aliava a música regional do sertão, "Borandá", a um certo bom gosto derivado da Bossa Nova; as batidas da maioria de suas músicas eram Bossa Nova.

Elis Regina

A música nordestina de Edu não deixa de ter uma razão de ser, seu pai é pernambucano, sua mãe também e sua tia que o criou também. Ele passou muitas férias no Nordeste. Suas características musicais são de baião, sua construção melódica é tipicamente nordestina. Veja "Chegança".

Edu Lobo

A partir do trabalho com Ruy Guerra minha música começou a procurar caminhos mais afros, começou a ser mais enraizada, mais preocupada com folclore mas sem ser aquela linha radical de só o que é folclore é nacional. Não era exatamente elaborar temas folclóricos, mas era uma música feita com características mais regionalistas, mais ritmadas, mais fortes. A letra menos melosa, mais dura, mas ao mesmo tempo mais eficaz, eu tenho a impressão. Dessa época surgiram "Reza", "Borandá", que eu fiz sozinho, "Aleluia", "Em tempo de adeus", "Réquiem para um amor", enfim, uma série de canções.

Foi o próprio contato com Ruy, com as letras que ele me apresentava, que me sugeriu esse trabalho que a gente fazia. Nem sempre as letras eram feitas em primeiro lugar, mas havia idéias sobre um determinado poema que ele me mostrava, e através desse poema era feita uma música e depois a letra ia sendo feita. Baseei esse estilo na temática do trabalho de alguns compositores, do Baden principalmente.

As letras de Ruy Guerra eram mesmo diferentes como tipo de letra e como temática de tudo que se fazia na época. Eu não esperava isso. Tinha até uma série de preconceitos com relação a palavras, um certo medo em musicar poemas, não tinha segurança bastante e rejeitava uma série de coisas. Aprendi muitas coisas com as letras do Ruy, como ele também recebeu muita coisa porque eu sempre fui muito ligado com o problema do som das palavras. O Ruy era mais poeta, mais desligado do som, e havia problemas de palavras que ele achava bonitas e eram realmente bonitas num poema, mas jamais na canção. Lembro que uma delas falava num morcego que dentro da idéia poética era muito bonita. Mas musicalmente ficava horrível. Então a gente tinha discussões e ele dizia que eu tinha preconceito com as palavras e eu dizia que ele não tinha musicalidade. Mas essa briga foi proveitosa para mim, que perdi um pouco do preconceito em relação a outras coisas, e para ele, que procurou fazer um negócio mais musical. Só consegui realmente perdê-lo completamente quando vim trabalhar em São Paulo fazendo *Zumbi*, porque aí já tive o compromisso de musicar uma série de letras enormes e complicadas.

Quando eu vim, o musical não estava estruturado, era só a idéia de uma peça em que a música seria minha. O Guarnieri tinha umas idéias a respeito de um romance que ele queria transpor para teatro – eu tinha feito uma canção com Vinicius sobre a história de Zumbi dos Palmares – e, nessas conversas de papos de bares e de mostrar músicas, surgiu então a idéia de se fazer a partir desse tema que já estava pronto e se prestava ao movimento político da época. Daí foi aquela loucura, aquele trabalho constante e surgiu o *Arena conta Zumbi* com todas as músicas criadas para a peça.

Eu mesmo escolhi a Elis, já a conhecia da TV Rio, de um show do Bottles, e dei a música "Arrastão" pra ela cantar no Festival da Excelsior. E o negócio aconteceu bacana. Minhas músicas estão ligadas bastante, quanto à interpretação, ao trabalho de Elis. A voz dela se casa perfeitamente com o tipo de canções mais agressivas que eu faço. Além de Elis, em relação às minhas músicas, tem Bethânia que eu acho excepcional. Essas duas são as principais.

Vinicius de Moraes

O "Arrastão" foi feito em cinco minutos. Na mesma noite eu fiz com Edu Lobo "Arrastão" e "Zumbi"[23]. Edu me tocou a música, tinha só idéia que era uma coisa de mar, que eu também senti. Mas acho que essa letra está tão na cara, a música induz à letra.

Outras me têm dado surras terríveis. Com o próprio Edu, por exemplo, "Canto triste" foi uma letra muito sofrida, como foi "Chega de saudade" com o Tom. Há outras que eu fico em cima meses.

Eumir Deodato

O Edu foi um pouco mais à parte, mas o Marcos Valle sempre foi um compositor da linha Bossa Nova, sempre obedeceu aos critérios gerais da Bossa Nova com um bom gosto até superior. Ele acrescentou muita coisa ao que já tinha antes.

Marcos Valle

Que eu lembre bem, houve uma nova mudança na música brasileira quando um certo grupo se reuniu e começou a fazer um tipo de música social. Foi quando Nara Leão rompeu com a Bossa Nova, fazendo aquela declaração que já estava cansada de música de apartamento, e gente como Sérgio Ricardo, Carlinhos Lyra, mais tarde Edu Lobo começou a fazer um novo tipo de música que naquela época causou brigas. Eu fui colocado num grupo de cá porque continuei fazendo músicas de amor, eles ficaram sendo o grupo de lá.

Em 1965, eu, como outros compositores, me senti um pouco deslocado, não sabendo exatamente o que fazer e também parei. Simplesmente parei. Já tínhamos, eu e meu irmão, experiências que deram certo, como "Terra de ninguém" – que tinha sido feita para o primeiro show do Teatro Paramount e acabou ficando um verdadeiro hino da música social, tendo sido lançada junto com "Preciso aprender a ser só" e "Gente" –, músicas com fundo social. "Terra de ninguém" foi feita antes e eu não pensei numa letra assim mas aquilo já me soava como um negócio diferente. Eu sentia que era uma coisa do Nordeste, alguma coisa que eu devia ter escutado e que ficou em mim. Embora uns dois dias antes, nos ensaios, o pessoal já estivesse comentando, foi uma certa

---

23. Vinicius refere-se à música "Zambi", da peça *Arena conta Zumbi*, escrita por Gianfrancesco Guarnieri e Augusto Boal em 1965, com música de Edu Lobo, direção de Augusto Boal e direção musical de Carlos Castilho.

surpresa aquele sucesso. Saí da minha linha para procurar fazer alguma coisa. Fiz. Deu certo. Mas não procurei continuar naquela linha.

Resolvemos parar porque não estávamos mais achando o caminho. Inicialmente não concordei com que se estava fazendo porque me pareceu um pouquinho falso aquilo de conservar raízes brasileiras.

Embora eu ache que nessa época a música também estava precisando de alguma mudança. Ainda assim, tentei fazer duas músicas desse tipo, "É preciso cantar" e "Um sonho de lugar", mas logo fui para os Estados Unidos com Sérgio Mendes. Nos Estados Unidos tive bastante tempo para pensar. O meu medo era o seguinte: se eu começasse a fazer aquele tipo de música social, ia ter de largar toda a harmonia que tinha estudado e forçar uma coisa que não estava realmente em mim. Cheguei à conclusão de que estava sendo muito burro porque o caminho era outro. Você podia conciliar tudo no fundo. Continuar fazendo aquela harmonia ou até fazer coisa melhor e mais brasileira. Foi quando comecei a fazer realmente as primeiras experiências e deram certo. Cheguei ao Brasil, onde felizmente tinha acabado aquela briga de grupinhos, e começamos a nos juntar outra vez: Edu Lobo, Milton Nascimento, Ruy Guerra, Luizinho Eça, e quando mostrei minhas músicas eles acharam que aquele caminho era o certo.

Dori Caymmi

Com Chico Buarque de Hollanda veio um lirismo total de letra, uma capacidade de contagiar massas com letras do melhor português, de uma penetração rápida e fulminante, todas as suas músicas são populares. Ele criou um troço, tem o dom da palavra. É o poeta mais importante da nossa geração. Sou um profundo admirador de Chico Buarque por essa modificação. Mas fico chateado porque toda vez que se inova no Brasil vem uma porção de gente ruim imitando, é uma tristeza.

Sérgio Ricardo

E outra mudança que senti na música foi quando apareceu o Chico Buarque com "A banda". Senti um novo tipo de letra, um novo tipo de música, mas que no fundo não posso considerar uma escola, porque é o Chico Buarque.

Chico Buarque

Houve uma busca das coisas anteriores à Bossa Nova, o samba de morro, Noel Rosa, Dorival Caymmi, mas, no meu caso, quando a Bossa Nova começou a esvaziar é que elas influíram novamente. Eu também entrei na onda do *Opinião*, que era válida na época, mas não fiz nada muito parecido. Comecei depois de assimilar uma série de coisas, mas o movimento me influenciou bastante. A volta ao samba antigo, movimento criado por Baden e Vinicius – "Pra que chorar", "Só por amor", "Formosa" –, também me influenciou.

Maria Bethânia

Chico é a continuação de tudo isso que João Gilberto, Carlos Lyra, Boscoli e Menescal fizeram.

Chico Buarque

Os nomes de mulheres que aparecem nas músicas são quase sempre inventados, às vezes para criar um som: "Será que Cristina volta, que Cristi, que Cristi...", uma questão sonora. Não há uma ligação direta, a historinha é composta nos momentos mais banais. Componho com violão sempre, até agora só compus com violão. Geralmente uma idéia de letra, uma frase, um verso, uma quadrinha que me levam a tentar pôr aquilo em música. Ou podem ser quatro notas, eu resolvo mexer no violão e ocorre uma letra que dá certo. Pode ser que eu esteja sozinho mexendo no violão – passo muitas horas do meu dia mexendo no violão sem mais – e descubra uma seqüência harmônica que me dê idéia melódica, poética e tal. De qualquer maneira, as coisas acontecem todas ao mesmo tempo, sendo que em 99% das vezes em que penso que vou fazer uma música não faço. E faço poucas. A minha produção deve ser normalmente uma por mês, não é mais que isso não.

Quase todo dia tenho a impressão de que vou fazer uma música, vou para o violão, exploro aquilo, acho que é parecido com o que já fiz, que não dá certo, não tem saída e a idéia morre. Aí a gente vai tomar um cafezinho e desiste.

Geraldo Vandré

Depois da fase de nordestização, onde são muito importantes Edu Lobo e Sérgio Ricardo, tem a fase de "Disparada" que acho fundamental, abre uma perspectiva para a moda de viola do centro-sul do Brasil. Toda manifestação de cultura nacional que não tem apoio na classe média urbana, a qual se defende e faz valer suas razões, não tem condições de afirmação dentro da mentalidade nacional. A moda de viola é a mais proletária dessas manifestações. "Disparada" quebrou esse preconceito da classe média, não pela pobreza harmônica ou poética. Harmônica e poeticamente, a moda de viola caipira americana é tão pobre quanto a nossa e é aceita no mundo inteiro. Mas toda uma linha deveria vir atrás de "Disparada". E não veio apenas por falta de investimento e por descrédito dos músicos da classe média, por uma manifestação de cultura que, quer eles queiram quer não, significa a única forma de cantar de 60% ou 70% da população brasileira, populações rurais dos estados de Mato Grosso, Goiás, Minas, Paraná, Santa Catarina e Rio Grande do Sul.

"Disparada" é por assim dizer uma filha de [*A hora e a vez de Augusto*] *Matraga*. A primeira experiência que fiz com a música do centro-sul foi justamente para *Matraga*, romance de Guimarães Rosa que se passa em Minas Gerais. Roberto Santos queria moda de viola de Minas. Ouvi discos regionais de lá e me encantei com aquilo. Solano Ribeiro também gosta muito de moda de viola e achava que era um caminho. Nas vésperas do festival ele me disse: "Por que você não faz uma moda de viola?" Eu tinha intenções de fazer e acreditava nela mas achava que, se fizesse sozinho, contaria com a resistência dos músicos que só pensam na forma da música, na riqueza e nas invenções. Como Théo [de Barros] é um compositor de talento, com percepção e consciência, pedi a ele para fazer a música. Porque realmente eu não tinha, não tenho e não faço muita questão de ter o respeito musical das elites musicais brasileiras. Acho que em canção popular a música deve ser uma funcionária despudorada do texto.

Isso não quer dizer que não se devam usar os recursos artesanais, com a maior disponibilidade possível, para desenvolvimento de uma ideologia musical nacional. Mas é preciso ter um cuidado muito grande para que o uso desses recursos esteja realmente a serviço do texto, que é fundamental na canção popular.

Caetano Veloso

A música chamada "Disparada" deixa de ser uma influência menor no meu ponto de vista. Essa música tem em si alguns elementos muito importantes de abertura para coisas realmente novas. Pela sua estrutura épica de letra, sua literatura narrativa e tendendo para a violência, o seu tipo de música banal como estrutura musical, simples, mas bela também por isso, e o seu tratamento artesanal de apresentação, por causa de todas essas coisas, a "Disparada" é a primeira tentativa evidente de se fazer uma música brasileira industrial e forte, alguma coisa como o iê-iê-iê.

Marcos Valle

No final de 1967 acho que começou a surgir outra coisa, uma aliança dos dois. Quando tinha aparecido a música social, tinha havido uma preocupação maior com letra que com música. No fim de 1967 o tipo de letra social, não tão forte e bruta como era, se abrandou um pouco. Mas levava a mensagem em união com o tipo de harmonia que era feita antes da música social.

Maria Bethânia

Antes, o grupo baiano não tinha nenhuma característica definida. Era só continuação do Carlinhos Lyra, Vinicius de Moraes, Tom Jobim, João Gilberto. Até o "Lunik 9" do Gil é caindo de ser Bossa Nova. Caetano e Gil eram iguais a Claudete Soares, Elis Regina, Simonal, Chico Buarque, todo mundo.

Ronaldo Boscoli

O grupo baiano, que tinha uma linha melódica e uma letra características e estava um pouco fechado, trouxe uma grande contribuição para a música brasileira, mostraram que na Bahia trabalhou-se muito em silêncio. Caetano Veloso, Gil, Torquato Neto, que não é baiano mas é radicado ao grupo, Capinam e tantos outros são e serão um marco na música brasileira moderna. Se eu, carioca, fosse fazer "Procissão" eu me sentiria ridículo. Mas em Gilberto Gil isso é feito sob medida. Ele é um homem que viveu essa experiência. Só sou a favor de quem viveu isso.

Eles têm uma característica marcante, caminharam mais para as raízes brasileiras reais, foram menos influenciados que nós da cidade e as letras são totalmente autênticas porque locais. Eles contam fatos regionais com uma espetacular capacidade de síntese e de inventiva. Por exemplo, aquela do galo cocorocó é uma beleza. Só poderia ser feita por baiano. Se eu dissesse: "o galo cocorocou...", em Ipanema não vejo o galo cocorocar senão longe, lá nos morros do Cantagalo[24].

Marcos Valle

Acho que eles tiveram duas características principais. Primeiro, o tipo de letra procurando observar mais os problemas brasileiros. Segundo, uma certa agressividade na música, que

....

24. Boscoli refere-se à música "De manhã", de Caetano Veloso, interpretada por Maria Bethânia, no LP *Maria Bethânia*, de 1971.

até aquela hora estava muito doce, muito calma. A música estava precisando dessa agressividade, que estava no ritmo, na maneira de interpretar e na melodia.

Edu Lobo

O movimento tropicalista é uma coisa conjunta com bastante unidade, realmente é uma proposta inteiramente nova. Mas eu tenho uma série de críticas, uma série de coisas que boto em jogo. Fui fundamentalmente contra o movimento no seu começo, não cheguei a entender bastante e depois, talvez com mais lucidez, entendi muito mais o tipo de trabalho que eles se propuseram fazer.

Em todas as épocas sempre aconteceram essas rupturas, algumas mais violentas, outras menos, dependendo do temperamento de cada um. Você sente quando uma coisa tem talento no meio. Eu posso ver mil coisas e discordar do negócio, mas, com todas as minhas críticas e discordâncias, uma coisa clara é o talento de Caetano Veloso. É claro feito água. Isso é ponto pacífico.

Caetano Veloso

Vejo que naturalmente mudei de processo de compor. Antigamente compunha muito mais música e letra junto e sempre me intuía uma coisa que me parecia bonita, uma frasezinha já cantada. Por exemplo: "É de manhã/É de madrugada/É de manhã", já sentia a letra e música inteira que me vinha na cabeça. Daí eu ia pensando separadamente. E mais ultimamente ainda, tenho pensado no assunto a tratar, antes de pensar numa frase melódica ou num verso. Eu me emociono com uma coisa e penso, vou fazer uma música sobre isso, sobre um cara andando numa cidade grande, vendo revistas, vendo as coisas, pensei nisso. Depois fui escolhendo os elementos que compõem essa coisa. Estou contando mesmo uma coisa que fiz recentemente, é a música "Alegria, alegria", fui pensando em alguns elementos de letra que dessem bem a imagem do assunto que eu queria tratar e, aos poucos, fui pensando na música como um tema alegre, do cara andando na rua e vendo as coisas, revistas coloridas, Copacabana, uma música que fosse alegre e estivesse habitada por um som muito atual, um som meio elétrico, meio *beat*, meio *pop*, como o que a letra tem, que é coisa atual da revista, fotografia de Claudia Cardinale, guerras, toda a festa do mundo moderno, festa estranha. Pensei no assunto, vim pensando na rua, cheguei em casa comecei a pensar na letra, à noite, fiquei fazendo até a madrugada. Aí fiz a melodia toda e a primeira parte da letra. No outro dia, fiz a segunda parte.

Gilberto Gil

"Domingo no parque", por exemplo, cheguei em casa cansadíssimo depois de uma noite sem dormir e, de repente, na cama resolvi pegar o violão e fazer uma música. Em duas horas a música estava pronta.

Daqui pra frente talvez a gente faça alguma coisa nova. Tenho a impressão de que a gente descobriu um filão. Que outros compositores e artistas deverão desenvolver e explorar.

Essa coisa nova, esse filão seria o tropicalismo, que ainda não tinha seu contorno perfeitamente definido. Na falta de um nome adequado, o estilo de "Alegria alegria" e de "Domingo no parque" era alcunhado por seus autores como "som universal", o que não passava de um rascunho.

Fica no entanto bastante claro que ambos, Caetano e Gil, tinham plena consciência de que estavam a ponto de detonar um novo movimento na música popular brasileira ao incorporarem a guitarra elétrica, ao adotarem a *pop music* na apresentação das suas composições. Na cabeça dos dois a estética do tropicalismo já parecia existir. Faltavam os detalhes.

Gilberto Gil

Eu acho que o momento atual deve marcar o surgimento da terceira fase à qual me referi[25], que não está bem caracterizada, mas acho que vai passar a existir. Parece-me que essa preocupação de que alguma coisa deverá acontecer é quase geral. Não só os intérpretes como os compositores, todos nós achamos que é provável, é quase certo que alguma coisa vai acontecer. Até mesmo por causa de uma série de fatos característicos que marcaram a pré-Bossa Nova, uma série de preocupações que existiram e agora se repetem com outras roupagens, mas sintomaticamente com o mesmo tipo. Parece que talvez com o próximo festival, ou logo depois, deve surgir um novo tipo de música brasileira.

Johnny Alf

Têm-se criado vários movimentos, mas há uma grande diferença com o movimento da Bossa Nova. Na Bossa Nova, a despeito de uma certa comodidade dos criadores,

....

25. Ver o capítulo 8. (N. do A.)

tudo foi conseguido com um ponto de dificuldade e uma força própria. João Gilberto não apareceu gravando por causa de nenhum empresário, nem promoção, foi ele mesmo, o conhecimento com o Tom, que ajudou. Foi o meu caso e o de todos os outros. Hoje sempre existe uma firma ou anunciante para ajudar a construir um artista. Isso desvaloriza um movimento artístico porque todo resultado de promoção do movimento está ligado ao interesse comercial, à porcentagem. Quer dizer: "Vou fazer isso por aquele cara, porque vou ganhar aquilo." O pessoal que se deixou lançar desse modo já tinha valor próprio, já tinha identidade própria como artista da música brasileira. Não vou dizer que eles sejam inocentes no que fazem porque o que eles mostraram antes obriga a gente a pensar desse modo. Não são inconscientes, nem fazem isso na base da loucura. Mas o que marca o trabalho deles não é a música e sim o tipo de promoção feita. Isso é coisa que passa, não fica. Amanhã vão comentar: "Fulano fazia isso, ele aparecia assim, fazia aquilo." "E a música, como era?". "Ah, a música nem lembro mais."

Dori Caymmi

Eu prefiro o melodista antigo ao atual. Existem coisas lindas, o Edu faz coisas maravilhosas, o Gil às vezes faz coisas que assustam de tão bonitas, Caetano Veloso faz lindas melodias, mas complicado demais. Eu mesmo me situo um pouco nessa complicação, talvez eu seja o mais complicado de todos, o menos popular. Mas nós complicamos um bocado, talvez pela falta de simplicidade. Acredito que nós – Edu, Gil, Caetano e eu – estejamos procurando formas mais populares.

Claudete Soares

Depois do grupo Bossa Nova, musicalmente o mais importante como música moderna foi Milton Nascimento. Ele tem características marcantes, a melodia, a batida, ele é um pouco diferente.

Milton Nascimento

Não há muita diferença entre a minha música e a de Danilo [Caymmi] e Dori porque a gente faz a mesma coisa de modo geral. Menos na melodia e na letra. Mais na harmonia e no ritmo. Edu também é chegado à gente. Caetano é diferente. Ele é livre de um modo e eu sou de outro. Eu não me prendo a esquema de música de tantos compassos. E Caetano também não. Dori, Danilo e Edu se prendem mais que eu. Eumir é o cara que mais entende minhas músicas, mas quando compõe faz outra coisa, outro tipo de música.

Acho que formamos um grupo. Nós temos uma harmonização, um modo de tocar violão, de cantar. O tipo de música que nós fazemos é a toada. É como nós consideramos nossa música. Toada é uma espécie de carro de boi, um negócio que vai desenrolando, uma cantiga. Geralmente a letra é uma história. A toada é diferente devido à região. A de Dorival Caymmi é marítima. A minha tem uma ligação com a da região de Três Pontas. Não a considero regional, a harmonia não tem nada de regional, nem mesmo a melodia. Tem grande influência eu ter morado o tempo todo em Minas, mas acho que o jazz tem muita importância na minha música. Fui muito ligado à música americana, principalmente em Belo Horizonte. Antes de ter contato com o jazz ouvíamos muito João Gilberto, aqueles trios todos, e isso ajudou bastante. Também ouvi muita música clássica. Eu sempre tive interesse em ouvir música. Mas não tinha interesse na música sertaneja. Escutava moda de viola, desafios, etc., mas sem interesse. Mas isso também teve influência.

Outra coisa que eu acho importante foi que quando comecei a tocar violão foi de ouvido, eu não fiquei preso a nenhuma escola porque não estava em contato com o pessoal. Eu estava fazendo outra coisa para outro lado. Foi justamente por estar em Minas Gerais.

Ainda do tempo de Belo Horizonte, quando comecei a compor, tive como parceiro um rapaz de lá, Márcio Hilton Borges, que fazia as letras. "Travessia" foi feita em São Paulo e eu ia botar letra mas não consegui e pensei nesse meu parceiro, o Márcio, mas achei que não era música para ele botar letra. Então um amigo meu das horas difíceis – que saía de Belo Horizonte para me visitar em São Paulo porque sabia que eu estava na pior lá –, falei com ele para fazer a letra da música. Ele nunca tinha pensado nisso na vida, não queria fazer, eu disse: "Você vai fazer." Então ele foi para Belo Horizonte com a música decorada e mais tarde quando eu fui ele me entregou a letra com um pouco de medo, e era aquilo mesmo que eu queria. A vida dele mudou totalmente. Ele era estudante de direito e o negócio dele é mesmo fazer letra de música. É o Fernando Rocha Brandt.

Quando eu apareci, o Marcos estava nos Estados Unidos, estava aqui o Paulo Sérgio Valle, irmão dele, que produziu um show meu. O Paulo Sérgio queria que eu conhecesse o Marcos. Quando ele chegou a gente um dia cantou uma música juntos, por prazer. O negócio saiu bem, casou tudo, as vozes. Como estávamos na mesma gravadora, resolvemos gravar um disco juntos. Foi "Viola enluarada", e nesse período também fizemos duas músicas juntos, "Réquiem", com música dele e minha, letra de Ruy Guerra e Ronaldo Bastos, e "Diálogo", com letra do Paulo Sérgio Valle.

Carlos Lyra

O negócio do Milton Nascimento é interior, mais urbanizado. Não é negócio de toada de vaqueiro de aboio; é toada culta.

Eumir Deodato

Milton Nascimento é uma coisa totalmente nova, não tem raízes nem na Bossa Nova. Ele tem características de música clássica, procedimentos harmônicos e rítmicos que só encontro em partituras de músicas clássicas. Em nenhuma música popular do mundo encontro esse tipo de procedimento. Nem na música americana ou no jazz, embora ele tenha também procedimentos jazzísticos e às vezes de Bossa Nova. Mas o contexto geral da música dele é todo baseado em música clássica, adaptada evidentemente a ritmos desconhecidos totalmente. Até hoje não consegui descobrir a origem do impulso rítmico que ele dá às suas músicas. É uma coisa totalmente nova, misteriosa, intrigante e desafiadora. E pouca gente até hoje entendeu com profundidade o que é a música de Milton Nascimento.

capítulo 11

PERSONAGENS

Num país tão musical como o Brasil, é natural que os meios de comunicação dediquem hoje amplo espaço à música popular. Bem diferente do tempo em que foram colhidos os depoimentos dos personagens que narraram o conteúdo do livro original: em 1967 dez entrevistas, em 1968 onze, em 1969 duas e em 1971 uma.

Pouco a pouco reportagens e críticas firmaram-se como parte integrante de seções específicas em jornais e revistas do país, livros foram publicados, teses foram defendidas, artigos analíticos foram escritos e pesquisas realizadas vieram a público, o que reflete um reconhecimento à importância da música popular. Em conseqüência, a maioria desses personagens tem atualmente suas biografias amplamente conhecidas.

Como, após a gravação dos depoimentos, suas atividades profissionais foram enriquecidas com episódios e, sobretudo, com novas obras, seria natural que tais dados fossem acrescentados no capítulo que se segue, visando uma atualização da trajetória de cada entrevistado. Todavia o desenrolar dos fatos já estava curiosamente insinuado por eles mesmos na edição original, cumprindo-se de certa forma o destino que talvez pressentissem para si próprios, embora estivessem alguns deles no início de suas carreiras. Tais revelações encontravam-se espalhadas pelos temas mais reflexivos, enfocados nos cinco capítulos finais do livro publicado em 1976, os de número V a IX.

Em vista dessa surpreendente constatação optei por manter este derradeiro capítulo praticamente com o mesmo texto das autobiografias relatadas na primeira pessoa – que evidentemente se encerram em meados dos anos 60 – e por completá-las com algumas dessas reflexões, a respeito de temas como a inspiração e o processo criativo, que expõem essas insinuações.

Deixo a critério do leitor sobre ser ou não uma premonição.

ANTÔNIO CARLOS JOBIM (1927-1994)

Nasci na Tijuca. Meu nome é Antônio Carlos Brasileiro de Almeida Jobim, 1927. Com um ano de idade vim para Ipanema. Ipanema era um areal, tinha muita pitangueira, a lagoa era muito bonita, nessa época muito limpa, tinha aquele mar, com uma praia de areia branca cheia de conchas enormes.

A gente nadava na lagoa, nadava no mar. Ipanema tinha poucas casas, os carros atolavam na areia, a gente botava tábuas embaixo dos carros. Minha infância decorreu assim.

Lá pelos 10 anos arrumei uma gaita de boca; depois, com 12, arrumei uma daquelas que tinha chave e podia dar semitons. Às vezes dedilhava um violãozinho, os acordes, uma coisa rudimentar. Até que um dia veio um piano alugado lá para casa, um piano velho pra minha irmã estudar. O professor era o [Hans-Joachim] Koellreuter, que depois se tornou famoso no Brasil. Ele tinha chegado aqui muito pobre e aqui ficou, começou lecionando piano. A minha irmã, depois de se aborrecer com aquelas escalas, acabou deixando, e eu vinha da praia, sentava lá ao piano e comecei a brincar. E descobri que aquilo era um grande brinquedo, que tinha enormes possibilidades.

Eu tinha dois tios que tocavam violão, um tocava popular e outro, clássico. Isso foi uma grande influência, naturalmente, aquelas noites de cavaquinho, de choro, da guitarra espanhola, do tio que tocava Bach no violão. Tudo isso creio que me despertou um grande interesse pela música.

Mas a música foi sempre encarada como um *hobby*. Assim eu fiz o ginásio, o científico, fui para a Escola de Arquitetura, e no primeiro ano abandonei e me dediquei à música. Naturalmente nessa época todo mundo ficou preocupado com isso, dizendo "vai morrer de fome" e tudo mais. Naquele tempo o compositor morria tuberculoso.

Eu tinha estudado piano; os clássicos com Dona Lúcia Branco, com Tomás Terán – um famoso professor do Rio de Janeiro, professor do [Arnaldo] Estrela, do [Heitor] Alimonda, amigo do Villa-Lobos – que tinha um número enorme de alunos, como tinha também a Madalena Tagliaferro. Eu pertencia ao grupo do Terán. Fui também aluno do professor Paulo Silva. Naquela época era difícil estudar música no Brasil. Aquele ensino escolástico da Escola Nacional de Música não me atraía. Tive sempre professores particulares.

Comecei a me interessar por orquestração, por instrumentação. Comprei umas partituras, tentava estudar, ia ao Municipal, procurava gravações boas do que achava melhor, tentava entrar em contato com a obra de Stravinsky, de [Arnold] Schoenberg e de Prokofiev.

Eu me casei muito moço e tive de trabalhar. Larguei os estudos e fui competir com o aluguel. Fui pianista de boate, que hoje a gente chama de inferninho. Toquei em tudo quanto é inferninho de Copacabana – é verdade que nesse tempo a vida noturna era mais intensa que a de hoje – e fui tocando piano para me manter. Mas sempre procurando estudar, até que finalmente fui trabalhar na Continental Discos. Escrevia as músicas dos compositores que não sabiam escrever e ajudava a fazer uns arranjos para orquestra. Consegui de certa forma passar da noite para o dia, o que foi um grande passo na minha vida. Aquela vida noturna era pouco sadia. Aí, trabalhando de dia, indo à cidade, entrei em contato com os arranjadores, Radamés, Gaya, Léo Peracchi, Lyrio Panicalli, que me ajudaram bastante, comecei a fazer uns arranjinhos.

Desde os 14 anos brincava muito com a composição, melodia, uns acordezinhos. Mas, muito tímido, não tinha coragem de mostrar uma composição minha a um cantor, entende? Quer dizer, para me descobrirem levou bastante tempo, o que foi bom porque o anonimato protege muito o artista. Enquanto você é anônimo você trabalha em paz. Depois o telefone começa a tocar, começa a complicar.

Creio que com 23 anos tive a primeira composição gravada. Mas permaneci nos arranjos porque compositor no Brasil nunca pôde viver disso. Conheci Ary Barroso, Dorival Caymmi, e essa gente nunca conseguia viver de composição, e eu estou citando talvez os dois compositores mais famosos do Brasil. O Ary foi *speaker* esportivo, tinha programa de calouros, viajava com a orquestra dele ao México, à Argentina e mesmo aos Estados Unidos onde trabalhou com Disney. Isso pra poder se manter e ter aquela casa no Leme, na ladeira que hoje se chama ladeira Ary Barroso. Dorival era cantor, sempre se apresentou em shows, etc. E hoje o fenômeno se repete: por exemplo, Chico Buarque é um homem cuja grande parte dos proventos vem de performances pessoais como cantor, como homem de show. De modo que o negócio dos arranjos continua sempre como base da alimentação.

Na parceria com Newton Mendonça já comecei a me tornar mais conhecido. Newton foi meu primeiro parceiro: era pianista e amigo de infância. Morava numa rua adiante e nós nos encontrávamos. Quando trabalhávamos juntos, ele era mais o letrista e eu era mais o melodista. Mas a gente também trocava. Tive uma música gravada por Ângela Maria que naquele tempo fazia muito sucesso, "A chuva caiu", de parceria com Luiz Bonfá. Depois, foi aquela época de "Foi a noite" e outras coisas assim. Até que conheci Vinicius, que me foi apresentado por Lúcio Rangel. Vinicius tinha chegado da Europa e tinha uma peça, *Orfeu do Carnaval*, que ele queria encenar no Municipal e precisava de um músico. Começamos a trabalhar juntos, a peça fez um grande sucesso e depois veio o filme *Orfeu negro*, que tirou cerca de cem prêmios em vários países. Por isso a música se tornou muito divulgada. O sucesso da peça e o trabalho com Vinicius me trouxeram projeção em relação ao público, pois antes eu era conhecido, mas no meio de profissionais. Aí naturalmente eu pude abrir a gaveta: os cantores me procuravam pedindo música e eu então tive a oportunidade de ver gravada muita coisa.

O fenômeno da Bossa Nova ocorreu mais tarde, após as composições com Newton Mendonça. Você olhando as minhas composições – mais de duzentas – verá que 80% não tem nada que ver com a Bossa Nova: eu escrevi canções de câmara, fundo de filmes, música sinfônica, muito samba-canção, muito choro. Há diversas épocas misturadas e diversas tentativas. Dentro do meu mundo eu me debati para todos os lados tentando naturalmente encontrar coisa nova.

Nunca saí do Brasil até os 36 anos, sempre quis ficar aqui. Na época do Orfeu, tive boas oportunidades: depois que o filme ganhou a Palma em Cannes, tive chance de ir para a Itália, para a França, para a Inglaterra e não quis nada disso, quis ficar em casa. Achei que aquilo ia perturbar. Mas em 1962 nós fomos mandados para o Carnegie Hall. Eu tentei não ir, João tentou não ir, mas tínhamos de ir.

Depois do concerto o pessoal foi embora, mas o João e eu resolvemos ficar. Eu pensei assim comigo, bom, já vim aqui e se passar três ou quatro dias não vou ver nada. Preciso ver o que existe fora do Brasil, qual é o mundo de que eles falam tanto. E assim fiquei uns seis meses em Nova York. Nesses seis meses fizemos muita coisa: João gravou aquele LP com o Stan Getz[26], depois eu gravei um LP meu com as minhas músicas, o LP da Verve que foi lançado aqui pela Elenco[27]. Fiquei lá em Nova York, muito frio, muita neve, em janeiro de 1963 gravei o disco e depois regressei ao Brasil.

Depois dessa viagem fiz outras, a fim de contar com os meios eletrônicos para fazer um serviço bem-feito. Naturalmente o ideal seria ficar em Ipanema ou no Leblon e fazer tudo em casa. Mas infelizmente ainda não é possível isso. Um dia vai ser.

Reflexões:

Componho tudo junto: melodia, harmonia e ritmo. Não componho uma seqüência harmônica para colocar a melodia depois. Algumas vezes já me vieram à cabeça melodias que mais tarde eu harmonizei. Mas componho as duas juntas.

Tenho a impressão de que a harmonia já se tornou tão rica que nós precisamos é do contrário: subitamente numa seqüência de música que usa 4º grau, 5º grau e 1º grau (subdominante, dominante e tônica), pode-se ter uma coisa da maior riqueza, não é?

....

26. *Getz/Gilberto*, Verve, 1963.
27. *Antonio Carlos Jobim, The Composer of Desafinado, Plays*, Verve, 1963, editado no Brasil sob o título *Antonio Carlos Jobim*, Elenco, 1965, com supervisão de Aloísio de Oliveira.

Ou mesmo da maior nulidade. Essa coisa é muito relativa, como já dizia o meu avô. Não acredito na complicação da harmonia, nem na complicação do ritmo, nem na complicação da melodia, entende? Tenho a impressão de que a minha tendência é para cada vez simplificar mais.

Para ser franco eu acho que não existe nem mais música popular, nem música erudita. A música popular no sentido de ser feita pelo próprio povo, essa não existe mais. E a música erudita feita pelos eruditos também não existe mais. Você pode ir à favela e escutar alguma música popular, mas ela está lá na favela, é um fenômeno circunscrito a uma área, esotérico. Como existe na música erudita: também você pode ir ao Lincoln Center e escutar uma sinfonia. Mas ela dá prejuízo e é subvencionada pelo governo. A música erudita tem sido subvencionada no mundo inteiro porque não atende ao radinho de pilha, nem à televisão.

O Villa-Lobos, por exemplo, dizia que era o último dos grandes músicos. Tive a felicidade de conhecê-lo e creio que ele queria dizer, com isso, que músico no sentido que ele foi cada vez se torna mais difícil no mundo de hoje, entende? A música passa a se tornar uma arte visual, ligada a gestos, roupas, imagens, atitudes, política e tudo o mais. A gente pergunta, mas qual é o meio de se ouvir uma sinfonia? Radinho de pilha ou televisão? Esses dois meios são inadequados. Como você vai ouvir a Sagração da Primavera no radinho do carro? Você pode, mas está perdendo 90% do conteúdo sonoro.

A música exige uma atenção por parte do ouvinte, que hoje não tem mais tempo. Ainda outro dia li no jornal que tudo que tem mais de cinco minutos de existência deve ser destruído. Quer dizer, toda obra que exige muito tempo, como um romance, por exemplo. Você vê, nós pensamos hoje em termos de leitura dinâmica, de informação, de passar a vista em quatro ou cinco jornais, três revistas e se libertar daquilo o mais rapidamente possível e, ao mesmo tempo, estar informado para estar por dentro, não é? Eu não creio que essas coisas levem à criatividade. O indivíduo que sofre de superinformação, de superalimentação, de supertrabalho, superócio, ele está sempre dirigido, entende? E as pessoas são dirigidas muito facilmente, o que é lamentável descobrir, não é fato?

O ser humano está cada vez mais cerceado na sua liberdade individual, por qualquer radicalismo e por qualquer centrismo. De uma maneira geral, o que eu estou observando no mundo é que o indivíduo está cada vez mais pressionado, seja por uma ideologia, seja por uma indústria, o fato é que as liberdades individuais estão desaparecendo. Inclusive a liberdade de você ficar quieto, nem essa existe mais. Nem o direito ao silêncio você tem. Se você for à floresta da Tijuca tem um sujeito com um radinho de pilha que está anunciando um produto. E na praia deserta da Barra da Tijuca tem também outro radinho de pilha. No carro também tem outro. Em toda casa tem uma televisão ligada para dizer que pasta dental você deve usar, que gilete, que produto você deve vestir. Isso tudo eu acho a perda de liberdade pessoal. Eu, particularmente, estou compondo à revelia de todo esse negócio, fazendo música. Sei que o negócio não funciona dentro da máquina, mas a máquina até hoje tem admitido um certo grau de marginalidade, como admite um Di Cavalcanti, que fica no seu ateliê pintando quadros. Ele não é combatido pela máquina mas é um marginal: ele vende quadros, é um artesão, e o artesanato neste tempo da máquina cada vez mais deixa de existir.

Posso dizer que, sem nenhum ufanismo, estou achando a música brasileira atual a melhor do mundo. Ainda há uma certa liberdade, uma relativa liberdade no Brasil, que eu não creio que continue existindo, por muito tempo, desse momento que nós estamos falando para diante. Agora, ainda há uma certa liberdade, o sujeito ainda pode dedilhar um violão embaixo de uma palmeira, ou do poste mesmo.

Antônio Carlos Jobim, 27 de outubro de 1968

BADEN POWELL (1937-2000)

Fui criado no morro. Pedregulho, Mangueira, por ali. Vivia lá. Eu morava em São Cristóvão, corria lá pra cima e ficava com aqueles moleques, tudo lá no morro. Comecei a tocar violão com 8 anos, era muito querido, era o garoto do violão. E ficava por ali rodando. Com 9 fui a um programa de calouros na Rádio Nacional, tirei o primeiro lugar.

Toquei em showzinhos de crianças, às vezes tinha um cachezinho de 30 cruzeiros, ganhava e ficava contente. Mas não era profissional. Comecei no profissionalismo quando tinha uns 14 anos de idade, também na Rádio Nacional. Quem me levou pra lá foi o Renato Murce. Eu também era calouro, mas acompanhava calouros, tocava em regional pequeno, e ia fazendo minha vida assim. Como ganhava dinheiro, era mais ou menos profissional, embora estudasse e tudo.

Viajei pelo Brasil inteiro fazendo shows. Naquele tempo havia os artistas de cinema: Renato Murce, que dirigia o show, Cyll Farney, Eliana, um cômico (que mudava muito), tinha uma pequena que tocava acordeão, um rapaz da rádio que cantava muito bem, eram uns cinco ou seis. E eu acompanhava esse pessoal todo pelo Brasil inteiro. Viajei muito tocando em teatros, quer dizer, adquiri tarimba de palco, de ver público, fiquei logo à vontade e com 16 anos já estava gravando e fazendo baile. Por isso não senti bem a transformação para o profissionalismo.

Eu queria tocar. Tinha certeza de que ia ser aquele o meu negócio, não tinha nenhuma dúvida sobre isso não, ia ser violonista. Gostava muito de tocar, estudava, e estava sempre tocando com os outros e assim estou até hoje. Eu comecei com a música desde o início, tocando de ouvido e estudando muito pouco. Estudava exatamente o suficiente para a técnica, só exercícios. Quando fiz 12 anos, já tinha quatro de violão. Aí comecei a estudar música a sério. Estudei uns dois anos a sério, parei e só vim estudar com 18. Depois desse segundo período é que fiquei bom leitor de música. Depois comecei a compor, mas não tinha letrista nem nada. Mais tarde é que vim a conhecer Billy Blanco, depois o João Gilberto, o pessoal todo, tudo naturalmente. Depois conheci Vinicius, vim compondo, e vim fazendo essas coisas até agora. Praticamente minha primeira composição foi "Samba triste". E sempre fiz esse tipo de samba, quando componho não penso em negócio moderno, é um troço meio tradicional, não é muito Bossa Nova não. Se você notar bem, tem um negócio meio afro misturado com morro. Como eu fui criado, como eu vivi.

Reflexões:
A música africana, a dor do negro, os lamentos, sofrimentos e lamúrias do cara que sofre, que padece, que anda muito, que é preso numa série de coisas de que não pode sair, a música fala dessas coisas. Hoje, quando o cara faz um lamento desses, dizendo que sofre, a pessoa encara como política, mas eu não acho. Quando sofro muito, faço aquela música sofrida. Quando a gente vê problemas de gente morrendo, isso não é política não. É a música que pede essa letra mesmo. E não adianta você colocar outra de amor... ela nasce do sofrimento.

Baden Powell, 12 de março de 1968

CAETANO VELOSO (1942-)

Faço música desde menino na minha cidade, em Santo Amaro da Purificação. Não pensava em ser profissional, fazia música brincando em casa. Aos 17 anos, em 1960, fui morar na capital, e lá por acaso um amigo meu, Álvaro Guimarães, montou uma peça de teatro e pediu que eu fizesse música para a peça. Fiz, todo mundo gostou, e o pessoal começou a pedir para ouvir o que eu já fazia de brincadeira. Daí me apresentaram a Gilberto Gil, que fazia música lá com pretensão profissional. Foi exatamente na época em que tinha aparecido a Bossa Nova. O João Gilberto estava na cabeça da gente, e a gente se animou muito com relação à música brasileira.

Durante uns quatro anos, Gil, eu, Bethânia, Maria da Graça e Tom Zé fizemos apresentações raras na televisão, mas amadoristicamente. Fizemos três espetáculos no Teatro Vila Velha, *Nós por exemplo*, *Nova bossa velha, velha bossa nova*, e no último, *Mora na filosofia*, Bethânia veio para o Rio fazer *Opinião*. Daí eu vim com ela, mas não fiz nada, voltei pra Bahia, depois vim a São Paulo, onde fiz um espetáculo no Teatro de Arena, com Augusto Boal, *Arena canta Bahia*. Eu trabalhava ao lado de Gil, Bethânia, Maria da Graça, que hoje se chama Gal Costa, Piti e Tom Zé. Acho que não saiu bom, embora tivesse algumas coisas muito bacanas. Depois desse espetáculo voltei a Salvador, fiquei lá um ano, de onde mandei uma música para o Festival da Excelsior que ganhou o quinto lugar e fez algum sucesso, "Boa palavra". Voltei e comecei a trabalhar no Rio, compus mais, mandei outra música para outro festival – o da TV Record – que ganhou o prêmio de melhor letra, "Um dia". Gravei o primeiro disco, *Domingo*, com oito composições minhas e quatro de outros colegas e as doze interpretadas por Gal Costa e eu. Estou aqui.

Reflexões:

O que a gente chama de música popular hoje está ligado à tradição nacional popular, mas se industrializou e se transformou numa coisa que não é mais música popular, nesse sentido da música rural ou mesmo do folclore urbano, como existe no Rio de Janeiro o samba de morro, etc. Mas é uma música de todas as classes e de classe nenhuma, é uma música vulgar, é um produto para consumo geral.

A arte que a gente faz é a arte do disco, isso é que é uma coisa, e nesse lugar está a música do nosso tempo. Tenho a impressão de que a música dos Beatles e dos Rolling Stones talvez seja a manifestação musical mais importante do nosso tempo. Pouco me importa então a discussão entre popular e erudito, acho que a vulgarização da música, ela ter sido transformada em produto, fez dela uma outra coisa que já é vista de uma outra maneira, e daí é que sai alguma coisa. Não vejo daqui pra frente esse tipo de processo de mudança acontecendo com a música. Nada nesses termos. Acho que já não está mais nessa área, está na área do disco, da música que se vende. E é sob o signo de produto que a música está existindo.

No tempo em que tenho vivido, a gente tem tido muita facilidade em distinguir e, portanto, é porque existe concretamente a distinção entre música erudita e popular. Entretanto, isso não é uma colocação estática e eterna; o que a gente chama de erudito hoje foi em algum tempo mais popular que muita música popular que se faz hoje. O mundo, como experiência humana em coletividade, se tornou cada vez mais uma coisa dividida, as pessoas se especializam e ninguém entende de tudo, ninguém possui o mundo. Nós perdemos o mundo, é a sensação que a gente tem. De forma que a divisão entre música erudita e popular está colocada numa discussão muito mais complicada hoje. A música primitiva que as pessoas das regiões rurais fazem é música popular ligada a uma certa área. A música que uma parcela muito pequena da humanidade faz e conhece é música erudita. Agora, o que é aquela música do LP dos Beatles?

Engraçado, estou falando de coisas que atualmente estão ficando passadas para mim. É a primeira vez que estão ficando envelhecidas essas coisas sobre a Bossa Nova, porque até pouco tempo atrás estavam todas muito vivas. Agora não. Como eu falei que começo a ver coisas novas, então agora elas estão ficando um pouco passadas.

Caetano Veloso, 20 de agosto de 1967
(Dois meses antes de cantar "Alegria, alegria"
no III Festival da TV Record)

CAPINAM (1941-)

Acho que comecei a fazer poesia em 1956. Depois disso, quando entrei na Universidade, por volta de 1960, essa atividade se torna mais aprimorada com novas preocupações diante de descobertas políticas, porque até então eu não entendia nada de política e minha poesia era somente presa a mim mesmo. Eu era uma pessoa muito isolada do mundo, muito ligada a conflitos que existiam por eu ter nascido no interior e vivido na cidade, conhecendo duas realidades opostas. Então essa poesia veio resolver, e tomar um caráter político claro a respeito do mundo, vim a descobrir que outras pessoas existem, que existem relações perigosas, relações comerciais.

A primeira experiência na atividade de música nasceu também na Bahia, mas não dirigida para fazer música como mais tarde aconteceu em São Paulo e no Rio. Foi quando escrevi para teatro uma peça chamada *Bumba meu boi*, baseada numa festa dramática popular brasileira. Essa experiência foi muito bem-sucedida (a música foi de Tom Zé) e realizada na Bahia no ano de 1963 mais ou menos; foi a primeira vez que eu cheguei a pensar em música como um elemento, no quanto ela podia acrescentar a um texto literário. Foi daí que nasceu a minha preocupação em fazer letra.

No ano de 1963 eu vim pro Sul. Abandonei os cursos que fazia de teatro e direito e comecei a trabalhar em publicidade. Mais tarde, com a vinda de Gil, de Caetano, de Maria Bethânia (que eu não conhecia na Bahia), Geraldo Sarne (o cineasta que fez *Viramundo*) me convida pra fazer uma letra sobre emigrantes nordestinos para seu filme. Essa letra foi a primeira e acho que é básica. É o "Viramundo". A letra da música para o filme foi feita com Caetano Veloso, mas a conhecida e gravada foi feita com Gil.

Estou muito ligado às coisas da minha infância: canções de roda, danças dramáticas que eu assistia. Acho riquíssima e forte a forma do Nordeste e tento realizar dentro dela.

No Rio, minha experiência se prolongou fazendo letras mais assiduamente com Caetano, Gil, Edu Lobo, Paulinho da Viola e outros compositores novos com quem tenho trabalhado.

Reflexões:

Minha preocupação nas letras é falar sobre conflitos e contradições dos brasileiros, mas reconheço que hoje dificilmente qualquer coisa poderia se situar somente num plano nacional. Tenho uma suposição de que não existe música brasileira pura.

Um dos principais elementos existentes numa obra de arte é a emoção. É a principal via. Precisa haver uma vivência, uma experiência, não me preocupa a forma como se a tem: pode ter chegado ao Rio um disco de música de folclore e o cara sintonizar o negócio. Pode existir uma música como "Disparada", realizada por um cara que tem uma experiência mais aproximada, e ela passar a repercutir de tal forma que se integra na linguagem de outras pessoas que a escutem. Acredito que renderá melhor aquele que tem mais aproximação, mas eticamente não existe nenhum impedimento para quem não tem. Mas isso só responde sobre a qualidade, e não sobre a validade.

José Carlos Capinam, 29 de outubro de 1967

CARLOS LYRA (1939-)

Minha vida profissional tem de começar na época em que eu me preparava para estudar arquitetura. Estava fazendo o último ano do Colégio Mallet Soares quando desisti totalmente de tudo isso para me dedicar exclusivamente à música. Nessa época eu tocava violão nas festinhas de amigos, como *hobby*. Até que houve aquele passo adiante e todo mundo começou a deixar de ser amador para se transformar em profissional. Eu e o Menescal fizemos uma academia, dávamos aula.

E depois eu fiz uma segunda que ficou muito conhecida no Rio de Janeiro, aqui na Rua 5 de Julho. Eram muitas meninas e se criou um público universitário feminino muito grande, a maioria estudantes da classe média com posses. As aulas não eram muito baratas, tanto que se vivia bastante bem nessa época. Havia mais de duzentos alunos na academia.

Fui professor de violão até o momento em que a Philips foi me buscar na academia para eu gravar minhas músicas. Não; a primeira que foi buscar não foi exatamente a Philips. Foi a Odeon.

Fui o primeiro artista Bossa Nova da Philips. Então dei aquele pulo de professor de violão para intérprete. Na Philips eu fiz três discos seguidos até 1963, já me apresentando em festivais, concertos, em boates como intérprete, não como compositor. E deve ficar muito claro que minha função primordial é a de compositor.

Foi durante o decorrer de 1962 que os americanos se ligaram com o governo brasileiro para que ele se encarregasse de chamar as pessoas que pudessem fazer uma apresentação da Bossa Nova no Carnegie Hall. Vieram pra cá e ameaçaram convidar uma série de pessoas para aparecer nesse concerto a preços muito módicos. Mas tudo isso foi um pouco precipitado pela falta de experiência do Itamaraty e também pela vivacidade dos elementos que se interpuseram para tirar o melhor partido, nesse caso americanos e brasileiros.

E ficou até hoje a nossa vergonha. O dia do Carnegie Hall.

Eu voltei ao Brasil para fazer a música do filme *Gimba* mais ou menos em janeiro/fevereiro de 1963. Fiz depois com Vinicius o show *Pobre menina rica*, no Au Bon Gourmet. O próprio Aloísio de Oliveira tinha ficado um pouco decepcionado com o Carnegie Hall e as palavras dele para mim foram: "Bom, agora vou cuidar um pouco mais de você e Sérgio Ricardo. Tenho cuidado do João Gilberto e do Tom e não tem me saído nada."

Então ele começou a produzir esse show da *Pobre menina rica* no Au Bon Gourmet, aquele esquema "Aloísio apresenta". Foi muito bom, logo depois do show de João com Vinicius e Tom, que foi o primeiro. Depois houve outros, mas os dois importantes foram esses. O Au Bon Gourmet era do Flávio Ramos.

Fiquei no Brasil até a crise política. Voltei aos Estados Unidos, onde já tinha deixado uma série de coisas arrumadas com Norman Gimbell, que fazia as letras das músicas. Fui para fazer shows universitários com Paul Winter. Aí tive outra oportunidade, o Stan Getz me contratou para tocar com ele. Dava pra viver como compositor, em minha casa, onde eu escrevia música e me pagavam por semana, escrevesse ou não. Então eu só participava como intérprete quando era uma coisa de muita qualidade, como eu participei com Stan Getz.

Comecei a me apresentar em lugares importantes: no Japão, no Canadá, no Festival de Jazz de Newport, em *tours*. E isso durou desde 1962 até 1966. Em 1965 eu vim ao Brasil com Stan Getz. Engraçado, fui contratado nos Estados Unidos para cantar no Brasil a peso de dólar. Stan Getz como divulgador de música brasileira foi definitivo; mas por outro lado ele divulgou muita música brasileira como ele toca, que eu acho que não tem nada que ver.

Depois eu me transferi para o México com uma outra carga artística – sempre fui muito ligado a negócio de teatro –, fazer músicas para peça.

Eu fui para o México com Stan Getz e parei com ele, não muito acostumado com aquele programa de rigidez.

No México eu incursionei em tudo que você pode imaginar. Fiz música de teatro, *jingles*, ganhei prêmios como diretor de teatro no México, uma peça infantil chamada *O dragão e a fada* e outra peça minha e de Vinicius que é a *Pobre menina rica*.

Reflexões:

O amor é das coisas mais sociais que existem. Se você mistificar o amor dizendo que o amor é uma flor, evidentemente que isso é uma alienação; é uma bobagem do tamanho de um bonde.

Em última instância, o artista é um sujeito que pega a realidade e a transforma em arte. Mas qualquer momento da realidade é um momento social. O que vai invalidar totalmente o conceito de arte pela arte. Tudo está determinado em última instância por fatores econômicos, políticos e sociais. Há uma música muito antiga, por exemplo, que João Gilberto canta: "Eu nasci num clima quente / Você diz pra toda gente / que eu sou moreno demais / não maltrate o seu benzinho / que lhe dá tanto carinho / e no fundo é bom rapaz / você vem de um palacete / e eu nasci num barracão."

Você conhece isso? Isso é um negócio que João Gilberto cantava muito. Eu acho que o cara quando escreveu não estava pensando em dizer que há uma diferença de classes. Mas esse problema está determinado por uma luta de classes. O que eu acho precário é você botar o carro adiante dos bois e querer dar uma aula de luta de classes quando dá um recado artístico. Quando você descreve um tema de amor, se sair uma coisa que toque num fator político ou econômico, não deve ser forçado. Se você forçar a barra, fica muito óbvio e talvez perca a qualidade artística.

Você pegar um violão e saber o que é dó maior, o que é ré menor, saber harmonizar, isso é técnica. Senão você fica integrado numa música popular brasileira urbana, mas não culta. Isso existe, mas não tem a mesma força. Por isso é que Antônio Carlos Jobim tem uma força tão grande, porque além de ser um produtor artístico de primeira qualidade ele tem os conhecimentos musicais.

No tempo que a Bossa Nova começou, muito pouca gente sabia música, ler, etc. Hoje o número de caras que lêem música, que tocam por música é muito maior. Quanto mais a música vai saindo da universidade, e se você reparar bem a música sai cada dia mais das universidades que das classes proletárias, mais ela vem dar uma cultura musical.

Se você fizer uma fotografia do que você vive não é arte. É uma reportagem. O artista tem essa liberdade de se projetar e dizer o que pensa de certas coisas, sem nunca ter vivido. Eu jamais vivi as situações que estão na maioria das minhas letras.

Todo artista é em princípio um rebelde, é sempre um crítico da sociedade, é um cara que quer mudar a realidade pra uma coisa melhor. Então eu tenho consciência de que a máquina é agressiva, a minha natural intenção de vencer a máquina só pode resultar em criação artística. Mas eu tenho de participar dessa máquina para vencê-la.

Carlos Lyra, 22 de maio de 1971

CHICO BUARQUE (1944-)

Não lembro como é que comecei a fazer música. Lembro que morava em Roma, tinha 8 ou 9 anos, e inventava música de Carnaval. Talvez porque sempre havia muita música lá em casa, principalmente sambas antigos.

Vinicius era e é ainda muito amigo do meu pai. Eu tinha 10 anos e ele já ia em casa e cantava suas coisas, aquelas músicas com violão. Por isso tive interesse quando saiu o *Chega de saudade*. Vinicius até então não tinha tido um grande sucesso como compositor popular e essa foi a primeira música de sucesso maior.

O violão veio com as gravações de João Gilberto. Lembro que com o primeiro LP fui tirando a maneira de ele tocar. Imitando mesmo. Foi no começo de uma faixa chamada "Aos pés da santa cruz" que fui pegando aquela batidinha. Eu e um amigo meu. Tudo de orelha mesmo. Como era um dos primeiros a saber tocar, era um sucesso nas festinhas. Fiquei entusiasmado por Bossa Nova, aquelas coisinhas todas, e comecei a fazer música daquele gênero. Eu achei que aquilo é que era o bom e não mais ouvi Noel Rosa, Ismael Silva, Ataulfo Alves, etc. Mais tarde é que passou aquele fanatismo.

O interesse por uma porção de outras coisas e outros tipos de música contribuiu para me influenciar um bocado, teve jazz e música clássica, mas não em grande escala. Em grande escala mesmo foi a música brasileira, tanto antiga como nova, e a francesa. A música francesa me influenciou bastante na parte literária.

A carreira profissional foi completamente inesperada. Nunca tinha me passado pela cabeça tornar-me profissional, comecei com show em colégio. O primeiro showzinho particular foi no Colégio Santa Cruz, onde estudei. Lembro que no segundo científico foi a primeira vez que cantei em público. Cantei uma vez num auditório de rádio, tive uma vergonha tremenda, Rádio América. Esse negócio de programa de rádio em auditório quase não existe mais, mas eu peguei. Depois, aqueles shows de Bossa Nova no Mackenzie, em que eu entrava misturado com artistas profissionais, como um lançamento novo. Cantava sempre músicas minhas que já esqueci, felizmente. Nada de atual. A primeira música gravada foi uma marchinha, "Marcha para um dia de sol", com a Maricene Costa e Geraldo Cunha. Mas eu não gravei e não tomo conhecimento, não gosto dela. Foi numa época em que a coisa funcionou, mas acho que não tem validade não. Outra música desse tempo e que ficou (essa eu gosto, Elis gravou, eu também) foi "Tem mais samba". Era o final de uma peça que Luís Vergueiro montou.

Comecei a receber para cantar com os shows do Paramount. Um salário pequeno, coisinha e tal. Foi um pouquinho antes daquele Festival da TV Excelsior em que o "Arrastão" ganhou. Eu inscrevi "Sonho de um carnaval", que foi finalista. Isso para mim foi muito bom porque, apesar de ter perdido, fui lançado no meio de compositores, ampliando meu campo. "Pedro Pedreiro" foi a música que toquei nesses shows do Paramount, foi minha primeira gravação, com "Sonho de carnaval" de outro lado, ao vivo. Compus essa música mais ou menos na época do festival. Foi meu cartão de entrada na televisão, TV Record. Fiz meu primeiro contrato. Aí começou. Daí para diante vieram outras coisas.

Reflexões:

Se em termos pessoais eu vivo os problemas que falo nas músicas? Quase a totalidade das minhas músicas são coisas que eu vivo e de que tenho experiência. Agora, não posso generalizar e dizer que todo mundo deve fazer assim.

Mário de Andrade já falava no seu livro *Aspectos sobre a música brasileira* sobre o tema social como característica da música brasileira, muito antes de existir o grupo *Opinião*. O tema social sempre foi típico brasileiro. A modinha de salão pode ter vindo dos portugueses como a música de trabalho pode ter vindo dos pretos. As coisas se misturaram e, afinal, nós somos uma civilização mestiça, a gente é obrigado a aceitar tudo e não pode dizer que uma seja mais válida que a outra. Até porque a música de amor, por mais individual que seja, acaba caindo num coletivo. E a música coletiva vai cair num individual. Música é música. Acho que o compositor deve ter essa humildade, não achar que vai mudar o mundo mas que pode contribuir com alguma coisa.

Chico Buarque de Hollanda, 24 de julho de 1967

CLAUDETE SOARES (1937-)

Aos 9 anos de idade, programa de calouros *Papel carbono*, no Rio de Janeiro. Pela minha pequena idade tive de participar depois de programas infantis, *Clube do guri*, também no Rio. Em seguida fui para a Rádio Tupi e Tamoio, onde participei de um programa famoso, *Salve o baião* – o baião imperava naquela época. Oito anos depois, iniciei junto com tantos outros o movimento de Bossa Nova no Brasil. Participei do show que talvez tenha sido o primeiro no gênero de música moderna brasileira no mundo, o show da Faculdade de Arquitetura no Rio. Participei como *crooner* do conjunto da boate Plaza no Rio e, depois do movimento Bossa Nova estar caminhando, vim para São Paulo onde praticamente fui uma das primeiras a cantar o gênero.

Vim para São Paulo porque no Rio não tinha campo. Na Rádio Tupi eu não podia cantar o que queria porque ninguém acreditava que eu pudesse cantar música moderna. Cantava baião. Pedrinho Mattar e Agostinho dos Santos me viram cantar no Plaza e me trouxeram para São Paulo, onde fui cantar na Baiúca, depois Cambridge, João Sebastião Bar, que talvez tenha sido o ponto mais alto da minha carreira.

Reflexões:

Se tivesse de começar, jamais seria artista. É uma estrada muito árdua, na qual nós somos verdadeiros palhaços. Mas eu gosto da minha carreira, é uma profissão muito boa enquanto se têm ilusões. Depois, a gente tem de sorrir sem querer, cantar o que os produtores querem. Não tive muitas alegrias, mas o meu objetivo é sair da carreira no auge, deixando saudades. Acho muito triste que alguns artistas não tenham feito isso.

Claudete Soares, 23 de setembro de 1968

DORI CAYMMI (1943-)

Gosto e estudo música o tempo todo, e acho isso importante na minha vida. Sou compositor e orquestrador. Comecei aos 16 anos como violonista, em 1960. Acompanhava cantoras de televisão. No princípio fiz o curso de seis anos de piano com a professora Lúcia Branco, depois estudei dois anos de teoria musical na Academia Lorenzo Fernandes e parei. Voltei aos 18 anos estudando harmonia com Moacyr Santos, mas não cheguei a fazer o curso todo, só umas quatro ou cinco aulas. Aos 22 recomecei a estudar a sério e antes de completar 24 anos resolvi ser orquestrador. Peguei compêndios, comecei a praticar, fiz uma experiência com Veloso, outra com Gil, com a Nara, uma com Edu e deixou de ser experiência no terceiro disco. Sinto-me à vontade como orquestrador.

Reflexões:

Estou sempre estudando, procurando aquilo que eu gosto de fazer, nunca me importei com a opinião alheia (tomo cuidado, mas não me importo), só me cuido. Não vou mudar minhas idéias em benefício de nada, nem comercialmente. Tudo que eu fizer, por pior que seja, é porque eu gosto de fazer. Isso é importante.

Não vou modificar minha linha por causa de nada. Se ela não for comercial, eu morro de fome. Vou ser bancário ou coisa parecida. Acho que ninguém deve modificar. Sofrer influência sim, mas modificar, não. Sofrer influência e fazer o que você sente é uma coisa, mas sofrer influência e copiar, eu não admito.

Dori Caymmi, 28 de outubro de 1976

EDU LOBO (1943-)

Eu estudava acordeão, que era o instrumento da moda – já houve um tempo no Brasil em que o acordeão era o instrumento da moda –, estudei seis anos de acordeão, não aprendi nada porque tinha raiva do instrumento e não gostava. Mas tinha de estudar para jogar bola e estudava aquele acordeão meio com raiva. Comecei a descobrir o violão por causa do Théo, que era meu amigo de infância, ia muito lá pra casa e já tocava muito bem. Através dele comecei a pegar os primeiros acordes e ter uma certa paixão pelo instrumento. Daí eu fui sozinho e aprendi violão assim mesmo, no peito e na raça, como bom brasileiro. Sem estudar nada.

O negócio da composição veio muito tempo mais tarde. Até essa época eu fotografava as harmonias, olhava o dedo dos outros para ver como era o negócio. Minha orientação musical foi toda feita sozinho. Nem mesmo papai teve.

Fui conhecendo o pessoal todo: Oscar, Baden, Carlinhos Lyra, e vendo o que eles faziam ia aprendendo as harmonias deles. A partir daí é que veio o gosto pela composição. Até os 15 ou 16 anos, passava as férias inteiras lá em Pernambuco, porque minha família inteira era de lá. E essas coisas todas que a gente ouve, pregões de rua, aproveitei mais tarde nas músicas. Depois conheci Vinicius, fizemos um samba juntos numa reunião, isso funcionou para mim como um estímulo muito grande, foi o primeiro samba que fizemos juntos, "Só me fez bem".

A partir desse samba é que eu despertei para o trabalho de compor mesmo. Nessa época eu freqüentava a faculdade ainda, estava no primeiro ano de direito (resisti heroicamente até o terceiro), a partir do segundo ia metade do ano só às aulas, no terceiro já não ia a aula nenhuma, ou quando ia era pra tocar violão mesmo, até chegar à conclusão de que eu não tinha nada que ver com direito, tinha de fazer música mesmo. A partir do terceiro ano, larguei tudo pra me dedicar exclusivamente à música. Depois Vinicius viajou para a Europa, eu conheci Ruy Guerra e começamos a trabalhar juntos. Ruy Guerra, que já era cineasta há algum tempo (*Os cafajestes*), tinha feito só uma canção com Sérgio Ricardo que era... não lembro.

Nossas músicas estavam começando a ser gravadas quando eu recebi um convite do [Gianfrancesco] Guarnieri, que eu não conhecia pessoalmente, para vir a São Paulo fazer um musical que seria *Arena conta Zumbi*. Nessa época, exatamente, aconteceu o primeiro festival da música popular, o Festival da Excelsior. Resolvi segurar o disco, já gravado na Elenco, para poder mandar para o festival duas canções novas: "Arrastão" e "Aleluia". Das duas, uma foi escolhida, foi "Arrastão", que Elis cantou e ganhou.

Daí a peça com Guarnieri estreou em São Paulo, eu fui para o Rio trabalhar em boate, show, e começou a outra parte da carreira, que a princípio era bem mais desagradável para mim, que gostava muito mais de ficar tocando em casa e fazer minhas cançõezinhas. Mas depois tive de assumir isso porque achei que era importante também.

O negócio foi se desenrolando, vieram outros discos, novos shows e as viagens pro exterior.

Reflexões:

O arranjo também é fundamental e já está acontecendo de um tempo para cá: Dori, Luiz Roberto, Théo, Marcos [Valle], Milton [Nascimento] e outros, mesmo quando não fazem o arranjo, discutem com o maestro, não é como antigamente, em que o sujeito cantarolava a música, o maestro escrevia e depois ela era gravada no estúdio. Acho fundamental que o compositor possa fazer seu próprio arranjo, nem que quebre a cara para conseguir. A visão da orquestra para o compositor é um negócio que não dá pra contar a ninguém. Particularmente, no momento em que eu tive um contato com a orquestra, e pressenti como as coisas aconteciam, foi uma fonte incrível. As coisas todas mudam, a maneira de compor vai ser diferente.

Nós, da minha geração, já temos todo um material dado de graça pelo rompimento inicial da Bossa Nova, e a partir disso é mais fácil. A geração mais nova que está acontecendo aí pega o violão e já sabe todas as harmonias, porque já ouviu discos modernos. E na época do Tom, Vinicius e Baden, onde é que eles iam buscar esse negócio? Onde tinham sons modernos de música brasileira? Tinham de procurar em Villa-Lobos, porque, em termos de popular mesmo, não tinha nada. Quer dizer, esse trabalho para nós está realmente muito mais facilitado.

Havia muitas críticas a mim particularmente, o carioca que faz música do Nordeste. "Não tem sentido, quem usa calça Lee não pode falar coisas assim." Se você for pensar assim, um trabalho de Villa-Lobos em relação a coisas do Nordeste seria jogado no lixo pelo simples fato de ele não ter nascido no norte.

A função do artista é mostrar a sua visão do mundo, e não é preciso que ele passe fome para falar da fome.

Edu Lobo, 7 de novembro de 1968

ELIS REGINA (1944-1982)

Comecei cantando em programas infantis com 11 anos de idade na minha cidade, em Porto Alegre.

Nem sei como comecei a cantar. Não havia condições. Sempre fui muito tímida. Quando eu vi, estava cantando. Não tinha idéia de ser cantora. Sempre gostei muito de música, sempre tive um ouvido terrível, ouço uma música duas vezes e já tenho ela guardada. As coisas naturalmente foram me impelindo para a música: o ouvido, em casa o pessoal gostava muito, comecei a estudar piano aos 10 anos e estudei até 12 anos. Aí a professora aconselhou minha mãe que me levasse para o conservatório; eu tinha conseguido fazer em um ano e meio o que ela dava normalmente em três anos. Ela disse que não tinha condições de me mandar para o conservatório, nem de comprar o piano. A professora ofereceu o piano em sua casa, mas era difícil, eu precisava fazer o ginásio, cantava em programas infantis, as coisas foram ficando difíceis.

Era um drama, eu tinha de estudar e tirar notas excepcionais para poder cantar, entende? Eu tinha de estudar mesmo pra valer, senão mamãe não me deixava cantar, e eu já estava começando a gostar. Com a frustração de ter de deixar o piano, me dediquei muito mais a cantar. Foi quando comecei a levar a sério o negócio de cantar.

Não sei como fui parar na rádio, não lembro. Lembro-me vagamente de uma história assim: minha avó fazia aniversário em outubro e me disse que o maior presente de aniversário que eu podia dar a ela era cantar no programa *O clube do guri*. Era um programa de rádio importantíssimo que havia aos domingos, tão famoso quanto o *Clube Papai Noel* em São Paulo. Os maiores artistas do Rio Grande do Sul saíram desse programa: Manfredo Fest, Breno Sauer, locutores, músicos, cantores. Todos eram ídolos juvenis no estado inteiro, alguns tinham até mais frente com o público que artista profissional. Mas eu, sendo supertímida, não via jeito de cantar no programa.

A velha fazia aniversário no dia 20, e no dia 16 eu estreei. Era um domingo. No dia que cantei tive uma hemorragia nasal que você não pode imaginar. Quando acabei, meu vestido ficou todo vermelho de sangue.

Durante um ano, toda vez que cantava, era aquela sangueira. Já entrava no palco com lenço, e saía assim... o pessoal ria. Fiz tratamento, o médico dizia que eu não tinha nada, era só nervoso.

Seis meses antes de fazer 14 anos, assinei meu primeiro contrato de profissional para fazer programas de rádio porque em Porto Alegre não havia televisão. Quando ela veio, fiz rádio e televisão. Nos sábados e domingos, quando eu não tinha aula e dispunha de mais tempo, era *crooner* de orquestra em baile e depois do conjunto Flamboyant.

Trabalhava geralmente cinco horas e minha mãe ficava meio apavorada porque eu cantava as cinco horas sem parar. Eu gostava muito de cantar. Mais do que gosto agora. Aí comecei como *crooner* em uma boate de um clube fechado de Porto Alegre. Eles faziam jantares dançantes duas vezes por semana e o conjunto era do Manfredo Fest.

Aos 16 fui convidada pela Continental para gravar um disco em São Paulo, no ano seguinte fiz outra gravação e depois fui para a CBS, onde fiz dois discos num ano. Com 18 anos vim para o Rio. Cheguei no dia 28 de março de 1964. Lembro porque dia 1º de abril houve a Revolução. Mais ou menos em maio rompi com a CBS – aliás, o rompimento não foi dos mais amistosos – e eu fui para a Philips.

Vim para o Rio por conta própria, movida por uma desilusão sentimental. Como artista, dou graças a Deus que isso tenha acontecido. Eu era noiva, rompi com meu noivo e fiquei chateada como qualquer menina de 18 anos que namora desde os 14 com o mesmo rapaz, parece que o mundo vai desabar. Aí eu vim, pedi ao papai, houve muita luta entre papai e mamãe, como no início de minha carreira. Mamãe queria que eu estudasse. Papai achava que eu devia vir. Mamãe sempre achou que o maior obstáculo para que eu cantasse era deixar de estudar. O sonho da vida de minha mãe era me ver formada em filosofia, como eu queria me formar. Mas depois vi que não adiantava filosofar muito. O negócio era musicar.

Vim para o Rio com 150 contos no bolso, sozinha, sem convite de ninguém. No dia em que cheguei avisei minha gravadora CBS que estava lá caso eles precisassem de alguma coisa. No dia seguinte eles me procuraram. Carlos Lyra estava preparando a gravação de um disco que aliás é muito importante na música brasileira, e teria sido ainda mais se tivesse usado valores profissionais na gravação. Infelizmente, com exceção de Carlos e do maestro arranjador Radamés Gnatalli, o disco foi feito por amadores, como quase tudo que se faz no Brasil em termos de música. O disco era das músicas da peça *Pobre menina rica*.

Eu ia gravar esse disco. Eu era muito tímida, muito inibida, muito insegura, muito traumatizada, muito cheia de problemas como pessoa, como sou até hoje. Tinha saído da minha cidade, onde o ambiente era totalmente favorável, para conhecer no dia imediato de minha chegada o Lyra, Vinicius e Tom. Não houve sequer uma ambientação e eu fiquei como um caramujo, fiquei encolhida dentro da casca e não conseguia cantar. A voz saía deste tamanhinho. Não consegui convencer as pessoas que realmente cantasse alguma coisa. Por isso o Tom não quis me aceitar, achou que não ia dar certo. O Lyra, que eu conhecia há dois dias, insistiu muito, mas o Tom disse que não, que não ia botar seu nome num disco de um grupo de pessoas que ele não reconhecia de gabarito. Aí o arranjador ficou sendo o Radamés Gnatalli, o negócio foi enrolando, enrolando e eu acabei não gravando o disco. Essa foi minha primeira grande decepção na vida artística.

Quase dois meses depois é que comecei a trabalhar, fazendo programas na TV Rio. Meu contrato era de 200 contos, e eu tinha de fazer cinco apresentações. Fazia qualquer negócio como qualquer principiante que se preza. Nessa época o baterista Dom Um [Romão] me convidou para fazer um show com o conjunto dele na boate Bottles. Fiz o show e na boate ao lado estava se apresentando o Simonal com o Bossa Três e Marly Tavares, num show produzido por [Luiz Carlos] Miéle e Boscoli. O pessoal do Bossa Três me assistiu e convenceram Miéle e Boscoli para que eu fizesse um show com eles, Marly Tavares e o Gaguinho no Little Club. Nessa época comecei a ser chamada por São Paulo.

Eu era quem sustentava minha família, ganhava muito pouco e precisava ganhar mais dinheiro. Como São Paulo me pagava por apresentação tanto quanto eu ganhava em um mês no Rio, comecei a faltar ao serviço na boate, e fui avisando: eu não posso ficar, não posso ficar, não posso, não venho. As pessoas não entendem muito bem essas coisas, porque eu estava tratando dos meus interesses, mas eles estavam tratando dos deles. Aí ficou aquela confusão, aquele mal-estar e eu acabei saindo do show da boate Little Club e comecei a me apresentar nos shows de Bossa Nova em São Paulo, com o Copa Trio, que era do Dom Um.

Depois, em abril de 1965, fui convidada para o I Festival de Música. Edu me indicou para cantar a música dele, eu cantei. Ganhei o Festival e o programa *O fino da bossa*. Daí pra frente todo mundo já conhece.

Reflexões:

Ele modificou tudo. Ele tinha a técnica e o bom gosto, tinha o temperamento quente porque é filho de italiano. Aqui ele encontrou uma música com a qual se enquadrou. Adaptou a música brasileira ao seu conhecimento de música norte-americana, e todos os artistas que apareceram depois são parecidos com ele: Simonal, eu... Não é que eu copie Lennie Dale, é que qualquer pessoa em estágio de formação sofre influências de outras. Para nós ele sabia mais, sem ser cantor, ele era melhor que todos os da época. Cometi exageros como qualquer pessoa que sabe das coisas. Até a hora de me aquietar.

O grande responsável por essa modificação na apresentação dos artistas brasileiros foi o senhor Leonardo La Ponzina, Lennie Dale.

Elis Regina, 9 de agosto de 1967

EUMIR DEODATO (1943-)

Aos 12 anos, acordeão. Fiz o curso em sete meses na Academia Mário Mascarenhas. Toquei clássico durante uns três anos, ganhei um piano de presente e comecei a tocá-lo, sempre me interessando em escrever e estudar.

Comecei a fazer música por diletantismo. Estava no colégio, fiz parte de vários conjuntos como pianista. Fui convidado pelo Menescal para integrar seu conjunto logo depois do show da Faculdade de Arquitetura, o primeiro show de Bossa Nova que existiu. Ainda não se chamava conjunto de Roberto Menescal, tinha um nome que nem lembro, conjunto Bossa Nova, uma coisa assim. Os integrantes eram Menescal, eu, Hélcio Milito (que depois foi para o Trio Tamba), se não me engano [Manuel] Gusmão no baixo e Bill Horn no pistão, um rapaz que até hoje mexe com música. Depois disso formei meu conjunto próprio fazendo shows e bailes. Mais tarde Menescal, sem conjunto, nos propôs uma reintegração mediante um acordo verbal pelo qual seria o líder, dando seu nome. Aí formou-se o conjunto de Roberto Menescal. Depois houve uma série de incidentes entre os elementos do conjunto e resolvemos nos separar. Resolvi não tocar mais.

Mais tarde, preparava-me para a carreira diplomática, cheguei a entrar na faculdade de direito, que seria uma das etapas, fiz concurso, passei, desisti, resolvi fazer engenharia, tomei bomba no primeiro ano, no segundo passei, freqüentei a faculdade durante dois anos, assistindo aulas de religião e discutindo a aula inteira com o padre. Até os 18 anos eu tinha sido protestante, comecei a discordar do que o pastor dizia e passei a ser um chato dentro da igreja.

Apesar de ter ganhado um certo dinheiro em música, continuava a fazer música por diletantismo nessa época de faculdade. Fiz shows no Au Bon Gourmet, fiz um com Vinicius, um com a Nara e Carlinhos Lyra, depois fiz um com a Maysa. Já fazia os arranjos. O show ia de 2 às 4 horas, e eu tinha de acordar às 7 horas para pegar a faculdade entre 8 e meia e 9 horas. Almoçava na faculdade, tinha aula de laboratório na parte da tarde, e tudo isso contribuiu para aumentar a pressão que me obrigou a deixar a faculdade. De certa forma achei que a engenharia era interessante, não há dúvida, mas só estava contribuindo para me atrapalhar a carreira musical. Cheguei a ir dois dias no terceiro ano que eu iria cursar. A primeira vez, eu parei meu carro, saltei, olhei a faculdade, estava um dia bonito, sol, e vi aquelas diferentes categorias de alunos, uns com carros maiores, outros com carros menores, os alunos sem carros, os alunos ricos, os pobres, o sol, o prédio da faculdade e os professores com carros pobres – é evidente –, o sol, desisti e fui à praia. No dia seguinte aconteceu a mesma coisa, só que demorei menos. Acho que nem cheguei a sair do carro, olhei o sol, a faculdade e fui embora. Aí, preferi o sol e não a faculdade.

Daí para a frente, estudos, estudos, estudos, práticas, estudos, criações, transformações, muita coisa. Todo meu estudo de música, desde teoria e solfejo até arranjo e instrumentação, harmonia e contraponto, foi feito através de livros importados. Sozinho, em casa com um dicionário, discos. Depois de conhecer certos professores, me convenci que o melhor é a gente mesmo. Como arranjador profissional, iniciei-me em 1963 na Odeon. Depois resolvi ir para os Estados Unidos onde já estou desde 1966.

Reflexões:

Eu acho necessário o ensino de música nas escolas ou fora delas, acho que pouco se fez nesse sentido e que até hoje não se fez praticamente nada, o pouco que se fez partiu de particulares, de diletantes.

O conhecimento da música é de grande utilidade para uma pessoa, mesmo que não pretenda ser músico, pois é uma fonte de relaxamentos e descarga emocional. Não basta apenas saber ouvir, a pessoa conhecendo um pouco de música pode entender o que está ouvindo. Com isso nós teríamos uma cultura musical muito maior. Música tem uma porção de atrativos, que realmente funcionam sob o ponto de vista paliativo.

Para os que querem estudar a sério música, informo que existem alguns conservatórios falhos e alguns professores bons, mas esporádicos e inconstantes. De forma que o estudo ainda é feito na base do livro e da importação de material. Aos que se interessam por música, diria que procurem cada vez mais se aprofundar no assunto e, no dia em que esse número de pessoas for suficientemente grande, os responsáveis pelo ensino, os dirigentes serão obrigados a tomar conhecimento do problema. Hoje o pessoal considera ultrapassada a batida de Bossa Nova porque o Brasil é o único país do mundo que se dá ao luxo de trocar de música todo ano.

No presente momento vejo Marcos Valle, Milton Nascimento, Tom Jobim, a mola mestra dos compositores, João Gilberto, padrão de disciplina e controle musical, Vinicius, ainda como padrão de letrista embora não esteja atuando tanto, Baden Powell ainda é um padrão de guitarrista, Luís Bonfá, uma das pessoas mais respeitadas, Caetano Veloso e Gilberto Gil, que eu vaticino tranqüilamente que voltarão a fazer música popular brasileira séria.

E o Brasil vai continuar do mesmo jeito pelo que vejo, a mentalidade musical do mesmo jeito, a importação de instrumentos vai continuar uma proibição, a não ser que alguma coisa seja feita desde já. Mais tarde talvez seja até interessante confrontar essas previsões. Se você aplicar um processo de lógica, até certo ponto você pode prever umas certas coisas.

Eumir Deodato, 4 de setembro de 1968

GERALDO VANDRÉ (1935-)

Sempre tive vontade de cantar. Sempre tive mania de cantar. A rigor, jamais pensei que pudesse vir a ser um profissional de canto em música popular brasileira. Lembro que quando era guri ainda eu cantava como todo mundo, no banheiro. Era um cantor de voz forte. Depois descobri que cantar não era ter voz forte e sim comunicar alguma coisa.

Na Paraíba participei de um programa de novos na Rádio Tabajara. Devia ter uns 14 anos. Por volta dessa época, fiz um show em Nazareth da Mata, no interior de Pernambuco, onde eu estudava interno no Ginásio São José. O Padre João Mota fez um show para missões ou qualquer coisa semelhante, e eu e mais três ou quatro colegas cantamos.

Vim pro Rio com 16 anos em 1951 e cantei uma vez no programa de César de Alencar; era um concurso de cantores e eu não fui classificado. Fiz um teste na Rádio Nacional e recebi uma nota dada pelo Paulo Tapajós, medíocre. Ele devia ter razão porque realmente eu cantava muito mal. Ainda no Rio de Janeiro, já estudando direito, tive muitos contatos com o pessoal de música: Ed Lincoln, Luiz Eça, que tinha um conjunto chamado Plaza. Eu ia pra lá cantar de brincadeira, ficava a noite inteira esperando e o Lincoln, que era muito amigo meu, evitava que eu cantasse porque eu atravessava muito o ritmo. Ele tinha razão.

Logo que entrei para a Escola de Direito havia um grupo de teatro e nós fizemos uma apresentação no Teatro Maison de France. Eu cantava uma música de Ary Barroso chamada "Terra seca". Foi quando comecei a acreditar que podia cantar profissionalmente.

Nessa época eu fiz um programa na Rádio Roquete Pinto, foi meu primeiro trabalho profissional. Era um programa ao meio-dia e eu fazia três vezes por semana, dirigido por Waldemar Henrique. Foi o primeiro dinheiro que ganhei cantando.

Um belo dia encontrei-me com Carlos Lyra. Tinha havido uma cisão no grupo da Bossa Nova no Rio de Janeiro entre ele e Ronaldo Boscoli. Carlos Lyra me convidou para vir a São Paulo fazer um show de Bossa Nova no Teatro Record, com Alaíde, Oscar Castro Neves, Juca Chaves, Norma Bengell, Laís – uma garota que deixou de cantar –, e o show parece que teve um resultado muito bom naquela época. Foi uma semana de espetáculo. Foi a primeira vez que vim a São Paulo. Em São Paulo arranjei uma namorada. Comecei a voltar uma vez por mês. Tinha sido contratado pela RGE de São Paulo para gravar um disco 78 e quando voltei ao Rio pedi ao Lyra pra que me desse uma das canções que tinha. Mas ele me sugeriu que, ao invés disso, eu gravasse uma música com letra minha. Fiquei um pouco perplexo com a idéia. Ele marcou um dia, fui à casa dele para fazermos um samba e saiu "Quem quiser encontrar o amor", que foi minha primeira gravação. Aí comecei a perceber que sabia escrever letra de samba.

Nessa época, no Rio, eu era muito amigo de Baden, éramos quase inseparáveis. Ele tinha feito uma composição com Billy Blanco, "Samba triste", fazia uns dois ou três anos, e nunca mais tinha composto. Dois dias depois de um carnaval que passamos em Pinheiral – eu, ele e a noiva Heloísa – fiquei muito feliz porque ele disse: "Olha, fiz uma música pensando em você pra botar a letra." Foi quando fiz a letra para "Rosa flor". Depois fiz a letra do "Samba de mudar", "Nosso amor", "Fim de tristeza" e "Se a tristeza chegar".

Em 1960 vim fazer um programa de televisão na TV Record. Vinha umas quatro vezes por mês ganhando um dinheiro bom, quinze contos por programa. Estava no quarto ano de direito, no ano seguinte terminei o curso, não queria advogar e resolvi me mudar para São Paulo.

Mas acabou o programa de televisão e eu, que vinha contando com ele, fiquei sem trabalho. Fui trabalhar com corretagem, mas já tinha me habituado a compor. Em São Paulo, não tendo ninguém pra fazer música comigo, fiz minha primeira canção sozinho, em dois acordes: "Canção nordestina". Na mesma semana fiz "Fica mal com Deus", também sozinho. Nessa época gravei meu segundo disco, uma canção de Vinicius de Morais e Baden chamada "Samba em prelúdio", com Ana Lúcia. A novidade era um contraponto, como no outro lado do disco, outra canção minha. Depois do sucesso, a direção da Audio Fidelity queria que eu gravasse um LP inteiro com Ana Lúcia, mas me recusei.

De uma certa forma me indispus com eles porque o LP teria vendido muito e faturado bem, eles tinham razões comerciais e eu talvez tivesse ganho algum dinheiro. Mas preferi outra canção num gênero diferente. Foi quando gravei "Fica mal com Deus", em princípio de 1962.

Depois escrevi letra para Luiz Roberto, um rapaz que é engenheiro e até hoje compõe: "Tristeza de amar" e "Ninguém pode mais sofrer". Outra com Vera Brasil: "Quem é homem não chora". Gravei meu primeiro LP com essas músicas e também "Menino das laranjas", do Théo, que depois a Elis gravou e fez sucesso. A minha gravação não fez sucesso. Também tinha "Samba em prelúdio" e "Berimbau". Depois, esse LP foi relançado, mas só com músicas de minha autoria. Entre esses dois LPs, gravei outro, *Hora de lutar*, com arranjo de Erlon Chaves e duas músicas só com Baden. Nesse disco incluí "Asa branca", de Luiz Gonzaga, que pra mim é um clássico da canção nordestina, e "Sonho de carnaval", de Chico Buarque de Hollanda, que eu havia defendido no festival em que o "Arrastão" ganhou. Fui a primeira pessoa a gravar música do Chico. Eu acho que cantei muito mal a música no festival, o Chico não ganhou porque eu cantei mal.

Tive uma experiência muito boa de fazer música pra cinema, um filme de Roberto Santos, *A hora e a vez de Augusto Matraga*.

Dois anos depois veio "Porta estandarte", no outro festival, defendida pela Tuca [Valenza Zagni da Silva] e o Ayrto [Moreira]. Três meses depois veio "Disparada", uma porção de coisas, umas canções guardadas aí, talvez tenha umas trinta não conhecidas e umas trinta esquecidas.

Reflexões:
Cuido da minha carreira com as obrigações de uma pessoa que sabe qual é a melhor coisa que faz. Confesso até que gostaria de fazer coisas mais importantes pelo meu país, mas o que sei fazer melhor é canção e vou ficar fazendo até que surja a oportunidade de fazer alguma coisa mais importante.

Embora o amor seja um bem comum a todos, um bem que devia ser comum a todos, não é. Acho que a gente vive num tipo de sociedade que estabelece critérios para o amor, que não coloca o amor em sua condição real. Você ama uma mulher e a maior afirmação desse amor, via de regra, é obter nessa relação que você pensa ser de amor a dependência da felicidade dela. Isso me parece que, mais que amor, é necessidade de afirmação. Quando a gente ama realmente uma pessoa, não trabalha para que a felicidade dela dependa da gente, a gente quer que ela seja feliz mesmo sozinha. A sociedade que a gente vive confunde o amor mais com uma forma de ter e não uma forma de ser.

A gente vive numa sociedade de ter.

Geraldo Vandré, 17 de setembro de 1968
(Doze dias depois Geraldo Vandré seria consagrado
na final nacional do III FIC do Maracanãzinho,
cantando "Pra não dizer que não falei de flores",
que já tinha sido apresentada no Teatro
da Universidade Católica de São Paulo – Tuca)

GILBERTO GIL (1942-)

Quando morava no interior da Bahia, em Ituaçu, já me interessava muito por música, principalmente em função da banda que existia na cidade. Gostava de assistir aos ensaios, conversar com os músicos a respeito dos instrumentos, ouvia muitos discos de Luiz Gonzaga, Francisco Alves, Sílvio Caldas, das irmãs Batista, Dick Farney e de todos os artistas que naquela época formavam o cenário musical brasileiro. Em 1951, quando tinha 10 anos, vim para Salvador fazer o curso de admissão para entrar no ginásio e foi justamente quando comecei a estudar acordeão numa academia. Toda essa fase de estudo de música correspondeu ao meu curso ginasial, de forma que em 1957, quando já estava no científico, terminei o curso de acordeão. Toquei acordeão de maneira amadorística sem nenhuma pretensão, até que em 1959, quando estava me preparando para entrar na faculdade, surgiu o movimento chamado Bossa Nova, com o qual me entusiasmei muito, principalmente com o intérprete João Gilberto e sua maneira de tocar violão. Interessei-me por violão (coisa que até então não tinha acontecido) e também mais objetivamente por música, com a preocupação de aprender. Até que em 1961 comecei a dedilhar os primeiros acordes num violão que era da minha irmã. Em 1962 comecei a fazer minhas primeiras músicas. Fiz um samba chamado "Se você disser", que não foi gravado, foi esquecido, um samba que morreu na gaveta.

O ano de 1963 foi que marcou meu início em música como um artista; foi exatamente quando conheci Maria Bethânia, Caetano Veloso, Fernando Lona, Gal Costa, Alcivando Luz, Djalma Ferreira, Tom Zé e formamos um grupo para fazer um show de inauguração do Teatro Vila Velha, em Salvador. Esse show se chamou *Nós, por exemplo* e foi feito com músicas não só da Bossa Nova, como de fases anteriores do cancioneiro brasileiro. A partir disso, percebemos as possibilidades que tínhamos de um trabalho mais constante em termos de música brasileira.

Em 1964 a Bethânia veio para o Rio fazer *Opinião* e em 1965, depois de ter me formado em administração de empresas, vim para São Paulo trabalhar na indústria Gessy Lever. Em São Paulo comecei a travar contato com o meio artístico; a Bethânia e o Caetano que tinham vindo em função do *Opinião* já conheciam pessoas influentes como Vinicius, Baden, Augusto Boal, pessoal de teatro.

Fui conhecendo os artistas, fui tendo oportunidade de mostrar as minhas músicas, até que em 1966, por volta de maio, praticamente um ano depois que estava em São Paulo, a Elis Regina e o Jair Rodrigues resolveram gravar o "Louvação", que era minha e do Torquato Neto. Eu tinha feito dois shows de teatro: *Arena canta Bahia*, em outubro de 1965, e *Tempo de guerra*, também com o Arena, uns dois meses depois. "Louvação" foi lançada pouco depois, fazendo grande sucesso.

Em janeiro de 1966, no Rio, fiz o show *Pois é*, com Vinicius de Moraes e Maria Bethânia. Em junho resolvi deixar a administração de empresas definitivamente. A música já exigia de mim uma participação muito efetiva e total, e eu passei a ser um profissional de música mesmo, prover o meu sustento única e exclusivamente a partir de música e dedicar todo meu trabalho e minha disposição intelectual e física à confecção de música e ao trabalho de cantar e levar essa música até o público.

Reflexões:

Geralmente nunca dou por terminada uma música, mesmo que eu saiba que ela tenha uma estrutura básica já palpável. Procuro me distanciar no tempo, espero dois ou três dias, ouço de novo, toco já descomprometido com o processo de criação e observo como um mero ouvinte e vou notar se ela pode sofrer algum enriquecimento.

Com o aparecimento das populações urbanas, das cidades cada vez mais organizadas com estruturas de consumo mais definidas, com o surgimento da industrialização, da cultura de massas, a música popular evidentemente foi se tornando cada vez mais uma mercadoria, cada vez mais presa ao contexto comercial do jugo econômico e, por isso mesmo, foi perdendo toda sua característica de música fechada, totalizante. Na música popular isso foi se tornando cada vez mais impossível. Só se tinham três minutos para ouvir uma música, o disco não comportava peças maiores. Além disso, o público que trabalha, que tem de cuidar de filhos, não fica predisposto a uma necessidade de música prolongada. Ele quer uma mercadoria de consumo fácil como a pasta de dentes, como a brilhantina, como o sapato, a roupa, coisas que vão sendo substituídas gradativamente. E isso cada vez mais rápido. Hoje a música foi para as ruas, para as bancas de consumo, para o mercado de compra e venda. É o mesmo que um remédio. O farmacêutico é uma figura bem diferente do pesquisador de laboratório. O pesquisador está mais ou menos para a música erudita, assim como o farmacêutico está para a música popular. O consumidor não está interessado em saber quem descobriu o ácido acetilsalicílico, nem como. Ele quer que o Melhoral cure a dor de cabeça em dez minutos.

A percepção da problemática do Nordeste, por exemplo, não pode ser um privilégio de quem nasce em Pernambuco, Bahia ou Alagoas. Através de Florestan Fernandes ou outros sociólogos brasileiros, através do romance de um Graciliano Ramos, o sujeito pode tomar contato muito claro a respeito do assunto e por isso mesmo passar a tratá-lo nas músicas com uma certa fidelidade, até uma certa criatividade.

Evidentemente uma vivência muito grande com certas características regionais oferece uma condição muito melhor. Eu passei a vida inteira ouvindo samba de roda e baião, e por isso tenho muito mais condições de domínio orgânico, psicossomático quase, sobre a coisa que alguém que passou a vida inteira ouvindo bolero ou samba-canção. Mas não é condição *sine qua non*.

Gilberto Gil, 30 de agosto de 1967

JOHNNY ALF (1929-)

Antes de ser profissional, eu tocava no Instituto Brasil-Estados Unidos (Ibeu) no Rio de Janeiro, na rua México. Como meu nome é Alfredo, os professores americanos me chamavam de Alf. Num programa do Ibeu na Rádio Ministério de Educação foram pedidos os nomes dos participantes e, quando chegou a minha vez, me perguntaram: "O nome do rapaz do piano é Alf do quê?" Uma aluna americana disse: "Põe Johnny. É um nome tão popular nos Estados Unidos!" Completaram o nome: Johnny Alf. E ficou. Eu era mais intérprete de jazz e isso combinava com o nome, que aliás marcava bem. Depois passei à música brasileira, quando gravei meu primeiro 78 quis mudar. Mas já estava conhecido com esse nome e teve de ficar o Johnny Alf mesmo. Meu nome é Alfredo José da Silva. Sou de Vila Isabel. Naquelas reuniões do Ibeu eu era ainda amador e tocava por amizade. Mesmo não sendo aluno do curso, era convidado para tomar parte em todos os shows. Ganhei até uma bolsa de estudos, mas não pude fazê-la porque depois fui para o Exército.

Eu era também diretor musical de um clube que havia no Rio, o Sinatra-Farney (o Carlos Manga também tomava parte nesse clube). Quando o Dick Farney voltou dos Estados Unidos, nós fizemos uma reunião para ele e foi quando nos conhecemos: o Dick, me vendo tocar e cantar, gostou e achou que eu podia tentar a carreira. Mas eu ainda não tinha vontade de ser profissional na música. Tinha estudado piano clássico, feito o ginásio e científico, curso de inglês, francês, desenho, um pouco de pintura, compreende? E fiquei naquele negócio de vai não vai.

Quando o César de Alencar abriu a Cantina, ele fez um concurso no programa de rádio para conseguir um pianista. Mas nenhum dos vencedores conseguiu agradar. Então o Dick, que também estava na Rádio Nacional, e mais a Nora Ney me levaram lá, dizendo que eu era amador. Foi meu primeiro trabalho.

Dali fui convidado pelo Fafá Lemos [Rafael Lemos Júnior] para tocar no Monte Carlo, na Gávea, onde fiquei uns quatro ou cinco meses. De lá fui para o Mandarim (hoje Arpège), onde revezei com o Newton Mendonça durante uns sete ou oito meses. Depois para o Clube da Chave, no posto 6, que o Humberto Teixeira tinha aberto em 1953 ou 1954. Fui então chamado pelo Djalma Ferreira para o Plaza, onde me revezava no piano no conjunto dele. Os *crooners* eram o Miltinho [Milton Santos de Almeida] e Elena de

Lima. O Djalma tinha alugado o Plaza para fazer ali um ambiente musical, mas não deu certo porque não tinha muito movimento.

Fui para o Club de Paris, mais tarde Baccarat, no Beco das Garrafas. Depois para o Stud do Théo [Theófilo de Vasconcellos], no posto 6, onde toquei com Ribamar e seu irmão Esdras [Pereira da Silva]. Dali fui de novo chamado pelo Djalma Ferreira, já no Drink; nesse conjunto tinha o Bola Sete. De lá fui pela segunda vez para o Plaza, na categoria de atração. A dona do hotel deu o barzinho de presente para seu genro José Augusto, que era meu conhecido e quis usar o bar como ambiente de música.

Fiquei no Plaza de outubro de 1954 a abril de 1955. Saí porque o Heraldo [do Monte] foi me procurar no Rio para inaugurar a Baiúca de São Paulo, ainda na Major Sertório. Desse modo eu vim para São Paulo, onde fiquei de vez. Fiz a Baiúca, Michel duas ou três vezes, Cave duas ou três também, After Dark, Golden Hall, Club de Paris, voltei à Baiúca umas duas ou três vezes, e depois, em 1961, fui para o Lancaster. Voltei ao Rio para tirar documentos da Ordem dos Músicos e tive de ficar lá. Fiquei no Bottles, Little Club, Top Club e Manhattan com Leny Andrade, em 1963. Foi quando gravei meu terceiro LP (*Diagonal*). Por causa da promoção do disco, vim para São Paulo, onde fui caçado novamente pelo Lancaster, voltando depois à Baiúca. Aí estava um pouco cansado da vida noturna, e com o que eu ganhava em gravações e direitos já podia me dar ao luxo de não trabalhar de madrugada.

Parei em 1966, descansei bastante e fiz muita pesquisa em música e letra. Fui convidado para lecionar em conservatórios e tive vontade de organizar um conjunto próprio. Em Santos, consegui fazer um movimento musical estudantil muito bom e formei um sexteto.

Só agora me sinto maduro artisticamente. Antes eu me sentia um compositor meio volúvel quanto à mensagem das músicas, era muito interior. Depois do que passei na vida noturna, consegui me exteriorizar e me encontrar.

Reflexões:

Tenho o cuidado de não perder minha identidade musical. Estou satisfeito até agora, mas me preocupa muito essa identidade musical que eu criei, porque cada dia a minha responsabilidade de compositor cresce mais.

Johnny Alf, 12 de novembro de 1968

MARCOS VALLE (1943-)

Comecei a aprender piano clássico aos 5 anos, fiz o curso quase que completo até os 12, quando o instrumento da época ficou sendo o acordeão. Larguei o piano para tocar acordeão e foi assim que tive meu primeiro contato com a música popular, tocando as melodias da época e as americanas. Aos 15 anos voltei para o piano, mas dessa vez com a música popular. Finalmente o violão. Acho que comecei a tocá-lo em 1961, quando a Bossa Nova já tinha aparecido.

Foi nessa data que comecei a fazer música realmente, antes disso já tinha feito algumas, mas sem pensar muito em lançá-las. Comecei então a pensar em alguma coisa mais séria. Meu irmão Paulo Sérgio Valle, que é mais velho que eu três anos, escrevia poesias. Então resolvemos nos juntar para ver o que resultava. E foi quando fizemos "Desejo do mar", nossa primeira música, que só foi gravada uns quatro anos mais tarde pelo Johnny Alf.

Mais ou menos em 1962 o Edu, eu e Dori Caymmi formamos um trio. Conhecia o Edu Lobo do Colégio Santo Inácio, onde estudamos juntos. Ele era chamado de Goes Lobo e eu era o Valle. Isso foi na época do ginásio. Em 1961 encontrei o Edu outra vez. Conversamos, eu disse que estava fazendo música, ele também, e achamos bacana o que cada um estava fazendo. O Edu então me apresentou o Dori, que também fazia música, e formamos o trio vocal para cantar em casa.

Fomos a uma festa na casa do Luís Jatobá, era um almoço para a volta do Ary Barroso, e estava lá o Sérgio Porto, que gostou de duas músicas que cantamos e pediu-nos para irmos ao seu programa de televisão, *A grande cidade*, em que queria apresentar filhos de gente famosa. Iriam Cecil Thiré, Edu, Dori e, como tínhamos o conjunto vocal, também fui chamado, embora meu pai fosse advogado. Daí em diante, resolvemos manter o trio fazendo outros programas de televisão, acho que durante um ano, até 1963.

Em 1963 o Edu, que já conhecia o Vinicius por intermédio do pai dele, convidou a mim e ao Dori para irmos a uma festa na casa do poeta. Naquele dia o Vinicius estava apresentando o Quarteto em Cy. Chamavam-se "As Baianinhas". Ninguém as conhecia ainda, era negócio do Vinicius. Cada um tocou suas músicas, o pessoal gostou, e o Lula Freire [Luís Fernando de Oliveira Freire] quis que eu fosse à casa dele para mostrar uma de minhas músicas ao Trio Tamba. Naquele tempo a casa do Luiz Fernando Freire era o quartel-general da música brasileira, não havia compositor ou cantor que não freqüentasse a casa do Lula. De cara, o Luizinho Eça disse que não ia dar porque já tinha dezesseis músicas, no disco só iam doze, mas ia escutar. E quando acabei de tocar ele falou que tirava qualquer uma, mas botava aquela no disco. Foi o lançamento da minha primeira música, "Sonho de Maria", lançada em 1963 pelo Trio Tamba num disco chamado *Avanço*. Essa música foi que abriu o caminho pra gente, eu e meu irmão.

Os Cariocas gravaram mais duas músicas nossas, "Amor de nada" e "Vamos amar", aliás esta é minha e do Edu Lobo. Foi a primeira música do Edu gravada por alguém.

Quando o disco foi lançado, a Odeon resolveu me chamar pra mostrar músicas aos artistas de lá. Levei o violão e fui mostrar ao diretor artístico. Cantei umas quatro e o sujeito disse que elas não deviam ser gravadas por outro, e sim por mim mesmo. Fiz um teste e de cara gravei um LP. Esse disco saiu em 1964 e nesse ano fui considerado Revelação Masculina de cantor pela ACCB (Nara Leão foi a Revelação Feminina). Ganhei pela Rádio Jornal do Brasil o prêmio de Melhor Conjunto de Obras do ano – a melhor música tinha sido "Berimbau" – e o prêmio Estácio de Sá.

Depois disso nossas músicas começaram a ser gravadas por todo mundo e em 1965 lançamos "Preciso aprender a ser só", que foi gravada primeiro pela Sylvinha Telles e depois pelos Cariocas. Essa música foi naquela época recordista em número de gravações no Brasil, depois de "Garota de Ipanema", e com ela recebemos da Rádio Jornal do Brasil o prêmio de Melhor Música do Ano.

Nesse ano de 1965 o Sérgio Mendes me fez um convite para que eu fosse com ele aos Estados Unidos fazer turnê durante oito meses. Como eu estava noivo e não queria ir sozinho, fiz com que minha noiva fosse também. Casamos e fizemos oito meses de turnê pelos Estados Unidos em boate, televisão, concertos em universidades. Depois resolvi voltar. Em agosto de 1966, "Samba de verão" foi gravado pelo Walter Wanderley nos Estados Unidos e estourou, chegando a segundo lugar nas paradas de sucesso. Foi gravado por outros até chegar a oitenta gravações. Outra música minha, "Esse seu encanto", foi gravada pelo Andy Williams, que fez o convite para eu ir a seu programa de TV. Fui então novamente aos Estados Unidos em fevereiro de 1967 e, como o programa foi bem-sucedido, eu fiquei lá até dezembro, fazendo mais três programas de televisão, muitas gravações com artistas americanos e preparando meu disco na Verve, que foi gravado em novembro em Nova York, com arranjos do Eumir Deodato. Assinei também contrato com uma agência para fazer 26 programas de TV, escrever músicas para filmes, fazer turnês em Las Vegas e no Japão.

Em dezembro voltei para cá com várias músicas novas que tinha feito em Nova York. Tinha passado muito tempo sem compor e nas últimas quatro semanas de Estados Unidos me deu um negócio diferente e eu comecei a fazer o tipo de música que estava querendo fazer há muito tempo. E nessa linha estou até hoje, um novo tipo de harmonia, de melodia, sem obedecer muito a ritmo, a compasso, meio livre. Meu irmão também está fazendo um novo tipo de letra, uma letra visual, de imagens, sem muita preocupação com frases certas.

Acho que é um novo caminho dentro da música.

Reflexões:

Nunca fiz uma coisa que muita gente faz, construir a melodia em cima da harmonia. Sempre procurei fazer o contrário, porque construindo uma melodia em cima da harmonia pronta, o caminho da música poderá não ser exatamente aquele que você quer. Se for para colocar algum acorde mais estudado, eu coloco depois.

Num balanço entre os compositores atuais e os da época anterior, você vai ver que o número de compositores novos que estudaram música clássica, solfejo e teoria é enorme: Carlinhos Lyra, Tom Jobim, Edu Lobo, todos estão em casa preocupados em aprender coisas novas. Ninguém está naquela de tocar violão, fazer música e acabou. Há muito mais formação musical nos compositores de agora que nos daquela época.

Marcos Valle, 29 de fevereiro de 1969

MARIA BETHÂNIA (1946–)

Na Bahia comecei a cantar num filme de curta-metragem, *Moleque de rua*, que Caetano fez. Nunca tinha cantado na vida, ele falou assim: "Você vai cantar no meu filme." Eu quase morro de susto e disse: "Tá louco, não sei cantar nada." Tinha pavor da minha voz, achava que era horrorosa, grossa, tinha o maior problema, mas cantei a música.

Um ano depois, em 1963, fiz o *Boca de ouro*, de Nélson Rodrigues. Eu fazia o prólogo, cantava um samba de Ataulfo Alves. Depois, Caetano foi convidado pra fazer a inauguração do Teatro Vila Velha com um espetáculo de Bossa Nova. Fizemos com mais um grupo, *Nós, por exemplo*. Dois meses depois, fizemos um outro, *Nova bossa velha, velha bossa nova*. Depois fiz sozinha *Mora na filosofia*, que me lançou como cantora na Bahia. Foi em fins de 1964.

Eu e Caetano tínhamos saído de Santo Amaro para fazer o ginásio em Salvador, em 1957. Quer dizer, o que eu conhecia de música era Nora Ney, Aracy de Almeida, Sílvio Caldas, Orlando Silva e Maysa. Ele começou a fazer amizade com uns intelectuais de lá e eu ia com ele conversar. E sabe como é, em botequim tem música, então a gente começa a ouvir e ligar. Aos 13 ou 14 anos, eu não fazia nada e estava inteiramente por fora de música, não pensava em ser cantora de modo nenhum, não queria ser atriz de teatro. Quando passei a cantar, comecei a me interessar e queria saber das coisas. Que eu lembre, o que marcou muito, o que mudou, foi João Gilberto com a Bossa Nova.

Depois Nara Leão passou por lá e me assistiu. Ela estava fazendo o show *Opinião* no Rio, adoeceu e mandou me buscar. No princípio de 1965, fiz *Opinião* no Rio de Janeiro,

São Paulo, Porto Alegre e Bahia. Depois parei, fui para a Bahia, voltei algum tempo depois com contrato na TV Record por seis meses, fiz um espetáculo no Teatro de Arena em São Paulo – *Arena canta Bahia*, em 1966, durante dois meses. Depois estreei outro espetáculo em São Paulo, no Teatro Oficina – *Tempo de guerra* –, com Augusto Boal ainda. Voltei ao Rio de Janeiro, fiz uma temporada na boate Cangaceiro durante quatro meses, depois fiz *Pois é* com Vinicius e Gilberto Gil no Teatro de Arena. Em fim de 1967, fiz *Comigo me desavim*, no Rio de Janeiro e em São Paulo.

Não pensava ser profissional de jeito nenhum. Quando vim fazer o *Opinião* no Rio, eu queria voltar pra Bahia. Na Bahia, não queria ter a responsabilidade de cantar como profissional. Não saía de perto da minha mãe e de meu pai pra nada e então foi estranhíssimo. Quando fiz *Opinião*, tinha ataques de choro, queria voltar e, quando terminou a temporada de dois meses no Rio, arrumei o dinheiro, comprei a passagem e ia embora pra Bahia fazer meus shows lá. Aí o Boal foi correndo me buscar para fazer o espetáculo em São Paulo. Quando voltei, minha cabeça já estava pensando inteiramente diferente. Aí eu pensei que tinha de cantar, que minha profissão era essa, que eu queria trabalhar somente nisso.

Reflexões:

Eu tenho pavor do grande sucesso, tenho medo da fama, de tudo isso, não tenho coragem de enfrentar porque é muito bom mas é muito cruel ao mesmo tempo. Quem procurou esse grande sucesso é um cara que pode, o Roberto Carlos agüenta. Eu não fui atrás dele e, no entanto, fui um grande sucesso, fui um mito no Brasil inteiro, a cantora de "Carcará", foi a glória. Mas eu quis cair fora. Tem gente que não sabe ou não quer. A mim, o grande sucesso prejudicaria a parte criativa. Se eu não parasse, estaria hoje destruída, não existiria mais.

Nunca entendi nenhum movimento, porque não tenho paciência, não posso jamais ser uma cantora de Bossa Nova, uma cantora de protesto, uma cantora tropicalista. Como cada dia eu quero cantar uma coisa, prefiro não me ligar a nada e a ninguém, para poder cantar o que quero. Tanto que meus shows são inteiramente misturados, canto Linda Rodrigues, Ary Barroso, Sílvio Caldas, tem dia que canto "Lama", por isso não posso dizer que tal música ou tal estilo de música foi o que se deu bem comigo.

Acho que a capacidade criadora tem de mudar com o grande sucesso. Na loucura do sucesso você não pode ir à rua, não pode ir à praia, não pode ir ao cinema, não pode fazer compras, não pode fazer nada que você gosta. A primeira atitude do seu empresário é dizer: "Você não pode sair, não pode ser vista, a não ser muito bem paga."

Adoro teatro, tenho paixão, quero ser atriz. Adoro fazer disco, teatro e boate. Não gosto de fazer televisão e show de clube.

Eu não tenho disposição para me expor desse jeito. Sou uma pessoa muito neurótica, muito nervosa, sofri muito por causa disso.

Não sei nada de técnica musical, não quero saber, quero saber de minha emoção só, mas acho que Ângela Maria é a cantora que tem a maior técnica do Brasil. Elis Regina tem uma técnica sensacional, a Nara Leão tem uma voz colocada, mas de um modo geral o pessoal de agora não tem mais técnica. Em composição, talvez. Edu por exemplo é um cara da pesada.

Quando falaram que eu podia cantar o "Carcará" melhor que a Nara porque era nordestina, passava fome e via a seca na minha frente, é mentira, porque eu nunca vi nada disso. Vivi na beira do mar. E no entanto cantei muito melhor que a Nara porque, sei lá... acho que a música tem mais que ver comigo. Nunca vi carcará na minha vida.

Maria Bethânia, 13 de dezembro de 1968

MILTON BANANA (1935-1999)

Meu nome é Antônio de Souza. Mas mamãe quis que papai me tivesse registrado como Milton, e sempre me chamou de Milton. Como eu gostava muito de comer banana – no colégio fiquei sendo conhecido como o rei da banana – ficou Milton Banana. Desde os 13 anos.

Comecei como baterista de um conjunto muito famoso na época, Waldir Calmon, quando tinha 17 anos. Três anos depois, fui para a orquestra de Ruy Rey, que estava no auge, ficando outros três ou quatro anos. Conheci uma criatura linda chamada Ary Barroso e ingressei no seu show da boate Fred's. Foi onde conheci Ed Lincoln, com quem fui trabalhar no conjunto da boate do Djalma Ferreira. Éramos eu, Lincoln no contrabaixo (estava começando a aprender órgão com o Djalma), Miltinho, ritmista e cantor, e João Donato Pereira de Oliveira, que revezava no piano com Djalma.

Aí surgiu uma peça genial chamada João Gilberto, também, por incrível que pareça, Pereira de Oliveira. Toquei com ele num show do Au Bon Gourmet. Depois de uns três meses e meio, João foi convidado para ir à Argentina e, em Buenos Aires, recebemos um telefonema de Mário Dias Costa nos convidando para ir a Nova York. Viemos para o Brasil e fomos para Nova York, contratados pelo Itamaraty, para o concerto do Carnegie Hall, que foi um sucesso. Depois fomos para Washington, onde fomos ouvidos por Miles Davis, que também estava no programa com seu quinteto, e por Stan Getz. Depois fomos à Filadélfia e terminamos a temporada de um mês.

O empresário Monte Kay havia assistido ao concerto do Carnegie Hall, ficou apaixonado e contratou João Gilberto e seu trio, formado por Donato no piano, Sebastião

Neto no baixo e eu na bateria. João tocava e cantava. Trabalhamos nos Estados Unidos uns três meses.

Daí fomos para a Itália, ainda contratados por Monte Kay. Fizemos oito programas de televisão, não fizemos boate.

Aí João adoeceu, o polegar da sua mão direita não tinha mais movimento. Foi preciso fazer um tratamento com o dr. Zapala, o mesmo que cuidou do Pelé. João ficou quase dois meses se tratando, foi a Paris e voltou a Nova York, dizendo que não estava em condições de tocar.

Enquanto isso nós, que já tínhamos voltado para Nova York, estávamos gravando Bossa Nova. Sidney Frey, presidente da Audio Fidelity, tinha nos conseguido a carteira da Ordem dos Músicos, mas só para trabalhar em gravação. Ficamos gravando uns três meses, enquanto João não vinha. Quando voltou, a mão já estava melhor, mas ainda não dava para tocar. Aí João disse: "Acho que vou ao Brasil." Mas acabou não vindo. Nós viemos na frente dele. O dinheiro tinha começado a acabar porque as gravações pararam, tinha havido uma saturação de Bossa Nova no mercado. Fazia uns oito ou dez anos que Donato não vinha ao Brasil e por isso resolvemos vir. O Donato – que eu admiro até hoje – foi o terceiro músico brasileiro que foi aos Estados Unidos por conta própria. O primeiro foi Laurindo de Almeida, o segundo Juvenal [Amaral], contrabaixo.

Quando viemos de volta ao Brasil, Donato gravou dois discos conosco – Sebastião e eu – e mais o Amaury, ritmista. As gravadoras não pagaram e ainda malharam o rapaz.

Eu fiquei trabalhando no Brasil principalmente em gravações. Sempre gostei de trabalhar à noite, mas não dá.

Milton Banana, 7 de outubro de 1968

MILTON NASCIMENTO (1942–)

Nasci no Rio de Janeiro em 1942. Com 3 anos fui para Minas Gerais e lá estudei até o curso de contabilidade. Em Três Pontas, iniciei-me na música como *crooner*. Depois fui para Alfenas, onde tínhamos um conjunto, e aí começamos a viajar por conta própria com 15 contos no bolso, pensando ser profissional como cantor.

Foi em Belo Horizonte que eu comecei mesmo a compor e onde resolvi levar mais a sério o trabalho de compositor. Fiquei lá dois anos e meio e na metade de 1965 a comissão do Festival, TV Excelsior, me chamou para cantar "Cidade vazia", do Baden

Powell e Lula Freire. Fui, cantei a música e fiquei morando em São Paulo. Durante todo o tempo em que morei em São Paulo aconteceu só uma gravação da Elis Regina, a "Canção do sal". Foi a minha segunda música gravada. Antes já tinha sido "E a gente sonhando", pelo Tomo Trio, que fazia parte da turma de Belo Horizonte. Nesses dois anos que fiquei em São Paulo não aconteceu nada. Nada. Mas nada mesmo. Eu ficava só compondo. O pessoal achava minhas músicas difíceis de entender. Mostrei música pra todo mundo.

Em julho de 1967, Agostinho dos Santos, para quem mostrei umas músicas, me falou que havia o Festival Internacional da Canção. Eu já não estava acreditando muito no negócio e ele me obrigou a colocar as músicas. Então eu pus e esqueci. Deixei. Até que um dia cheguei na TV Record, na porta tinha o pessoal d'O Quarteto, e veio todo mundo correndo me abraçar pra dizer que eu estava com as três músicas colocadas. Não acreditei muito não, mas depois vi que era verdade mesmo e vim pro Rio. As músicas eram "Travessia", "Morro Velho" e "Maria minha fé". Logo que coloquei o pé no Rio, senti um ambiente completamente diferente do de São Paulo.

Cheguei com a mala e um violão no escritório do festival, e o pessoal disse:

– O senhor deseja falar com quem?

– Eu queria falar com o sr. [Augusto] Marzagão. Sou o Milton Nascimento.

Quando eu falei Milton Nascimento, o pessoal me levou logo pra falar com ele, fiquei conhecendo Eumir Deodato, que eu considero uma das pessoas mais importantes na minha carreira. Logo que cheguei, liguei com ele. Acho que é o responsável pela maioria das coisas que aconteceram comigo, a partir do festival.

Eu não queria cantar. Tinha o Agostinho dos Santos pra uma música e estava faltando o intérprete pra outra. Mas o Eumir falou que eu tinha de cantar uma das minhas músicas. Eu falei:

– Mas não vou enfrentar 20 mil pessoas no Maracanãzinho, não tenho coragem pra isso.

– Não, você tem de cantar. Vou fazer o arranjo pra você cantar.

E fez os arranjos de "Travessia" e "Morro Velho". "Travessia" ficou no segundo lugar, "Morro Velho" em sétimo, ganhei também o prêmio de melhor intérprete.

Na época do festival esteve aqui o produtor Creed Taylor, acabei fazendo contato com ele por intermédio do Eumir. Um contrato pra fazer seis discos em três anos. Nos Estados Unidos, quem me orientou em tudo foi o Eumir. Deixei um disco gravado lá com dez músicas, fizemos uma semana num festival de jazz e samba no México, estavam

João Gilberto, Walter Wanderley, Bola Sete [Djalma de Andrade], Eumir Deodato Trio, Art Blakey, Willy Bobo, Chico Hamilton e outros. Fizemos uma semana em Guadalajara, Guanahuapi, Mexico City e Pueblo. Foi bom demais. Principalmente quando eu cantava "Travessia" e "Vera Cruz". Várias vezes eu tive de repetir. Teve bom mesmo. Bom demais.

Enquanto durou o sucesso de "Travessia" não teve problema nenhum, mas me faltou até agora um esquema de trabalho. E eu fui bastante prejudicado por isso. Muita gente, inclusive do meio artístico, conhecia apenas três músicas minhas, as três do festival. Até hoje muita gente pensa que eu só tenho "Travessia".

Reflexões:

Não me prendo a compassos. Uso divisões diferentes dentro da música, por exemplo um 6/8 dentro de um 4/4. Componho no violão. Ou então com gravador.

Sempre há dificuldade em passar as minhas músicas para o papel. Por causa dessas quebras rítmicas, do desenho do violão. Para se tocar a minha música certa, tem de ter o desenho do violão, que é difícil, o desenho do violão é livre da melodia. Penso no desenho do violão com a voz, tudo sai junto. Minha música precisa de muito ritmo. Então são três coisas: o ritmo, o desenho do violão e a melodia...

Milton Nascimento, 21 de junho de 1969

NARA LEÃO (1942-1989)

Toco violão desde 12 anos de idade. Só gostava de tocar, nada mais. Aos 15 anos já conhecia Roberto Menescal, Carlos Lyra, Ronaldo Boscoli, Tom Jobim, Vinicius e outros. Como minha casa era muito agradável – na praia, apartamento grande, meus pais eram muito camaradas –, eles todos iam lá para fazer música, ficando até 6 ou 7 da manhã. Parei de estudar aos 16 ou 17 anos porque dormia sempre a essa hora, só pensava em música. Mas não tinha a menor intenção de ser profissional, fazia aquilo para me divertir.

Vinicius um dia me convidou para fazer um show com ele, *Pobre menina rica*, de Carlos Lyra. Eu já tinha tido muitos convites para cantar e tinha cantado em universidades, mas sempre de graça. Não tinha mesmo nenhuma intenção de fazer o show com Vinicius, mas achei que, estando cercada de amigos, podia fazer um show de boate sem correr nenhum risco.

Eu era professora de violão (1962 ou 1963), estudava música e fazia jornalismo, era repórter do *Última Hora*.

Parei de cantar definitivamente para fazer vestibular de sociologia, mas no meio das provas fui convidada pela Rhodia para ir ao Japão com Sérgio Mendes e fazer uma excursão pelo Brasil. Daí por diante (1964) a coisa engrenou e não consegui mais sair. De vez em quando eu abandono definitivamente, mas acho que agora não vou abandonar mais porque nunca o abandono é verdadeiro.

Depois da excursão ao Japão com Sérgio Mendes, fui convidada por ele mesmo para ir aos Estados Unidos cantar. Mas acontece que cantar para mim não tinha muito sentido; queria fazer uma coisa maior, mais útil, queria estudar sociologia. Aí veio a revolução de 1964 e eu, que já sentia uma inclinação para cantar músicas políticas (como no meu primeiro disco), achei algum sentido em cantar. Não fui para os Estados Unidos, fui fazer o show *Opinião* e minha carreira tomou outro sentido, protestando contra as coisas que achava que estavam erradas eu podia ajudar a melhorá-las. Só cantava músicas nesse gênero.

Mais tarde comecei a cantar também outras coisas. Fiquei menos radical e começou então um período de desânimo. Concluí que protestar cantando não resolvia problema algum. Porque o que fazia sucesso popular não eram mesmo as músicas de protesto. Eram as músicas alienadas, o público não ia ao teatro para tomar consciência das coisas.

Hoje estou numa situação em que acho que tudo deve ser cantado. A fase do desânimo já passou.

Temos meios de divulgação enormes como a televisão, o rádio e os jornais – apesar de as pessoas não lerem tanto jornais quanto deveriam. Para mim o jornal às vezes não informa tudo o que poderia informar. Então a música resume, simplifica e vai diretamente ao ouvinte. Se eu pudesse ajudar a formar novas consciências, gostaria mais de fazer isso que de cantar músicas de amor.

Também tenho vontade de cantar outro tipo de música não tão importante, mas me qualifico mais como repórter das coisas que acontecem no Brasil e no mundo. Como não sou compositora – nem faço a menor tentativa, pois acho que não tenho qualidades –, tenho de me submeter às músicas existentes.

Conheci Zé Kéti através de Carlos Lyra, que me disse ser um compositor de morro genial, com quem havia trabalhado em músicas de filmes e peças. Gravei "Diz que fui por aí", dentro da batida e da harmonia Bossa Nova. Quer dizer, juntei as coisas, fiz uma música tradicional à maneira Bossa Nova.

Isso aconteceu porque depois que todo mundo gravou disco de Bossa Nova eu quis fazer alguma coisa diferente, com uma característica minha. Sempre tive vontade de cantar o que ainda não cantei. Por isso, quando fui gravar meu primeiro disco (1963), eu que tinha sido chamada Musa da Bossa Nova, não agüentava mais aquelas músicas, estava enjoada. Não é que eu não goste, mas não tenho vontade de cantar sempre a mesma coisa. Aí cantei música de morro, música de protesto, cantei música do Chico e, se amanhã aparecer outra coisa, vou querer cantar essa outra coisa. Eu mesma tenho uma satisfação maior cantando uma coisa que não está sendo cantada.

No segundo disco senti que abria uma nova perspectiva. E sempre nos meus discos há uma nova abertura. Isso me agrada muito. Fui a primeira que cantou "Berimbau", a que cantou "Consolação", "O sol nascerá", fui a primeira que gravou tudo isso. Mas acharam que não ia ser sucesso. Aloísio de Oliveira disse que eu não podia fazer isso, que eu tinha uma imagem de garota de Copacabana e que não podia cantar esses problemas porque não os tinha. Por isso saí da Elenco. E ele só gravou isso porque passei seis meses chateando ele. Na Philips aconteceu a mesma coisa; muitas brigas, parei o disco no meio, fiz greves. Faço isso até conseguir o que quero. E sempre demonstro aos meus contratantes que não faço a menor questão de ser cantora. Se eu não puder dizer o que tenho vontade naquele momento, não me interessa. Não interessa ganhar dinheiro, tudo isso é secundário.

Reflexões:
Tenho muita pena que minha carreira tenha implicações de sucesso, de dar autógrafos. Todos sabem de minha vida particular no jornal.

Amanhã se eu deixar de cantar vou trabalhar noutra coisa, porque acho que o trabalho é mais importante que a carreira. Um operário tem sua vida própria, vai ao cinema, namora e tudo mais. As pessoas, às vezes, exigem que um cantor não tenha vida própria, vida particular. Acho isso muito errado. Acho que isso devia ser encarado como um trabalho, sem idolatria, sem acharem que você é uma pessoa especial, que você sabe de tudo. Isso é que é muito prejudicial a nós, como pessoas. Em primeiro lugar eu sou uma pessoa, em segundo uma mulher, em terceiro uma cantora.

O artista já é uma pessoa mais sensível. Ele é considerado artista justamente porque consegue falar de coisas que não passou. Você acha que o Chico viveu tudo que ele diz nas músicas?

Sempre cantei o que me interessa. Menos na televisão. A televisão engole a gente; se a gente não toma cuidado, passa de cantora a vedete. Televisão é muito perigosa. Quando você vê, já não sabe mais onde está, já perdeu o pé. Uma vez cantei uma música americana que gostava num programa de TV e logo depois fui chamada para cantar no Rio uma música da parada de sucesso vestida de caubói. Vivendo dentro de um circo, você acaba achando que aquilo é normal. Você perde a dimensão das coisas. Vou te contar um negócio, fui convidada para fazer meu programa. Fiquei numa suíte com sala, quarto, sofá, telefone, geladeira, chofer, tudo. Dispensei o chofer, saí da suíte e voltei para um quarto comum. A gente começa assim a distorcer os valores verdadeiros. E depois faz qualquer negócio para manter o padrão. Não vou ser estrela. Vou ser uma pessoa que trabalha. Minha profissão é ser operária do canto. Se você não se cuidar, você degringola inteiramente. Como cantoras que começam cantando e acabam desfilando no palco de biquíni, daqui a pouco viram vedetes, depois estão fazendo modelo na televisão, ou seja, de biquíni, passeando de um lado para o outro no palco.

Nara Leão, 26 de junho de 1967

ROBERTO MENESCAL (1937-)

Até eu encontrar Antônio Carlos Jobim pela primeira vez, minha carreira não tinha nada de excepcional.

Eu tinha uma academiazinha com Carlinhos Lyra e dava aula de violão para me virar – o velho tinha cortado a mesada. Um dia (1958) tocaram a campainha, eu fui atender, era o Tom, que me perguntou: "Você quer fazer uma gravação comigo?" Eu fui todo. Peguei o violão, esqueci do aluno que estava lá e me arranquei. Fizemos a gravação para o filme *Orfeu do Carnaval*, depois fomos jantar num bar de Copacabana. Logo que sentamos ele disse:

– Qual é o teu problema?

Eu ainda não tinha dito nada, fiquei meio surpreendido.

– Estou naquela dúvida se largo ou não o estudo.

– Olha, larga tudo porque eu fui até o primeiro ano de arquitetura e não me adiantou nada. A única coisa que fiz com esse estudo todo foi aquela música "Aula de matemática".

Desse dia em diante larguei o estudo e me dediquei à música.

Fiz uma viagem ao norte com a Sylvinha Telles, que foi quem me deu muito apoio. Depois viajei com Norma Bengell para o exterior. Aí veio a Bossa Nova, fomos lutando e eu estou até hoje na minha primeira posição, não mudei e acho que não vou mudar.

Reflexões:

Quando faço música, não penso em tempo, nem quero que minhas músicas sejam eternas. Apenas gosto. Quando ouço minhas músicas executadas, principalmente por artistas de outros países, vejo que consegui alguma coisa, não sei direito o que é. Até fiquei meio envergonhado com os primeiros direitos autorais do exterior, achei que não merecia muito, que era um dinheiro meio falso.

Se a preocupação da pessoa é política, ela deve fazer música política, que será válida como qualquer outra e tão importante como amor. Por isso não deve existir essa separação, nem essa preocupação. Acho que deve haver a maior espontaneidade possível e com a melhor qualidade.

Roberto Menescal, 1º de agosto de 1967

RONALDO BOSCOLI (1929-1994)

Minha contribuição à música se deu mais por minha condição na época que por minha vontade. Eu era jornalista e, sendo descendente de família de artistas, sempre tive uma certa tendência inconsciente à música. Sou sobrinho-bisneto de Chiquinha Gonzaga, que fez "Ó, abre alas", meu tio Jardel [Jércolis] foi homem de teatro, Jardel Filho é meu primo, Heber de Boscoli também.

No colégio fazia letras de músicas amadoristicamente. Conheci Carlinhos Lyra, um estudante que estava largando o colégio para ensinar violão e que me mostrou várias músicas suas para fazer a letra. Fiquei meio temeroso porque aí era coisa mais importante, mas arrisquei uma letra, arrisquei duas e arrisquei três e resultaram três coisas que para a época foram consideradas muito boas: "Se é tarde me perdoa", "Lobo bobo" e "Canção que morre no ar". Com isso, Tom e Vinicius, que já eram profissionais, nos entusiasmaram muito achando que a dupla poderia ir longe. Realmente pintava ir muito longe, até que eu tive um atrito pessoal com Carlinhos – debelado quatro anos depois, quando refizemos nossa amizade. Fizemos juntos doze músicas, mas ele retirou as letras das que ainda não estavam gravadas. Sobraram só as três que já disse, "Saudade fez um samba" e "Sem saída". Anos depois ele me disse: "Que bobagem que eu fiz em ter retirado as letras. Uma música que nasce com uma letra deve morrer com ela."

Eu era repórter da *Manchete* e do *Última Hora*, especializado em música, show, assuntos leves, e na casa de minha namorada, Nara Leão, onde se reuniam muitos artistas, conheci um garoto tímido de olhos verdes, Roberto Menescal, que me mostrou uma música sua. Fizemos nossa primeira composição que foi um lixo, "Jura de pombo". Fiquei meio decepcionado, mas a segunda música que ele me mostrou me entusiasmou muito, foi "Tetê". Aí achei que o menino poderia ir longe. Trabalhamos juntos em muitas músicas e cinco meses depois nasceria "O barquinho", que foi minha maior composição até hoje. Quer dizer, fui parceiro de Carlinhos, de Menescal e esporadicamente de Normando, Bonfá, [Oscar] Castro Neves, Chico Feitosa e até de Vinicius de

Moraes, fizemos um samba chamado "Cem por cento", que jamais foi gravado. Assim comecei como compositor. Mais ou menos acidentalmente.

Tive a idéia de ser produtor quando conheci Miéle, que trabalhava na TV Continental. Ele ia me ajudar na iluminação do show da Faculdade de Arquitetura, mas deu o primeiro bolo e eu tive de fazer tudo sozinho. Foi o maior sucesso de minha carreira como profissional. Eu era um iniciado naquela época e havia 3 mil pessoas num lugar onde cabiam 1.500.

Reflexões:

Eu sou do tempo em que o brasileiro se gabava de não saber música. Hoje eu acho que o sujeito deve se envergonhar de não saber música. Antigamente era genial você pegar um crioulo e dizer assim: "Esse cara aí toca tudo de ouvido." Tudo errado, entende? Mas tudo de ouvido. O infeliz que não consegue estudar é chamado de autêntico. Quem consegue estudar alguma coisa é considerado culpado: "Não. Esse cara sabe música... é sofisticado. O negócio é o autêntico." E esse autêntico é que atrasou nossa música muito tempo.

Acho que a formação de quase todo mundo da Bossa Nova é de jazz. Aliás, formação benéfica, pois é a maior expressão popular de todos os tempos. Detesto essa distinção de autêntico. Como diz o Tom, autêntico é o jequitibá. Ninguém é autêntico, todas as correntes se interligam, se comunicam. Se buscarmos as raízes reais da coisa, teremos de fazer música de índio; bateria não é brasileira, pandeiro não é brasileiro. Menescal e Lyra, todos tiveram grande contato com jazz.

Por causa dessa formação de jazz é que a música brasileira se projetou. Naturalmente fomos modificando, adaptando e atualmente os americanos, oficial e acintosamente, sugam nossas raízes. [Henry] Mancini me disse: "Hoje nós copiamos uma série de seqüências harmônicas da música brasileira."

O compositor deveria poder se dedicar dia e noite à sua tarefa. Deveria poder ler, ouvir e pesquisar muito mais para se profissionalizar. Porque inspiração é trabalho. Você tem de poder se dedicar todos os minutos a esse trabalho. No Brasil você é roubado por todas as sociedades arrecadadoras de direitos autorais, é um vexame. Eu ganhava 8 cruzeiros por mês e há um mês passei a 120 – eu e Menescal –, no duro. O homem que vive numa sociedade que lhe paga 120 cruzeiros por mês não tem condições de ser um compositor profissional, a não ser em raros e brilhantes casos. Um desses felizardos foi o Tom. Os compositores, hoje, viraram cantores para poder ganhar cachê. Só por causa disso.

Ronaldo Boscoli, 19 de julho de 1967

SÉRGIO RICARDO (1932-)

Nasci em Marília no dia 18 de julho de 1932, meu nome é João Lufti. Comecei meus estudos de músicas aos 8 anos de idade: piano, naturalmente, teoria e solfejo. Aos 17 anos, estando no sétimo ano de piano, fui para Santos estudar e trabalhar na rádio de meu tio Paulo Mansur, a Rádio Cultura de São Vicente, como locutor, operador de som, discotecário, escrevia crônicas e textos de propaganda.

Saindo de Santos fui para o Rio de Janeiro, onde trabalhei como locutor, ao mesmo tempo que retomava meus estudos. Voltei a estudar música na Escola Nacional de Música, fazendo paralelamente uns shows estudantis, tocando piano. Um dia resolvi ingressar no trabalho profissional como pianista; fui para o lugar do Tom, que deixava definitivamente a noite, numa boate chamada Posto Cinco, em Copacabana. Só então comecei a me interessar pela música popular brasileira, porque na época a música que mais funcionava era o jazz mesmo e a gente procurava era tocar bem o jazz. Mas o Tom Jobim e o Newton Mendonça abriram para mim as perspectivas de compor com um aproveitamento do jazz numa forma na música popular brasileira. E foi com essa nova forma que comecei a compor.

Um pouco antes desse meu ingresso na noite, tinha havido um convite para fazer um teste de galã de cinema. Venci o concurso mas infelizmente a companhia foi à falência, pegou fogo. Mas ficou na minha cachola aquele negócio de ator de cinema, o cinema sempre me preocupando paralelamente com a música.

Conheci também Johnny Alf, Donato, João Gilberto, que com Newton Mendonça e outros eram, digamos assim, a vanguarda dos músicos daquela época.

Fiz minha primeira música – "Buquê de Isabel" –, mas as fábricas de disco recusavam não só as minhas mas também as do Tom, Johnny Alf e todos os outros, porque a bolerada naquele tempo era um negócio infernal, ninguém queria arriscar em nada novo. Gravei só um disco cantando "Jangada" e minha carreira no disco estava parecendo com possibilidades remotas. Mas surgiu logo depois disso o movimento Bossa Nova, na época em que eu era produtor de um programa de televisão chamado *Balada*. Os compositores que estavam engrenados vieram me chamar porque achavam que a minha música identificava-se com o movimento. Ingressei na Bossa Nova e resolvi aderir ao violão quando me acompanhava em público. Com o lucro que tinha em apresentações de Bossa Nova, comecei a fazer meu primeiro filme. Esse era um dos meus anseios já antigos; se houvesse os mesmos meios de trabalho no cinema como existem na música, eu talvez fosse mais cineasta que músico.

Coincidiu de eu ser chamado para o Festival Internacional de São Francisco, nos Estados Unidos, ao mesmo tempo que eu era convidado para aquela apresentação do

Carnegie Hall. Eu tinha feito o filme *O menino da calça branca*, que teve o segundo lugar, e fiquei em Nova York.

Ganhei uns contratos no Village Vanguard, trabalhei lá duas semanas e em outros espetáculos. Com esse dinheiro e os 2 mil dólares do filme, ia me mantendo nos Estados Unidos enquanto preparava uma história para outro filme no qual um produtor estava interessado.

Como o produtor estava na fase do levantamento da produção e ainda não necessitava do meu trabalho, eu, que já estava com certa saudade, me entendi com ele para vir ao Brasil por uns quinze dias. Então vim, me atirei logo a campo e fiquei dependendo de um dinheiro que ele mandaria para a produção. Mas não sei por que cargas d'água o homem lá não mandou mais dinheiro nem mais notícias e eu fiquei no Brasil com um problema, como terminar o filme, como pagá-lo. Então decidi correr o maior risco possível. Fui ao banco, levantei dinheiro e aí surgiu *Esse mundo é meu*. Enquanto se montava o filme, gravei meu segundo LP, *Um senhor talento*, que foi talvez o que mais vendeu.

Em Nova York, ouvindo discos de Luiz Gonzaga, gravações de cegos cantadores e outras coisas recolhidas, tomei um amor muito grande pela pesquisa e, quando voltei ao Brasil, coincidiu do Gláuber Rocha estar fazendo o seu filme *Deus e o Diabo na Terra do Sol* e queria que eu fizesse a música. Então me apresentou outras fitas gravadas com coisas recolhidas do Nordeste e, por osmose, absorvi aquela cultura porque até então eu não conhecia a região. E pude fazer a música, que fez muito sucesso e consta de um disco que viria a ser o meu terceiro LP[28]. O quarto seria a trilha sonora do *Esse mundo é meu*, que veio então bem depois do filme.

Fui convidado pelo Itamarati para representar o Brasil no Festival do Líbano com *Esse mundo é meu*. Chegando lá, fui convidado pelo governo pra fazer um filme na Síria, *O pássaro da aldeia*. Nas minhas horas de folga na Síria nasceu toda uma trilha sonora para um filme sobre o Nordeste.

Na volta da Síria, entabulei uma produção com o Santa Rosa e me mandei pra o Nordeste. Passei uma boa temporada gravando tudo que podia de música popular e folclórica, juntando as pessoas, fotografando, recolhendo dados. Ao voltar do Nordeste, a produção do Santa Rosa desistiu, devido aos gastos. E o filme foi pra gaveta.

Vim para São Paulo e dali pra cá tenho apenas articulado a produção e a execução desse meu filme que já tem o título provisório de *O espantalho*[29]. Independente disso, as minhas experiências em festivais com aquele famigerado violão quebrado.

....

28. *Um senhor talento*, Elenco, 1963.
29. Filme que seria lançado em 1974, sob o título *A noite do espantalho*.

Considero-me um cineasta e compositor, embora tenha feito apenas dois filmes. Essa ambivalência tem me custado muito na vida porque, quando largo a música para me dedicar ao cinema, invisto muito dinheiro em cinema e largo de uma certa forma uma continuidade musical que me prejudica perante o público.

Reflexões:

Não era preciso que eu fosse o Zelão[30] para contar a história do Zelão. O Chico Buarque, pra poder sentir e dizer o que disse, precisava apenas olhar a Carolina, como eu olhei o Zelão, vi a favela e pude falar. Não é necessário viver o problema, o que é preciso é ter olho aberto para poder sentir a coisa.

Não tenho suficiente paciência para agüentar o processo que envolve o compositor brasileiro, da exploração, dos intermediários, das arrecadadoras de direitos autorais, dos editores ladrões, brasileiros que tem aí a três por dois. Quando a editora não rouba, coloca a música na gaveta e não faz nada por ela. É impossível eu mesmo fazer uma editora minha e cuidar da minha música; ou vou cuidar da editora, ou vou fazer música. Por outro lado, se eu contrato pessoas para cuidar da minha editora e fico fazendo músicas, não dá pra pagar quem vai trabalhar para mim. Daí a necessidade de se ter de trabalhar em conjunto. Ou se profissionaliza e se organiza em termos definitivos e coletivos, ou vamos ficar velhos fazendo música, mas sempre com aquela roubalheira atrás.

Em termos de criação, só assim estaríamos aptos a criar alguma coisa, livres desses problemas que nos afligem e tomam o nosso tempo. Hoje, por exemplo, em vez de ficar compondo, eu tive de ir a um banco resolver problemas de música, discutir com editor, arrecadar direitos. Mas o camarada te rouba, você vem pra casa nervoso e acaba não trabalhando. Como o Dori, que foi falar com o Marconi[31], editor dele, assobiando uma melodia linda. E depois que falou queria lembrar a música e vinha um bolero na cabeça.

Sérgio Ricardo, 10 de outubro de 1968

VINICIUS DE MORAES (1913-1980)

Devia ter uns 15 anos quando comecei como compositor. No Colégio Santo Inácio, onde fiz minhas primeiras letras, tínhamos um conjunto formado por alunos e por dois elementos que, se não me engano, não pertenciam ao colégio, os irmãos Paulo e

....

30. Personagem-título de uma das músicas de maior sucesso de Sérgio Ricardo, gravada em 1960.
31. Maurício Marconi, da Editora Impor Musical Fermata do Brasil.

Haroldo Tapajós, constituindo na ocasião uma dupla que depois ficou famosa. Com eles escrevi minhas primeiras composições musicais, que foram inúmeras. Duas delas tiveram sucesso público: um foxtrote brasileiro chamado "Loura ou morena", que foi cantado pela dupla Os Irmãos Tapajós, e a outra, uma *berceuse* chamada "Canção da noite". Foi o primeiro dinheiro que ganhei com música e que na ocasião me pareceu astronômico; "Loura ou morena", que teve um sucesso considerável, me rendeu 1 conto de réis de direitos autorais.

Bom, a partir daí, por ter-me tornado poeta no sentido mais clássico da palavra, abandonei totalmente a composição de música popular por me parecer na ocasião uma arte menor. Eu lembro que quando tirei o prêmio Felipe de Oliveira – um prêmio nacional de poesia – eu era muito moço ainda, tinha 21 para 22 anos e aquilo me subiu um pouco à cabeça. Fiquei me achando uma espécie de gênio nacional. Depois verifiquei que não era nada disso. Mas, talvez por ser um poeta conhecido e com livros publicados, deixei de lado a composição da música popular por muito tempo. Embora, por uma sensibilidade minha, aquilo tivesse ficado subconscientemente guardado dentro de mim.

Eu era amigo de compositores como Alberto Simões da Silva, o famoso Bororó, Ismael Silva, um grande sambista tradicional. Nunca deixei de lado o violão. Quando fui estudar na Universidade de Oxford, na Inglaterra, onde fiz um curso de línguas e de literatura inglesa, o violão me acompanhou. Sempre mostrava aos ingleses as composições da música popular brasileira.

Na década de 50, liguei-me muito de amizade a Antônio Maria, um pernambucano que se radicou no Rio de Janeiro e que foi no período de 1950 a 1956 um dos grandes da música popular. Nessa ocasião minha mulher falou comigo: "Por que você em vez de ficar botando letras nas músicas dos outros não experimenta fazer tudo você mesmo?" Nessa mesma tarde escrevi meu primeiro samba com letra e música minha: "Quando tu passas por mim", um samba-balada com aquele leve ritmo de bolero atrás, que caracterizou o samba-canção da época. Antônio Maria me animou muito a editá-lo e, numa ida a São Paulo, mostrei o samba a Aracy de Almeida, minha amiga aí da noite, que gostou muito e gravou. Depois Doris Monteiro também gravou.

Curiosamente, esse samba foi instrumentado na gravação de Doris por Antônio Carlos Jobim. Embora o samba seja todo meu, dei parceria a Antônio Maria, o que ele depois fez comigo em uma ou duas de suas músicas, no sentido de me botar pra frente, pois ele era muito mais conhecido como compositor que eu. Aí me entusiasmei e fiz vários sambas.

Em Paris, em 1953, voltei a compor sozinho, fiz várias músicas que se tornaram grandes sucessos depois: "Serenata do adeus", a adaptação da cantata de João Sebastião Bach "Jesus alegria dos homens" em tempo de marcha-rancho, "Medo de amar", a valsa "Eurídice", que naquele tempo chamava-se "Suzana", pois era dedicada à minha filha; depois eu tive de pedir a valsa emprestada a ela como tema da peça *Orfeu da Conceição*, coisa que ela não perdoa até hoje. A valsa foi aproveitada também na *ouverture* da peça, quando foi montada em 1956.

Reflexões:

Sou cada vez mais solicitado pelos jovens compositores. E não tenho me negado a eles por uma razão muito simples: acho que é necessário dar um impulso nesses caras, ouviu? Dar uma partida para eles. A verdade é que eles são muito tímidos todos, mas com uma necessidade de se comunicar, que vença essa timidez. E eu ouço em geral. Tem muito bagulho no meio. Mas quando sinto que tem uma qualidade, mesmo primária, não me nego a pôr uma letrinha não. Há muita gente que me critica por isso, eu sei. Mas acho que não me interessa perder esse contato com o pessoal mais jovem. Eu tendo para uma universalidade cada vez maior. O meu sentido é me comunicar, meus parceiros vêm desde João Sebastião Bach até um menino que encontrei em Ouro Preto – João Bosco – e que fez um samba direito. Fiz música com Pixinga, com Ary Barroso, com Paulinho Soledade, com Tom, com Carlinhos Lyra... se amanhã me aparecer um crioulo de morro querendo que eu ponha uma letrinha no samba e ele for bom, eu boto.

Não quero, particularmente, me especializar, dizer que sou um moderno, porque não sou. Pertenço um pouco a todos os tempos, sei lá, acho que o homem é isso. Quero acompanhar as evoluções no sentido de levantar o homem, em vez de abaixá-lo.

O artista é aquele homem que tem suas antenas voltadas para o social e, ao mesmo tempo, para o amor, para os problemas do ser humano. Diante de certos acontecimentos ele pode reagir como artista social e ao mesmo tempo cantar o amor, sentir angústia, ter medo da morte, gostar da aventura, ou do risco, ou da paz. Está tudo dentro de um contexto comum. Ele reage de acordo com o seu temperamento; se é mais aberto, se tem a grande-angular, certamente reage socialmente. Se é um artista mais trancado dentro dele mesmo, mais ensimesmado, mais voltado para a contemplação do próprio umbigo, em geral ele foge ao social, tem medo, tem pudor. Ou acha que o social não é suficientemente artístico para ser tratado. Acho que isso existe, caracterizadamente, de indivíduo para indivíduo. Todos são muito diferentes. Mas o artista que tem uma grande consciência de si mesmo também se abre para o social.

Vinicius de Moraes, 2 de setembro de 1967

WILSON SIMONAL (1939-2000)

Sempre gostei de cantar. No colégio fui considerado aquele garoto que cantava direitinho, lembro que era sempre eu que encerrava as festas cantando hinos e aquelas musiquinhas feitas pelos professores. Comecei profissionalmente em 1962 como *crooner* da boate Drink, foi quando comecei a ganhar dinheiro.

Antes eu tinha tido experiências cantando com pequenos conjuntos mixurucas. Por volta de 1960 ou 1961, fiz parte de um conjunto vocal amador, os Dry Boys (Garotos Enxutos), que cantavam de tudo. Em outro conjunto, os Snakes, só cantava rocks, mas os Dry Boys eram bem melhores. Muita gente fez parte dos Snakes. No meu tempo, éramos o Erasmo Carlos, Roberto Carlos, o Tim Maia e o Edson [Trindade] – só vocal. Éramos amadores e imitávamos muito os The Platters e outros conjuntos da época. Apesar desse amadorismo todo, nós pensávamos ser profissionais, estávamos tentando alguma coisa. Quando comecei no Drink, fui contratado pela Rádio Nacional e em 1963 gravei meu primeiro disco. Do Drink passei para o Top Club, a boate da alta sociedade carioca, depois ao Beco das Garrafas.

Antes, eu cantava música brasileira só em baile. Sempre gostei de música moderna, de jazz. Mas no Drink, embora estreante, tinha de cantar samba tradicional, samba moderno e músicas americanas com o conjunto do organista Celso Murilo. Eu era um cantor paradoxal; ao mesmo tempo que cantava no Drink – considerado o templo do samba tradicional, com Miltinho, Luiz Bandeira, Djalma Ferreira – eu cantava rock na televisão, em programas de juventude.

No Top Club trabalhei com um dos maiores pianistas do mundo, embora muita gente não conheça. Chama-se Chaim [Lewak] e toca tão bem que Nelson Riddle o contratou para tocar em sua orquestra nos Estados Unidos. Chaim vinha de uma experiência muito grande porque, quando serviu o Exército durante a guerra, tocava para os soldados e acompanhou grandes artistas famosos da época. Ele teve muita influência na minha carreira e, se hoje sou considerado um cantor eclético, é porque o Chaim é um pianista eclético. Ele tocava bem qualquer gênero de música, desde o rock até Bach, passando pelo tango, guarânia, tocava jazz maravilhosamente, inclusive samba tradicional e Bossa Nova, cada um dentro do seu estilo.

No Beco das Garrafas fui fazendo show, na fase áurea da Bossa Nova.

Claro que eu não era tão popular como hoje, pois praticamente descobri uma fórmula, que a tarimba me ensinou, de me comunicar. Hoje talvez eu seja até mais artista que cantor, antes eu era só cantor. Para conseguir a comunicação, você tem de usar outros métodos, não só cantar.

Reflexões:

Pra vencer na vida é preciso muita paciência, muita humildade e muita força de vontade. Essas três coisas são as principais. Você nunca pode se considerar derrotado porque um dia um cara disse: "Fulano canta melhor que você ou o disco de fulano vendeu mais." Tem sempre um cara fazendo alguma coisa melhor que você, por melhor que você seja. Essa é a humildade, reconhecer e procurar melhorar para se igualar.

E muita paciência. O sujeito quando chega a ser cartaz tem anos de experiência. A não ser os que são promovidos e se tornam ídolos da noite para o dia, mas em compensação isso é passageiro.

Wilson Simonal, 14 de outubro de 1968

DERRADEIRAS REFLEXÕES DO MAIS VELHO DOS BOSSA-NOVA

No caso particular do Brasil, o avanço da música é progressivo. Acho que estamos fazendo de longe a melhor música do mundo. Com relação à música européia então, não tem nem conversa. Acho que a música que a gente está fazendo, essa sim, essa tem um sentido de permanência grande e ela vai eventualmente conquistar o mundo, disso não tenho a menor dúvida. Em certos compositores, ela vai tender para uma erudição cada vez maior; o caminho do Tom, do Francis Hime, do Edu Lobo, de um Théo, de um Dori Caymmi. São homens que estão estudando, pesquisando, mas sempre com um pé no popular. Os compositores populares vão sempre existir nas camadas mais jovens, vão buscar uma nova técnica. A vida é feita assim com essa modificação constante, essa reformulação, com esse fluxo e refluxo incessante.

Vinicius de Moraes, 2 de setembro de 1967

OBRAS CONSULTADAS

1. Livros

CÂMARA, Marcelo. "A vida, a obra e o tempo de Newton Mendonça". In: *Caminhos cruzados: a vida e a música de Newton Mendonça*. Livro I. Rio de Janeiro: Mauad, 2001.

CAMPOS, Augusto de. *Balanço da bossa e outras bossas*. São Paulo: Perspectiva, 1974.

CASTRO, Ruy. *Chega de saudade*. São Paulo: Companhia das Letras, 1990.

CRAVO ALBIN, Ricardo (superv.). *Dicionário Houaiss da Música Popular Brasileira*. São Paulo: Paracatu, 2006.

GARCIA, Walter. *Bim bom: a contradição sem conflitos de João Gilberto*. São Paulo: Paz e Terra, 1999.

MARCONDES, Marcos Antonio (coord.). *Enciclopédia da Música Brasileira*, São Paulo: Art, 1977. 2 vols.

HOMEM DE MELLO, Zuza. *João Gilberto*. São Paulo: Publifolha, 2001.

NAVES, Santuza Cambraia, COELHO, Frederico Oliveira e BACAL, Tatiana (orgs.). *A MPB em discussão*. Entrevistas. Belo Horizonte: UFMG, 2006.

RANGEL, Lúcio. *Samba, jazz & outras notas*. Organização, apresentação e notas: Sérgio Augusto. São Paulo: Agir, 2007.

SEVERIANO, Jairo e HOMEM DE MELLO, Zuza. *A canção no tempo*. São Paulo: Editora 34, 1998. Vol. 2.

SILVA, Walter (Pica-Pau). *Vou te contar*. São Paulo: Códex, 2002.

TATIT, Luiz. *O século da canção*. São Paulo: Ateliê, 2004.

2. Revistas e jornais

Manchete (Rio de Janeiro)

O Cruzeiro (Rio de Janeiro)
Revista da Música Popular de (set. 1954 a jun. 1958)
Última Hora (Rio de Janeiro)

3. Outros

Contracapas dos discos citados no texto.
Depoimento de Irineu Garcia para o *Programa do Zuza* (Rádio Jovem Pan, set. 1981).
Gravação particular do show *Um encontro*, em 1962.
Gravações particulares dos espetáculos de Bossa Nova no Rio de Janeiro em 1959 e 1960.
Recortes de jornais dos arquivos do autor e de James Gavin.

APÊNDICE

Datas das gravações dos discos de João Gilberto na Odeon

Discos de 78 rotações

Chega de saudade	10/07/1958	# 14.360
Bim bom	10/07/1958	
Desafinado	10/11/1958	# 14.426
Hô-bá-lá-lá	10/11/1958	

Long-playing *Chega de saudade*   # MOFB 3073
(4 faixas com as gravações dos discos de 78 rotações de 1958)

"Brigas nunca mais"	23/01/1959
"Morena boca de ouro"	30/01/1959
"Lobo bobo"	04/02/1959
"Saudade fez um samba"	04/02/1959
"Maria ninguém"	04/02/1959
"Rosa morena"	04/02/1959
"Aos pés da cruz"	04/02/1959
"É luxo só"	04/02/1959

Long-playing *O amor, o sorriso e a flor*   #MOFB 3151

"Meditação"	28/03/1960
"Se é tarde me perdoa"	28/03/1960
"Só em teus braços"	28/03/1960
"Corcovado"	30/03/1960
"Discussão"	30/03/1960
"Doralice"	01/04/1960

"Um abraço no Bonfá"   01/04/1960
"Amor certinho"   01/04/1960
"Samba de uma nota só"   04/04/1960
"O pato"   04/04/1960
"Outra vez"   05/04/1960
"Trevo de quatro folhas"   08/04/1960

Long-playing *João Gilberto*   # MOFB 3202
"Bolinha de papel"   09/03/1961
"Samba da minha terra"   10/03/1961
"Saudade da Bahia"   10/03/1960
"Trenzinho"   10/03/1961
"Presente de Natal"   11/03/1961
"O barquinho"   02/08/1961
"Insensatez"   02/08/1961
"O amor em paz"   16/08/1961
"Coisa mais linda"   16/08/1961
"Você e eu"   14/09/1961
"A primeira vez"   22/09/1961
"Este seu olhar"   28/09/1961

AGRADECIMENTOS

Ainda guardo bem nítidas as lembranças de como e onde foram colhidos vários desses depoimentos. Lembro da emoção ao tocar a campainha da casa de Tom Jobim na rua Codajás, sendo recebido pelo casal, Tom e Tereza; lembro de Baden Powell num quarto do Hotel Danúbio; de Elis sentada no chão da sala do pequeno apartamento na esquina da Ipiranga com Rio Branco; de Eumir numa sala barulhenta no bairro de Laranjeiras; de Milton num minúsculo apartamento em Copacabana; de Carlinhos à frente do intrigante móvel denominado caixa primal; de Vandré no apartamento da alameda Barros em São Paulo, onde não voltaria mais a morar; lembro do depoimento de Nara, o primeiro de todos, no meu apartamento 901 da rua São Carlos do Pinhal; dos de Caetano e Gil, alguns andares acima, no mesmo prédio; recordo-me enfim de momentos que permanecem vivos apesar dos mais de quarenta anos passados.

À generosidade dessas 24 figuras, que souberam trilhar o caminho com o talento que nos enche de admiração, devo agradecer pela segunda vez, alguns *in memoriam*. Com suas lembranças é que se puderam reconstituir e registrar neste livro esplêndidos momentos da música; com sua obra é que outros tiveram o impulso para avançar e conduzir o bastão.

Quero agradecer aos que recentemente me ajudaram com humor e prontidão a preencher lacunas, os queridos Bebeto Castilho, Hélcio Milito e João Donato. Também à Eloá Chouzal a preciosa ajuda na obtenção de imagens, e ao Caetano Zamma.

Sou grato ainda ao Edson José Alves pela ajuda com esclarecimentos e orientação; ao colega Walter Silva e sua Déa, sempre abertos quando a eles recorremos; aos queridos amigos americanos Don Payne e Jim Gavin pelas informações de seus arquivos pessoais; ao Iracildes Barroso, um arquivo vivo;

ao parceiro Jairo Severiano que tem sempre a resposta rigorosamente certa. Agradeço ao João Gilberto pelos dias de aprendizado particular naquele hotel de Nova York e à minha querida Ercília, pela paciência e pelo rigor do qual jamais se afasta.

Quero enfim agradecer aos numerosos amigos espalhados pelo Brasil e pelo mundo, com quem troquei idéias sobre a Bossa Nova ao longo dos trinta e dois anos que separam os dois livros. Nessas conversas fui sempre aprendendo a errar menos.

Zuza Homem de Mello